理想信念／依法治国／深化改革／民族复兴

学习

XUEXI JINGSUI

精髓

李辉卫 ◎ 著

人民出版社

研究出版社

目　录

2

坚持理想信念　坚守精神追求

3

坚持执政为民　践行党的宗旨

4

全面建成小康　推动科学发展

5

全面深化改革　激发创新活力

6

全面依法治国　建设法治国家

7

全面从严治党　锻造坚强核心

8

讲求科学方法　坚持实干兴邦

指导思想的与时俱进
是党的精神旗帜高高飘扬的奥秘

（代序）

李辉卫

习近平总书记 2017 年 7 月 26 日在省部级主要领导干部专题研讨班上指出："在新的时代条件下，我们要进行伟大斗争、建设伟大工程、推进伟大事业、实现伟大梦想，依然需要保持和发扬马克思主义政党与时俱进的理论品质，勇于推进实践基础上的理论创新。"这一重要论述，深刻揭示了科学理论对社会实践的巨大指导作用，为我们在新形势下继续高举马克思主义精神旗帜、与时俱进发展 21 世纪中国的马克思主义提供了科学指针。

指导思想是一个政党的精神旗帜。旗帜指明方向，方向引领道路，道路决定命运。我们党自成立之日起，就把马克思主义写在自己的旗帜上，就把马克思主义作为指导思想和行动指南，并坚持在实践中不断丰富和发展马克思主义。正因为这样，我们党不断发展壮大走向成熟，完成了近代以来各种政治力量不可能完成的艰巨任务，带领中国人民从"站起来"到"富起来"到"强起来"，推动中华民族伟大复兴中国梦越来越近地展现在世人面前。

我们党之所以把马克思主义作为指导思想，是因为它具有无比的科学性真理性。这种科学性真理性主要体现在：它科学地揭示了自然界、人类社会、人类思维发展的普遍规律，为人类社会发展进步指明了方向；它坚持把辩证法、历史观同唯物主义有机结合起来，实现了哲学上的革命飞跃，为人们观察世界、分析问题提供了"伟大的认识工具"；它深刻地阐明了剩余价值学说，宣告资本主义社会一定会被更高形态的共产主义社会所取代，得出"两个不可避免"和"两个历史必然"的结论，把社会主义理论建立在科学的基础之上；它具有鲜明的实践品格，不仅致力于科学地"解释世界"，而且致力于积极地"改变世界"。正如列宁指出的："马克思的全部天才正是在于他回答了人类先进思想已经提出的种种问题。"在人类社会发展史上，还没有一种理论像马克思主义那样对人类文明进步产生如此广泛而巨大的影响。

我们党之所以始终高举马克思主义精神旗帜，是因为它具有与时俱进的理论品质。马克思主义来源于实践，又为实践服务，与实践紧密相连。而实践既是历史的具体的，又是发展的变化的。作为揭示客观世界普遍本质和一般规律、能动反映客观实际的先进思想理论，要更加有力有效地发挥其对各国无产阶级革命和社会主义建设的指导作用，就必须坚持把其基本原理与各国的具体实践相结合，与各国不断发展变化的实践相结合，就必须紧跟时代步伐、随着实践的发展而发展。马克思主义的创立者，从不认为自己已经穷尽了一切真理，而只是强调自己为认识真理开辟了道路。正如恩格斯所说："它提供的不是现成的教条，而是进一步研究的出发点和提供这种研究使用的方法。"因此，马克思主义绝不是封闭、静止的马克思主义，而是开放、发展的马克思主义，是与时俱进的马克思主义。

马克思主义与时俱进的理论品质，内在地要求后来的马克思主义者，必须根据时代和实践的发展变化，做到主观与客观相统一、理论与实践相统一、继承与创新相统一。毛泽东同志曾指出："我们所要的是香的马克思主义，不是臭的马克思主义；是活的马克思主义，不是死的马克思主义。"要"香的马克思主义""活的马克思主义"，把马克思主义当作科学方法而不是

"教条""教义"，把马克思主义基本原理同本国具体实际和时代特征相结合，是对待马克思主义必须秉持的科学态度。正是秉持这种态度，我们党在长期的革命、建设和改革实践中，实现了马克思主义中国化两次历史性飞跃，产生了毛泽东思想、中国特色社会主义理论体系两大理论成果。

第一次飞跃发生在新民主主义革命时期。以毛泽东同志为主要代表的中国共产党人，经过反复探索，在总结成功经验和失败教训的基础上，开辟了农村包围城市、武装夺取政权的革命道路，并在革命胜利后积极探索适合我国国情的社会主义建设道路，形成了被实践证明了的关于中国革命和建设的正确的理论原则和经验总结——毛泽东思想。1945 年召开的党的七大，把毛泽东思想写入党章，并明确规定，中国共产党以毛泽东思想作为自己一切工作的指针。毛泽东思想的创立和确立为党的指导思想，标志着我们党实现了与时俱进发展马克思主义的第一次历史性飞跃。在毛泽东思想的指引下，我们党带领全国各族人民，推翻了帝国主义、封建主义、官僚资本主义"三座大山"的统治，夺取了新民主主义革命的胜利，建立了新中国，并依据新民主主义革命胜利所创造的向社会主义过渡的经济政治条件，进行了社会主义改造，确立了社会主义基本制度，发展了社会主义的经济、政治和文化。中国人民从此站起来了！

第二次飞跃发生在改革开放新时期。1978 年党的十一届三中全会之后，以邓小平同志为主要代表的中国共产党人，科学总结中华人民共和国成立以来正反两个方面的经验教训，提出"建设有中国特色社会主义"这个重大命题，深刻阐明了"什么是社会主义、怎样建设社会主义"这个首要的基本理论问题，创立了邓小平理论。1997 年召开的党的十五大，把邓小平理论确立为党的指导思想明确写入党章。党的十三届四中全会以后，以江泽民同志为主要代表的中国共产党人，在推进建设中国特色社会主义的实践中，加深了对"什么是社会主义、怎样建设社会主义"和"建设什么样的党、怎样建设党"的认识，形成了"三个代表"重要思想。2002 年召开的党的十六大，把"三个代表"重要思想写入党章，列为党的指导思想。党的十六大以后，以胡锦涛同志为主要代表的中国共产党人，根据新的发展实践和要求，深刻认识和回答了新形势下"实现什么样的发展、怎样发展"等重大问题，形成了以人为本、全面协调可持续发展的科学发展观。2012年召开的党的十八大，把科学发展观写进党章，并明确为"发展中国特色社会主义必须坚持和贯彻的指导思想"。在党的十七大报告中，将邓小平理论、"三个代表"重要思想、科学发展观统一纳入"中国特色社会主义理论体系"，标志着我们党实现了与时俱进发展马克思主义的第二次历史性飞跃。党的十八大以后，以习近平同志为核心的党中央接过历史的接力棒，积极推进实践基础上的理论创新，进一步丰富和拓展了中国特色社会主义理论体系。这集中体现在习近平总书记系列重要讲话和治国理政新理念新思想新战略中。在中国特色社会主义理论体系的指引下，我们党带领全国各族人民，进行拨乱反正，实行改革开放，逐步实现了从以阶级斗争为纲到以经济建设为中心、从封闭半封闭到全方位对外开放、从计划经济到社会主义市场经济等一系列重大转变，开辟了中国特色社会主义道路，谱写了中华民族自强不息、顽强奋进的新的壮丽史诗。中国人民开始富起来了！

伟大时代呼唤伟大思想，伟大实践孕育伟大理论。党的十八大以来，国内外形势发生了新的深刻变化。从世情看，国际社会出现了前所未有之大变局，中国逐步走向世界舞台的中心，大多数国家一方面希望能够分享中国的成功和经验，一方面希望中国在引领全球化中承担更大责任，少数西方国家则极不情愿看到中国崛起而千方百计打压中国。从国情看，我国经济发展进入新常态，改革进入深水区、攻坚期，我们党面临的任务和使命之繁重、困难和矛盾之复杂、风险和挑战之巨大，都前所未有、世所罕见。要在风云变幻、激烈竞争的国际形势中不被乱花迷眼、不被浮云遮眼，要带领全国各族人民在应对重大挑战、抵御重大风险、克服重大阻力、解决重大矛盾中赢得主动、赢得优势、赢得未来，迫切需要新的伟大思想理论来统领和指导。习近平总书记系列重要讲话和治国理政新理念新思想新战略，正是在这样的时代背景下应运而生的。

习近平总书记系列重要讲话和治国理政新理念新思想新战略，思想深邃，内涵丰富，大气磅礴。它站在统筹国际国内两个大局高度，围绕改革发展稳定、内政外交国防、治党治国治军，深刻回答了新形势下党和国家事业发展的一系列重大问题，进一步回答了"建设什么样的社会主义和怎样建设社会主义""建设什么样的党和怎样建设党""实现什么样的发展和以什么样的理念实现发展"，创造性地回答了"实现什么样的民族复兴和怎样实现民族复兴"，使我们党对共产党执政规律、社会主义建设规律、人类社会发展规律的认识和把握，达到了一个前所未有的高度。它坚持以马克思主义基本原理为指针，以坚持和发展中国特色社会主义为主题，以实事求是、人民中心、历史担当为精髓，以当代中国发展面临的重大现实问题为依据，在实践创新的基础上进行了新的理论创造、做出了新的理论概括，为马克思主义宝库增添了崭新内容。

习近平总书记系列重要讲话和治国理政新理念新思想新战略，不忘本来，着眼未来，极具创见。它立足我国独特的文化传统、我们党肩负的历史使命和社会主义初级阶段基本国情，在不忘老祖宗的基础上讲了许多新话，具有鲜明的时代性、创造性、科学性。如实现中华民族伟大复兴中国梦，坚定中国特色社会主义"四个自信"，统筹推进"五位一体"总体布局，协调推进"四个全面"战略布局，牢固树立创新、协调、绿色、开放、共享五大发展理念，推进国家治理体系和治理能力现代化，打造人类命运共同体，等等。它贯通中国革命、建设和改革的历史逻辑、理论逻辑和实践逻辑，贯通毛泽东思想、邓小平理论、"三个代表"重要思想和科学发展观，真正做到了主观与客观、理论与实践、继承与创新相统一，充分体现了马克思主义与时俱进的理论品质，是中国特色社会主义理论体系的最新成果，是 21 世纪鲜活的马克思主义。

习近平总书记系列重要讲话和治国理政新理念新思想新战略的形成，意义重大，作用显著，影响深远。十八大以来我们党之所以能够解决许多长期想解决而没有解决的问题、办成许多过去想办而没有办成的大事，之所以能够开辟治国理政新境界、开创中国特色社会主义事业新局面，根本在于有这一科学理论体系的科学指引。五年来党和国家事业取得历史性成就、发生历史性变革的事实，充分证明这一科学理论体系具有无比强大的真理力量和实践价值。而且随着时代和实践的发展变化，其真理力量和实践价值将愈加突显。在新的长征路上，我们党要带领全国各族人民实现"两个一百年"奋斗目标、实现中华民族伟大复兴中国梦，须臾也离不开这个治国理政、管党治党的"定海神针"和行动指南。我们充分相信，在这一科学理论体系的指引下，全党同志必将能够以新的精神状态和奋斗姿态把中国特色社会主义推向前进，中华民族必将能够为人类做出新的更大贡献，中国人民必将由此强起来！

实践发展没有止境，理论创新也没有止境。在新的时代条件下，我们要以更宽广的视野、更长远的眼光，来思考和把握党和国家未来发展面临的一系列重大战略问题，在理论上不断拓展新视野、做出新概括、谱写新篇章，使党的精神旗帜始终保持与时俱进的理论品质，放射出更加灿烂的真理光芒，更加鲜艳地飘扬在社会主义中国的上空，飘扬在每个共产党人的心中。

（原载《学习与研究》2017 年第 10 期）

1

高举伟大旗帜
实现民族复兴

国家好，民族好，大家才会好

历史告诉我们，每个人的前途命运都与国家和民族的前途命运紧密相连。国家好，民族好，大家才会好。实现中华民族伟大复兴是一项光荣而艰巨的事业，需要一代又一代中国人共同为之努力。

——2012 年 11 月 29 日，习近平在参观《复兴之路》展览时的讲话

"国家好，民族好，大家才会好。"这句话虽质朴简明，思想含量却很厚重。它昭示了一个简单而又深刻的道理：每个人的前途命运都与国家、民族的前途命运紧密相连。国泰才能民安，国富才能民强；唯有国家强盛才有公民尊严，唯有民族振兴才有人民福祉。相反，如果国家贫弱、民族衰弱，个人也会遭殃。正所谓"覆巢之下焉有完卵，乱世之局岂能独善其身"。

在中华民族五千年的历史上，既有乱世，也有"文景""贞观""开元""永乐""康乾"等盛世。在盛世，国泰民安、经济发展、政局稳定、社会安定、文化繁荣，人民安居乐业、幸福安康。而在乱世，老百姓颠沛流离、居无定所、难以聊生。1840年鸦片战争后，我们国家由盛而衰，西方列强一次又一次地恃强凌弱，加上清王朝的腐朽无能，致使中国逐渐沦为半殖民地半封建社会，人民生活在水深火热之中，"中华民族到了最危险的时候"。直到1921年中国共产党成立后，扛起挽国家于危亡、救人民于水火的历史重任，团结带领中国人民在这片古老的土地上奋力抗争、前赴后继，书写了人类发展史上惊天地、泣鬼神的壮丽史诗，完成了民族独立、人民解放的历史任务，建立了社会主义新中国，从根本上改变了中国人民的前途命运，改变了中华民族的前途命运，中国人民从此成为国家和社会的主人，中华民族从此巍然屹立在世界东方。特别是改革开放以后，我们大力解放和发展生产力，国家综合实力大大增强，国际地位显著提高，中华民族伟大复兴展现出光明前景，人民过上美好幸福生活不再是奢谈。历史充分证明，只有国家强大、民族强盛，国人的自由与幸福才有保证。回顾历史，我们更能深刻感悟"国家好，民族好，大家才会好"的真谛。

"都说国很大，其实一个家""家是最小国，国是千万家""只有强的国，才有富的家"……在这首广为传唱的歌曲里，透露出人民群众对"国"与"家"、"国家"与"个人"关系最本质、最朴素的认知。从屈原的"路漫漫其修远兮，吾将上下而求索"，到杜甫的"安得广厦千万间，大庇天下寒士俱欢颜"；从陆游的"位卑未敢忘忧国"，到岳飞的精忠报国；从文天祥的"人生自古谁无死，留取丹心照汗青"，到林则徐的"苟利国家生死以，岂因祸福避趋之";从顾炎武的"天下兴亡,匹夫有责",到孙中山的"振兴中华""赶超西方";从鲁迅的"横眉冷对千夫指,俯首甘为孺子牛",到毛泽东的"为有牺牲多壮志,敢教日月换新天",一声声忧国民、济苍生的慷慨呐喊,一片片报国家、安社稷的赤胆忠心,凝聚着多少仁人志士朴实而动人的家国情怀、民族情感。这是一种对国土、对民族充满深切依恋的情怀,这是一种对国家、对民族充满深厚感情的情怀。这种情怀是爱国主义精神的集中体现,是中华民族的宝贵精神财富,永远不会过时,永远不能丢弃。

列宁指出,爱国主义就是"千百年来巩固起来的对自己祖国的一种最深厚的感情"。这种感情,主要体现在忠诚、热爱、报效自己祖国和民族的思想与行为中。作为华夏儿女,我们在实现中华民族伟大复兴中国梦的新征途上,一方面要大力弘扬以爱国主义为核心的民族精神,充分认识到"国家好,民族好,大家才会好",铭记中华民族的伟大历史,激发强烈的爱国热情,进一步增强民族自信心和民族自豪感;同时要切实增强责任意识和使命意识,自觉把个人追求同国家和民族的前途命运联系起来,把报国之心、爱国之情转化为实际行动,撸起袖子加油干,众志成城同心干,用不懈奋斗为国家强盛、民族复兴贡献力量,诠释热爱祖国、热爱中华民族的真挚情怀。

落后就要挨打，发展才能自强

回首过去，全党同志必须牢记，落后就要挨打，发展才能自强。审视现在，全党同志必须牢记，道路决定命运，找到一条正确的道路多么不容易，我们必须坚定不移走下去。展望未来，全党同志必须牢记，要把蓝图变为现实，还有很长的路要走，需要我们付出长期艰苦的努力。

——2012 年 11 月 29 日，习近平在参观《复兴之路》展览时的讲话

"落后就要挨打"这句话，是斯大林 1931 年在一次名为《论经济工作人员的任务》的演说中提出的。斯大林这里所说的，既是一个深刻道理，又是一条重要规律。

"落后就要挨打"，这个道理已反复被历史所证明。众所周知，中国古代的文明曾经长期领先于世界，但从 19 世纪中叶开始，由于封建统治者闭关自守、故步自封，经济社会发展落后，而欧美资本主义国家却乘着工业革命的东风迅速发展起来，于是，中国这个衰落的封建帝国沦为被侵略对象，先后遭受英法联军、八国联军、沙皇俄国、日本的蹂躏。第一次鸦片战争，赔偿英国巨额白银，并割让香港，中法《黄埔条约》、中美《望厦条约》尾随其后，清王朝被迫开放通商口岸，协定关税，中国的主权开始沦丧；第二次鸦片战争，英法联军侵入北京，世界园林史上的瑰宝——圆明园被焚，残垣断壁，诉说着历史的沧桑；凄凄黄草，警示着后来的国人！随后的中日战争，更印证了"落后就要挨打"的规律。随着中国国力的一步步衰落和日本国力的迅速增长，日本军国主义对中国发动了一次次的战争，最终发动全面侵华战争。这些辛酸民族记忆和沉痛历史教训，使中国人民越发清醒地认识到，落后就要挨打！正如毛泽东同志所指出，"日本帝国主义为什么敢于这样地欺负中国，就是因为中国没有强大的工业，它欺侮我们的落后"。

"发展才能自强"，同样被历史所反复印证。新中国成立后，面对一穷二白、百废待兴的局面，人民政府立即着手恢复被战争破坏的国民经济，建立社会主义基本经济制度，开展大规模的社会主义建设，探索社会主义建设规律。尽管历经曲折甚至十年"文化大革命"内乱，但取得的经济社会发展、科学技术进步的巨大成就是不容置疑的。试想，如果没有"两弹一星"，没有杂交水稻的育成推广，没有运载火箭等尖端科技研究成果，没有石油化工、钢铁汽车、机械电子等工业建设，我们能够在国际舞台上挺直腰板、说话硬气吗？恐怕不能。改革开放以后，我国经济持续高速增长，人民生活水平不断提高，综合国力大幅增强，已成为全球第二大经济体，创造了世界经济发展史上令人赞叹的"中国奇迹",中国的经济、军事等硬实力和教育、科技、文化等软实力持续上升,国际地位举足轻重。我国建设和改革的生动实践证明,只有发展,只有大力解放和发展生产力,中国才能实现自强,才能从根本上彻底洗刷国家耻辱、恢复民族自信,才能树立起负责任的大国形象、增强对世界事务的影响力,才能昂首从世界舞台的边缘走进世界舞台的中心。

前事不忘,后事之师。习近平总书记多次讲道,"我经常看中国近代的一些史料,一看到落后挨打的悲惨场景就痛切肺腑",多次强调"落后就要挨打,发展才能自强",可谓振聋发聩、发人深省。我们要牢记总书记的教诲,坚持居安思危、警钟长鸣,通过大力发展经济、发展社会生产力,为国防提供强大的物质基础,进一步提升中国地位,捍卫国家主权和领土完整。要坚持以史为鉴、面向未来,珍惜今天和平与发展的宝贵局面,把历史给予我们的丰富经验和重要启示,转化成为建设中国特色社会主义事业而奋斗的实际行动。要坚定不移地聚精会神搞建设、一心一意谋发展,抓好发展这个党执政兴国的第一要务,集中力量把我国的综合国力搞上去。唯有如此,才能使我们的祖国永远不受欺辱,使我们的人民永远过上和平、幸福、安宁的生活。

实现中华民族伟大复兴，就是中华民族近代以来最伟大的梦想

每个人都有理想和追求，都有自己的梦想。现在，大家都在讨论中国梦，我以为，实现中华民族伟大复兴，就是中华民族近代以来最伟大的梦想。这个梦想，凝聚了几代中国人的夙愿，体现了中华民族和中国人民的整体利益，是每一个中华儿女的共同期盼。

——2012 年 11 月 29 日，习近平在参观《复兴之路》展览时的讲话

"实现中华民族伟大复兴，就是中华民族近代以来最伟大的梦想。"这个"中国梦"一经习近平总书记提出，便激起了全体中华儿女的强烈共鸣，也引起了国际社会的广泛关注。这个梦想，揭示了近代以来中华民族的历史命运，表达了中国人民的共同理想追求，形成了中华儿女的"最大公约数"和"最大同心圆"，体现了我们党高度的历史担当和使命追求，在民族复兴征途上举起了一面光辉的精神旗帜。

历史是宝贵的教科书，它记载着辉煌与苦难，浓缩着经验，沉淀着教训，也蕴含着启示未来的智慧。在五千多年的文明发展历程中，中华民族为人类文明进步作出了不可磨灭的贡献。然而到了近代，中华民族却经历了一段极为曲折屈辱的历程，陷入苦难的深渊，到了最危险的时候。1840 年鸦片战争以后，西方侵略者纷至沓来，穷凶极恶地发动一次又一次的侵华战争，把中国一步一步地推入半殖民地半封建社会的深渊。从那时起，一个个丧权辱国的不平等条约把国土分割出去，一次次战争赔款等于用本国的真金白银为侵略者支付战争费用。从那时起，中国人被视为"东亚病夫"，中国土地上的外国租界享有治外法权，"华人与狗不得入内"；外国军队火烧圆明园、洗劫中国文化珍宝……也是从那时起，救亡图存、振兴中华，实现中华民族伟大复兴，成为中国无数仁人志士追逐的梦想，成为每一个中华儿女的共同期盼。从"耕者有其田"的太平天国运动到"自强求富"的洋务运动，从师法俄日的戊戌变法到矢志"民主共和"的辛亥革命，一代又一代仁人志士奋起抗争、进行了不屈不挠的斗争，但一次又一次地失败了，都没能改变旧中国的社会性质和中国人民的悲惨命运。

千年中国盛世与百年中国衰败的变奏曲，成为中华民族伟大复兴中国梦的重要历史背景。这个光荣梦想，是从沉淀了我们全民族集体记忆的历史中孕育生长的，屈辱和苦难是它的土壤，它是如此的深沉，如此的动人心扉，如此的撼人魂魄。正是在这样的背景下，中国共产党作为中国最先进阶级的政党走上历史舞台，将马克思主义与中国革命的具体实际相结合，将实现中华民族伟大复兴的宏伟理想与最广大人民的根本利益相结合，开辟出一条从黑暗走向光明、从危亡走向复兴、从封闭走向开放、从落后走向富强的正确道路。从建立新中国让人民"站起来",到改革开放让人民"富起来",再到全面建成小康让13亿人"强起来",中国共产党坚持立党为公、执政为民,团结带领中国人民大步走在实现中华民族伟大复兴的道路上。现在,中华民族伟大复兴中国梦,已是"望得见桅杆尖头了"的一艘巨轮,已是"望得见光芒四射、喷薄欲出"的一轮绚丽红日,我们从未像今天这样,离民族复兴这个伟大梦想如此之近。

梦在前方,路在脚下。站在历史与未来的交会点,行走在复兴之路上,中国的昨天,雄关漫道真如铁;中国的今天,人间正道是沧桑;中国的明天,长风破浪会有时。事实证明,只有站在历史的峰峦之上,才能更清晰地洞察时代风云,才能更准确地把握前进方向。邓小平同志讲过,"历史账讲了了,这些问题一风吹","结束过去,开辟未来"。实现中华民族伟大复兴,不是要恢复过去广阔的疆域版图,而是要使中华民族跻身于世界先进行列,为人类作出新的更大的贡献。目前,我国的经济总量尽管已位居世界第二,但如果用13亿人口一除,讲人均指标,与发达国家之间差距还很大。换言之,我们国家还不富裕,处在社会主义初级阶段的基本国情没有发生根本变化。对此,我们必须保持清醒头脑,坚定不移走中国道路、弘扬中国精神、凝聚中国力量,紧紧依靠人民埋头苦干,齐心协力共同推动中国梦早日实现。

道路就是党的生命

　　道路问题是关系党的事业兴衰成败第一位的问题，道路就是党的生命。中国特色社会主义，是科学社会主义理论逻辑和中国社会发展历史逻辑的辩证统一，是根植于中国大地、反映中国人民意愿、适应中国和时代发展进步要求的科学社会主义，是全面建成小康社会、加快推进社会主义现代化、实现中华民族伟大复兴的必由之路。

——2013 年 1 月 5 日，习近平在中央党校新进
中央委员会的委员、候补委员学习贯彻党
的十八大精神研讨班开班式上的讲话

习近平总书记关于"道路就是党的生命"的重要论断，是对中国共产党90多年浴血奋斗历史、世界社会主义运动经验教训的深刻总结，彰显了坚定不移走中国特色社会主义道路对于中国共产党的极端重要性。

道路关乎党的生命，关乎国家前途、民族命运和人民福祉。道路选择正确，则民心聚、政党兴、国家前途光明。道路选择错误，则民心背、政党衰、国家前景暗淡。道路正确与否，关键看能不能解决这个国家所面临的必须解决的重大历史任务。中国共产党成立以来，在团结带领全国各族人民进行革命、建设和改革的各个历史阶段，坚持从我国的具体国情出发，探索并形成了符合中国实际的新民主主义革命道路、社会主义改造和社会主义建设道路以及中国特色社会主义道路，这种独立自主的探索精神和坚持走自己路的坚定决心，是我们党不断从挫折中觉醒、从胜利走向胜利的真谛。

中国特色社会主义道路的探索经历了艰辛曲折的过程。以毛泽东同志为核心的党中央，从中国的历史和现实状况出发，开辟了农村包围城市、武装夺取政权的革命道路，带领全党全国各族人民完成了新民主主义革命，并依据新民主主义革命胜利所创造的向社会主义过渡的经济政治条件，进行了社会主义改造，确立了社会主义基本制度，为开创中国特色社会主义道路提供了宝贵经验、理论准备和物质基础。以邓小平同志为核心的党中央，重新确立了实事求是的思想路线，作出了把党和国家工作中心转移到经济建设上来、实行改革开放的历史性决策，以"杀出一条血路"的大无畏勇气和"再开天辟地"的改革创新精神，带领全党全国各族人民成功开创了中国特色社会主义道路。以江泽民同志为核心的党中央，带领全党全国各族人民坚持党的基本理论、基本路线，依据新的实践确立了党的基本纲领、基本经验，丰富和发展了中国特色社会主义理论体系，成功把中国特色社会主义推向21世纪。进入新世纪新阶段，以胡锦涛同志为总书记的党中央，抓住重要战略机遇期，带领全党全国各族人民成功在新的历史起点上坚持和发展了中国特色社会主义。这条道路，对于中华民族来说，是改天换地、惊天动地造福13亿人民的伟大创举；对于全人类来说，是为人类文明开辟了不同于西方模式的成功探索和实践。这条道路承载着几代中国共产党人的理想和探索，寄托着无数仁人志士的夙愿和期盼，凝聚着亿万人民的奋斗和牺牲，确实来之不易，必须倍加珍惜、始终坚持、不断发展。

中国特色社会主义道路独具特色、独领风骚。近年来，"中国模式""中国奇迹""北京共识"越来越成为世界议论的焦点。它为何成为焦点？根本原因就是我们的道路特色明显、优势凸显，就是因为我们的道路，既不是"封闭僵化的传统之路"，也不是"改旗易帜的西式之路"，而是我们自己独创的中国特色社会主义道路。这条道路与世界上其他国家的道路不同，既坚持了科学社会主义的基本原则，又深深打上了中国的烙印，体现了中国特色、中国风格、中国气派，并在实践中显示出超强的生命活力。改革开放近40年来，我国经济社会快速发展，人民生活水平显著提高，综合国力快速增强，国际地位显著提升，最根本的一条，就是我们坚持走中国特色社会主义道路。事实充分证明，中国特色社会主义道路是当代中国繁荣富强、发展进步之路，是人民共同富裕、幸福安康之路，是我们党带领广大人民实现中华民族伟大复兴中国梦的必由之路。

道路开创不容易，坚持和发展更不容易。党的十八大以来，以习近平同志为核心的党中央，从时代和全局高度，围绕改革发展稳定、内政外交国防、治党治国治军等当代中国面临的系列重大问题，鲜明提出新形势下治国理政的一系列新理念新思想新战略，进一步阐述了中国特色社会主义的总依据、总布局、总任务，提出了夺取中国特色社会主义新胜利必须牢牢把握的基本要求，开拓了马克思主义发展的新境界，标志着我们党对道路问题的认识达到了一个新高度。道路就是党的生命。只要我们党团结带领广大人民群众坚定不移地走中国特色社会主义道路，就一定能在党成立一百年时全面建成小康社会，就一定能在新中国成立一百年时建成富强民主文明和谐美丽的社会主义现代化强国，我们党就一定能够更加生机勃勃，更加兴旺发达。

中国梦归根到底是人民的梦

生活在我们伟大祖国和伟大时代的中国人民，共同享有人生出彩的机会，共同享有梦想成真的机会，共同享有同祖国和时代一起成长与进步的机会。中国梦归根到底是人民的梦，必须紧紧依靠人民来实现，必须不断为人民造福。

——2013 年 3 月 17 日，习近平在第十二届
全国人民代表大会第一次会议上的讲话

一个伟大的国家要实现富强，需要梦想；一个古老的民族要实现复兴，需要梦想；全体华夏儿女要过上幸福美好的生活，同样需要梦想。2012年11月，习近平总书记在参观《复兴之路》展览时，首次提出了"中国梦"，深刻指出："实现中华民族伟大复兴，就是中华民族近代以来最伟大的梦想"，"国家好，民族好，大家才会好"。之后他在不同场合又多次指出："中国梦的本质内涵是实现国家富强、民族振兴、人民幸福，中国梦归根到底是人民的梦。"这些重要思想观点，鲜明地表明了中国梦蕴含的人民主体本质属性，深刻揭示了实现中国梦的根本目的和价值归宿。

中国梦一经提出，就如春风般吹拂着、激荡着亿万中华儿女的心。它不是宏大口号，不是镜中花、水中月，而是蛰伏在每个中国人心头的期许、希冀，其最深沉的根基在中国人民心中。中国人民是伟大的人民，素来有着深沉厚重的精神追求，即使近代以来饱尝屈辱和磨难，也从没有自弃沉沦，而是始终怀着梦想，向往光明的未来。实现中华民族伟大复兴，不是哪一个人、哪一部分人、哪一个民族的梦想，而是全体中国人民、56个民族共同的追求；中国梦的实现，不是成就哪一个人、哪一部分人、哪一个民族，而是造福全体中国人民、造福海内外所有中华儿女。中国梦既是对一百多年来中华民族为之奋斗追寻的概括，也是当下中国人民对自己未来的渴望；既是对中华民族共同命运的深情凝练，也是对普通个体人生价值的表达和升华。因此，中国梦的深厚源泉在人民、不竭动力在人民、根本归宿也在人民。

中国梦是国家情怀、民族情怀、人民情怀相统一的梦。中国梦的实质内涵是国家富强、民族复兴、人民幸福，一方面表现为"两个一百年"的奋斗目标，即到中国共产党成立100年时全面建成小康社会，到新中国成立100年时建成富强民主文明和谐美丽的社会主义现代化国家；另一方面体现为个人梦，由一个个具体鲜活的个人梦想如"住房梦""就业梦""健康梦""养老梦""生态梦""出彩梦"等汇聚而成。实际上，国家的强盛、民族的兴旺，都要以人民的权利得到保障、利益得到实现、幸福得到满足为条件和目的。如果说，"大河没水小河干"阐明的是命运共同体逻辑，"小河有水大河满"

则揭示了发展进步的动力机制。每个人的自由发展是一切人自由发展的条件，个体梦想的实现，正是国家梦、民族梦实现的重要前提和必要条件。只有把国家梦、民族梦同个人梦融合起来、统一起来，梦想才有生命，梦想才有根基，梦想才有力量。

中国梦是亿万人民的梦，没有全社会的共同参与，没有各阶层的同心同德，任何梦想都是不能实现的。正如习近平总书记所指出，中国梦的实现，必须紧紧依靠人民，充分调动广大人民群众的积极性主动性创造性，使人民群众共同享有人生出彩的机会，共同享有梦想成真的机会，共同享有同祖国和时代一起成长与进步的机会。如果把中国比作一艘正在大海上航行的超级巨轮，那么在这艘巨轮上，我们每一个人都是"梦之队"中的一员，都是中国梦的参与者、书写者、推动者，都应当同舟共济、齐心协力、奋勇前行。为中国梦奋斗，就是为自己的梦奋斗。只要每一个中华儿女都把自己的人生理想融入国家和民族的伟大梦想之中，发扬"天下兴亡，匹夫有责"的报国意识和"先天下之忧而忧，后天下之乐而乐"的爱国情怀，敢于有梦、勇于追梦、勤于圆梦，就一定能汇聚起实现中国梦的强大力量。

实现中国梦必须弘扬中国精神

实现中国梦必须弘扬中国精神。这就是以爱国主义为核心的民族精神，以改革创新为核心的时代精神。这种精神是凝心聚力的兴国之魂、强国之魂。

——2013 年 3 月 17 日，习近平在十二届全国人大一次会议闭幕会上的讲话毛泽东同志说过："人总是要有点精神的。"一个国家、一个民族更是如此。这个"精神"是一种情怀、一种超越,是一种不甘平庸、不甘屈服、不甘落后、不甘得过且过的血性和品节。人无精神不立,国无精神不强,民族无精神不兴。精神的力量是无穷的。习近平总书记关于"实现中国梦必须弘扬中国精神"的重要论断,深刻阐明了精神力量对于实现中国梦的重大意义,寓意深远、催人奋进。

中华民族是一个勤劳、勇敢、智慧的民族,是一个有理想、有抱负、有作为的民族,也是一个十分注重精神世界的修炼和砥砺的民族。在五千多年的文明历史中,向往国家统一、民族兴旺、人民安康、人生幸福的梦想,如永不熄灭的灯光,照耀中华民族前行,也激发、培育和塑造了中华民族伟大的精神。这种民族精神包括"民为贵,社稷次之,君为轻"的民本精神;"先天下之忧而忧,后天下之乐而乐""天下兴亡,匹夫有责"的爱国精神;"天行健,君子以自强不息"的奋斗精神;"仁义博爱""扶危济困"的利他精神;"诚实守信""谦敬礼让"的自律精神;"忧劳兴国""俭以养德"的勤俭精神;等等。这其中的核心就是爱国主义,主要内容是团结统一、爱好和平、勤劳勇敢、自强不息。正是凭着这种民族精神,中华民族创造和发展了灿烂的中华传统文化。

新的历史时期,呼唤新的时代精神。党的十一届三中全会以来,中国共产党人和中国人民以一往无前的进取精神和波澜壮阔的创新实践,为中国精神注入了新的时代内涵,这就是以改革创新为核心的时代精神。新时期最鲜明的特点是改革开放,最显著的成绩是快速发展,最突出的标志是与时俱进。发展离不开创新,创新意味着发展。30多年来,妨碍发展的思想观念被逐步冲破,束缚发展的陈规陋习被逐步改变,影响发展的体制弊端被逐步革除,人们思想大解放、观念大转变、精神大振奋。改革创新成为时代的最强音,成为社会发展的主旋律,成为引领时代进步潮流、体现中国社会发展方向的精神伟力。

中国精神既包括以爱国主义为核心的民族精神,也包括以改革开放为核心的时代精神。这是我们的兴国之魂、强国之魂。可以说，经过几千年的沧桑岁月，13亿中国人之所以能够紧紧凝聚在一起，离不开中华民族共同培育的民族精神、共同凝结的时代精神。今天，中华民族正大踏步地走在伟大复兴的新征程上。放眼中外历史，每一个前进的时代，必定有昂扬向上的精神与之伴随；大凡有影响的国家和民族，在崛起道路上都会迸发出积极进取的意志力量，成为永葆发展活力的宝贵精神财富。中国梦就其内在属性和本质而言，就是蕴含社会理想与愿景的人类基本精神活动，从这个意义上看，中国精神是团结一心实现中国梦的精神纽带，是自强不息实现中国梦的精神动力，是拼搏进取实现中国梦的精神力量。

伟大的时代孕育伟大的精神，伟大的精神支撑伟大的梦想。鲁迅先生说："唯有民魂是值得宝贵的，唯有它发扬起来，中国才有真进步。"在实现中国梦的新征途中，只有大力弘扬伟大的民族精神和时代精神，让凝心聚力的兴国之魂、强国之魂融入现代化建设的全过程，我们才能更加朝气蓬勃地迈向未来、谱写伟大复兴的精彩乐章，中华民族才能更加自信、更加昂扬地屹立于世界民族之林。

实现中国梦必须凝聚中国力量

实现中国梦必须凝聚中国力量。这就是中国各族人民大团结的力量。中国梦是民族的梦，也是每个中国人的梦。只要我们紧密团结，万众一心，为实现共同梦想而奋斗，实现梦想的力量就无比强大，我们每个人为实现自己梦想的努力就拥有广阔的空间。

——2013 年 3 月 17 日，习近平在十二届
全国人大一次会议闭幕会上的讲话

"实现中国梦必须凝聚中国力量"，习近平总书记的这一重要论断，为实现中华民族伟大复兴中国梦指明了正确方向，提供了重要遵循。

中华民族在五千年的悠久历史中，曾经创造出世界最先进的生产力和最光辉的科技成就，并将这种领先优势一直保持到 18 世纪。1840 年鸦片战争后，中国从一个曾经繁盛的泱泱大国变为任由西方列强宰割的弱国。于是，许多仁人志士，开始致力于振兴中华、民族复兴，各阶级、各政党等政治力量先后登上历史舞台，进行了艰辛的尝试与探索，但由于缺少一个先进阶级和政党的领导，没能凝聚力量实现这一使命。1902 年，梁启超在《新中国未来记》中感言："无端忽作太平梦，放眼昆仑绝顶来。"他对中华民族伟大复兴的畅想，直到中国共产党成立、新中国成立，才变得触手可及。中国共产党自成立之日起，毅然扛起民族复兴的重任，期间历经苦难、几经曲折，最终领导中国人民赢得了新民主主义革命的胜利，实现了民族独立和人民解放，为中华民族伟大复兴创造了前提。回顾近代以来中国人民走过的历史进程，中国人民的理想和追求清晰可见，那就是赶上世界现代化的步伐，把一个落后的农业国建设成先进的工业国，尽快实现社会主义现代化和中华民族伟大复兴。

新中国成立后，经过 60 多年的不懈奋斗，党和国家事业取得举世瞩目的巨大成就，社会主义中国、中国人民的面貌发生了根本性变化，中华民族以昂扬的姿态屹立在世界东方。之所以能够实现这种"根本性变化"，重要原因就在于"中国力量"的发展壮大。这里面，中国共产党起着核心力量的作用：没有共产党就没有新中国，就没有高度凝聚的中国力量；社会主义制度起着基石力量的作用：只有社会主义才能救中国，只有中国特色社会主义才能发展中国、发展中国力量；人民群众起着主体力量的作用：人民是历史的创造者，13 亿中国人民是中国发生历史性变化的决定性因素；改革开放起着推动力量的作用：改革开放极大地解放和发展了社会生产力，是使中国力量不断发展壮大的强大动力；人民军队起着柱石力量的作用：没有一个强大的人民军队，人民的一切就得不到保障，也就谈不上强大的中国力量。

中国力量，从根本上说就是中国各族人民大团结、大联合的力量，就是13亿中国人心往一处想、劲往一处使汇集起来的力量。人民群众是社会物质财富和精神财富的创造者，是推动社会进步的决定性力量。中国梦归根到底是人民的梦，必须紧紧依靠和凝聚人民的力量来实现。人民群众对美好生活的向往、对人生出彩机会的渴望、对梦想成真的追求，蕴含着无穷的奋斗潜力和创造活力，也对国家的发展和进步提出更多的期待。有梦想、有机会、有奋斗，一切美好的东西都能创造出来。实现中国梦，凝聚中国力量，必须更加珍重每个人追逐梦想的权利，珍视每个人梦想成真的机会。动员全体人民同心共筑中国梦，必须顺应时代要求，呼应百姓期盼，全面深化改革，努力消除一切不利于人民群众发挥积极性的消极因素，克服一切阻碍社会群体创新奋进的不良现象，营造各尽其能的氛围和环境，充分激发每个人的进取心和创造力，充分调动各个社会阶层和社会群体的主动性和创造性，使大家都能在实现中国梦中找到自己的位置，释放自己的能量。

凝聚中国力量，需要中国共产党的坚强领导。中国共产党作为中国工人阶级的先锋队、中国人民和中华民族的先锋队，始终是建设中国特色社会主义事业的领导核心。没有中国共产党这样一个具有先进性政党的领导，中国各族人民就难以形成凝聚力，就会因为缺乏主心骨而成为一盘散沙。孙中山先生说过："一盘散沙，才是中华民族最大的敌人。"团结就是力量，团结是智慧的倍增器、是力量的放大器。所以，凝聚中国力量，就必须坚持在中国共产党的领导下，把一切可以团结的力量团结起来，把一切可以调动的积极因素调动起来。只有这样，56个民族、13亿中国人民才能有统一的思想和行动，才能万众一心、众志成城地团结奋斗，形成实现中华民族伟大复兴中国梦的磅礴力量。

实现中国梦必须走中国道路

实现中国梦必须走中国道路。这就是中国特色社会主义道路。这条道路来之不易，它是在改革开放 30 多年的伟大实践中走出来的，是在中华人民共和国成立 60 多年的持续探索中走出来的，是在对近代以来 170 多年中华民族发展历程的深刻总结中走出来的，是在对中华民族 5000 多年悠久文明的传承中走出来的，具有深厚的历史渊源和广泛的现实基础。

——2013 年 3 月 17 日，习近平在十二届
全国人大一次会议闭幕会上的讲话

"实现中国梦必须走中国道路。这就是中国特色社会主义道路。"这一论断是历史的结论，也是现实的选择，既指明了实现中华民族伟大复兴中国梦的方向，也彰显了坚持中国特色社会主义道路的重要性。

道路问题至关重要。把当代中国放在历史坐标中进行纵向比较，可以看到三个"从来没有"：从 19 世纪中叶鸦片战争至今，中国从来没有像今天这样富足、富裕、富有，中国人民从"站起来"到"富起来"了；中国人民从来没有像今天这样享有这么广泛的自由、民主和人权，中国人民真正成为国家、社会和自己的主人；中国从来没有像今天这样拥有如此崇高的国际地位，中国已成为国际上举足轻重、名副其实的世界大国。这一切，都源自中国共产党带领全国人民推翻"三座大山"，建立了社会主义新中国；都源自中国共产党带领全国人民实行改革开放，走上了中国特色社会主义道路。这一切都说明，中国人民选择的社会主义道路是完全正确的，中国特色社会主义具有独特的优越性。

事非经过不知难。正如习近平总书记指出，"道路决定命运，找到一条正确道路是多么不容易。中国特色社会主义不是从天上掉下来的，是党和人民历尽千辛万苦、付出各种代价取得的根本成就。"这条道路是在中国彻底完成民族独立和人民解放历史任务之后，为了继续完成国家富强和人民赋予的历史任务开辟出来的，是在总结新中国成立以后正反两个方面经验教训中形成的，是凝结了几代中国共产党人带领全国人民接力探索、艰苦奋斗的智慧和心血开创与发展的。实践证明，中国特色社会主义道路，既不是"传统的"，也不是"外来的"，是一条不同于西方资本主义传统发展模式的崭新道路，是一条适合中国国情、引导中国发展进步的光明道路。因此，我们必须不为任何风险所惧、不被任何干扰所惑，毫不动摇坚持和发展中国特色社会主义，既不走封闭僵化的老路，也不走改旗易帜的邪路。

实现中华民族伟大复兴中国梦，就是要实现国家富强、民族振兴、人民幸福。事实上，民族伟大复兴的宏伟目标是建成富强民主文明和谐美丽的社会主义现代化国家。而现代化是整体的社会变迁，具有丰富内涵，除经济现代化之外，还包括政治民主化、文化现代化、人的全面发展等。也就是说，民族伟大复兴应该是全方位的，是经济、政治、文化、社会、生态、人的自身等方面的全面发展和进步。中国特色社会主义道路既坚持以经济建设为中心，又全面推进政治建设、文化建设、社会建设、生态文明建设以及其他各方面建设；既不断解放和发展社会生产力，又逐步实现全体人民共建共享、共同富裕、促进人的全面发展。中国特色社会主义道路的内涵与指向，与民族复兴的宏伟目标是完全一致、高度吻合的，只有经由中国特色社会主义道路，才能向实现民族复兴的宏伟目标迈进。

道路就是旗帜，道路就是方向。中国特色社会主义道路，对实现中华民族伟大复兴中国梦具有决定性意义。有梦想、有追求、有奋斗，一切美好的东西都能创造出来。我们要在以习近平同志为核心的党中央坚强领导下，奋力把中国特色社会主义推进到新的发展阶段，再创中华民族伟大复兴新的辉煌，这就是我们的历史使命。

增强做中国人的骨气和底气

对中国人民和中华民族的优秀文化和光荣历史，要加大正面宣传力度，通过学校教育、理论研究、历史研究、影视作品、文学作品等多种方式，加强爱国主义、集体主义、社会主义教育，引导我国人民树立和坚持正确的历史观、民族观、国家观、文化观，增强做中国人的骨气和底气。

——2013 年 12 月 30 日，习近平在主持中央政治局第十二次集体学习时的讲话骨气，意指刚强不屈的人格及操守；底气，意指人基本的信心和力量。做人的骨气和底气，最重要的来自内心的自我肯定，即自信。应该说，现在大多数中国人是自信的，是有骨气的，但却也有一些人不那么自信甚至很不自信，缺乏做中国人应有的骨气和底气。有的"以洋为尊""以洋为美""唯洋是从"，言必称西方，奉西方说法、做法为圭臬，似乎中国哪里都不如西方，中国的月亮也不如西方的圆。这种妄自菲薄，动摇的是中国发展的精神支柱，消耗的是中华民族的精气神，长的是他人他国的威风。对此，习近平总书记多次强调，"当今世界，要说哪个政党、哪个国家、哪个民族能够自信的话，那中国共产党、中华人民共和国、中华民族是最有理由自信的"；要"坚持中国特色社会主义道路自信、理论自信、制度自信、文化自信"；要"增强做中国人的骨气和底气"。

我们的骨气和底气，来自坚定的道路自信。道路就是旗帜，道路就是方向，道路关乎党的生命，关乎国家前途、民族命运、人民福祉。我们党建立 90 多年来取得最伟大的成就，就是带领全国各族人民在革命、建设和改革的历史进程中，开辟了中国特色社会主义道路。这条道路来之不易，它是在对改革开放近四十年的伟大实践中走出来的，是在对中华人民共和国成立 60 多年的持续探索中走出来的，是在对近代以来 170 多年中华民族发展历程的深刻总结中走出来的，是在对中华民族五千多年悠久文明的传承中走出来的。增强做中国人的骨气和底气，就要进一步坚定中国特色社会主义道路正确性的自信，并与时俱进拓展这条道路，推动这条道路越走越宽广。

我们的骨气和底气，来自坚定的理论自信。世界上有各种各样的理论、学说、主义。中国近代以来，差不多世界上有代表性的理论、学说、主义都在中华大地上尝试过，但都没有成功，也没有在中华大地上真正扎下根来。直到十月革命一声炮响，给我们送来了马克思主义。我们党坚持把马克思主义基本原理同中国具体实际相结合，在推进马克思主义中国化的历史进程中与时俱进，回应时代呼唤推动理论创新，产生了毛泽东思想和中国特色社会主义理论体系伟大成果，为党和人民的事业取得一个又一个胜利，提供了科学的行动指南。增强做中国人的骨气和底气，就要进一步坚定马克思主义中国化最新成果科学性的自信，坚持用习近平总书记系列重要讲话精神和治国理政新理念新思想新战略统一思想、指导实践、推进工作，进一步正本清源、固本强元，做到虔诚而执着、至信而深厚。

我们的骨气和底气，来自坚定的制度自信。适当而完备的制度，是人类社会稳定发展的基本保障。一个国家选择什么样的社会制度，既是由这个国家的国情和性质决定的，也是由这个国家经济社会发展的历史进程决定的。如同中国近代以来的历史发展选择了马克思主义为指导、选择了中国特色社会主义道路一样，选择人民民主专政的国体并在此基础上发展出一整套中国特色社会主义制度，是中国近代以来经济社会发展的必然。增强做中国人的骨气和底气，就要进一步坚定中国特色社会主义制度优越性的自信，坚持和完善人民代表大会这个根本政治制度，中国共产党领导的多党合作和政治协商制度、民族区域自治制度以及基层群众自治制度等基本政治制度；就要坚持"变"与"不变"的辩证统一，对社会主义制度最基本的方面要毫不动摇坚持，对制约社会主义优越性发挥的制度和体制弊端要毫不犹豫改革创新。

我们的骨气和底气，来自坚定的文化自信。文化自信，是更基础、更广泛、更深厚的自信。在五千多年文明发展中孕育的中华优秀传统文化，在党带领人民开展伟大斗争中孕育的革命文化和社会主义先进文化，积淀着中华民族最深层的精神追求，代表着中华民族独特的精神标识。增强做中国人的骨气和底气，就要进一步坚定对中国特色社会主义文化先进性的自信，大力弘扬以爱国主义为核心的民族精神和以改革创新为核心的时代精神，用社会主义核心价值观引领社会思潮、凝聚社会共识；大力发展文化事业和文化产业，推动适应人民精神文化生活需要的精品力作不断涌现；大力弘扬中华优秀传统文化，让中华优秀传统文化更加大放异彩，进一步增强国家文化软实力，滋养当代中国的发展进步。

鞋子合不合脚，只有穿的人才知道

鞋子合不合脚，只有穿的人才知道。巴西也有这样的谚语，说明这是一个众人皆知的常识。世界上没有包治百病的灵丹妙药，也没有放之四海而皆准的发展模式。我们应该继续坚定支持对方走符合自身国情的发展道路。

——2014 年 7 月 16 日，习近平在巴西国会上发表的演讲

"鞋子合不合脚，只有穿的人才知道。"习近平总书记的"鞋子合脚论"，是一个浅显又通俗的道理，用来说明一个国家的发展道路，十分生动而深刻，不仅道出了他对各国发展模式差异的认识和对国际秩序的主张，宣示了中国的外交理念，也显示了他对中国特色社会主义的道路自信和制度自信，体现了中国领导人高超的智慧。

实际上，无论是东方还是西方，无论是大国还是小国，搞什么样的发展模式、走什么样的道路、实行什么样的制度，关键要看这个模式、道路和制度能否有效解决这个国家所面临的历史性课题。一个国家的政治制度怎么样、发展道路合不合适、发展模式好不好，只有这个国家的人民最有亲身感受，最有发言权，别的国家、别的人无权指手画脚、品头论足。

成立于风雨如晦年代的中国共产党，带领中国人民经过 90 多年的奋斗、创造、积累，成功开辟了中国特色社会主义道路，确立了中国特色社会主义制度。历史雄辩地证明：中国特色社会主义道路是历史的选择、人民的选择，是实现社会主义现代化的必由之路，是创造人民美好生活的必由之路，是实现中华民族伟大复兴中国梦的必由之路。然而，在某些西方敌对势力眼中，社会主义制度不如资本主义制度，中国共产党"一党执政"不如他们的"三权分立"，人民代表大会制度不如他们的选举制度。他们总喜欢对中国的发展模式、发展道路和政治制度指指点点、说三道四。而国内也有一些人受西方影响，对自己的道路和制度缺乏自信，甚至觉得只有实行西方多党轮流执政、三权分立、两院制等才算民主了，才能解决我国改革发展进程中出现的种种问题。事实果真如此吗？

从表面上看，实行多党制是为了解决社会不同利益的整合、表达和实现问题，多党竞争有利于政党监督；"三权分立"是用权力制约和监督权力，防止权力滥用和腐败。这种制度设计本身就表明，资产阶级政党自身缺乏抗腐反腐的能力。政党交替、"三权分立"既不能解决国家决策失误，也不能杜绝官员腐败，更不能实现政治清明。第二次世界大战后，一些国家通过各种形式建立种种监督机制，旧的腐败形式有了一定程度的减少，但并未从根本上得到解决,不仅新的更隐蔽的腐败现象潜滋暗长,而且一些长期存在难以克服的体制性腐败竟被合法化。最典型的就是政治献金、游说交易等体制性腐败被披上"合法的外衣",选举被金钱、媒体、财团、黑势力所影响和操纵,被利益集团所利用。导致多党制演变为"政党分赃制"和"危机避难制",在台上执政时大捞"黑金",利用权力回馈"金主",出现危机就下台避难,规避责任,你方唱罢我登场,轮流坐庄。尤其是各政党把目标盯在选票而不是政绩上,为了争夺选民而相互攻讦、不择手段,使西方国家普遍陷入治理危机和道义困境。进入21世纪后,美国等西方国家在西亚北非大搞"颜色革命",推行西方标准的"民主化",导致这些国家陷入长期的政治动荡、社会动乱,人民流离失所、生活在水深火热之中。试想,国已不国,又何谈良序善治?

相反,中国共产党作为执政党,同西方国家执政党在执政宗旨、理念、制度、实践上,特别是执政的社会制度环境上,都有着本质的区别。我们党坚持全心全意为人民服务的根本宗旨,坚持人民代表大会根本政治制度,坚持多党合作和政治协商制度,在治国理政中坚持以人民为中心的发展思想。这一切都决定着,西方政党无法通过自我监督、自我净化进行的自我革新、自我提高,中国共产党完全可以做到、可以做好。无数事实证明,我国的发展道路、政治制度,能够有效避免西方国家那种党争纷沓、相互倾轧的恶果,具有强大的社会整合力;能够集中力量办大事,高效推动国家发展和社会进步。我国作为一个有13亿人口、56个民族且地区发展不平衡的大国,如果搞西方"三权分立"、多党竞选那一套,必将引发政治动荡、社会动乱。对此,我们应该坚定不移、充满自信地坚持中国特色社会主义的发展道路和政治制度,因为这完全是适合中国人民"穿的鞋子"。

只要坚持，梦想总是可以实现的

　　这一年，北京获得第 24 届冬奥会举办权，人民币纳入国际货币基金组织特别提款权货币篮子，我国自主研制的 C919 大型客机总装下线，中国超级计算机破世界纪录蝉联"六连冠"，我国科学家研制的暗物质探测卫星发射升空，屠呦呦成为我国首位获得诺贝尔奖的科学家……这说明，只要坚持，梦想总是可以实现的。

——2015 年 12 月 31 日，习近平在发表 2016 年新年贺词时指出

"只要坚持，梦想总是可以实现的。"习近平总书记这句质朴而有力的话语一发表出来，立即引起国人的强烈共鸣。这句话之所以广受欢迎，是因为它充满了积极向上的正能量，给人力量、催人奋进。

这些年来，习近平总书记每年元旦前都要发表新年贺词。他在2014年新年贺词中说："生活总是充满希望的，成功总是属于积极进取、不懈追求的人们。"他在2015年新年贺词中说："我们正在从事的事业是伟大的，坚忍不拔才能胜利，半途而废必将一事无成。"他在2016年新年贺词中说："只要坚持，梦想总是可以实现的。"他在2017年新年贺词中说："天上不会掉馅饼，努力奋斗才能梦想成真。"从这些话语中可以看出，"坚持"二字，是习近平总书记一以贯之的思想。因为生活就是这样：前进道路上不可能一帆风顺，不可能一马平川。只有"坚持"，理想才能坚定，激情才能保持，梦想才能实现。

早在20世纪初，《天津青年》杂志在一篇文章中提出这样三个问题：中国什么时候派一名运动员参加奥运会？中国什么时候派一支队伍参加奥运会？中国什么时候举办奥运会？这三个问题浓缩成一句话，就是中国什么时候实现奥运梦？1932年第十届奥运会在美国洛杉矶举行，旧中国体育落后，当时只有短跑运动员刘长春参赛，在100米预赛中即被淘汰。在1936年柏林奥运会上，中国申报了近30个参赛项目，派出了69人的代表团。在所有的参赛项目中除撑杆跳高选手进入复赛外，其他人都在初赛中即遭淘汰，最终全军覆没。中国代表团回国途经新加坡时，当地报刊发表了一幅外国漫画，讽刺中国人并题为"东亚病夫"。新中国成立后，站起来的中国人民彻底甩掉了"东亚病夫"的帽子。1984年，我国体育健儿赴美国洛杉矶参加奥运会，一举夺得15枚金牌，打破中国在奥运史上金牌"零的纪录"。2001年7月13日，北京获得2008年奥运会主办权，终于圆了中国人民一个世纪的奥运梦。奥运梦的实现，正是一代又一代中国人锲而不舍"坚持"的结果。

实现奥运梦靠的是"坚持"，实现任何梦想都应该不懈"坚持"。坚持是走向成功的"秘方"，坚持是人生进步的"阶梯"，坚持就是胜利。锲而不舍、金石可镂,绳锯木断、滴水穿石,集腋成裘、铁棒磨成针,古往今来关于"坚持"的名言警句、励志故事不胜枚举。试想,如果没有越王勾践卧薪尝胆的坚持,又何能打败吴国,最终成为一代霸主?如果没有中国人民长达 14 年的坚持,又何能打败日本侵略者?如果没有钱学森、钱三强、赵九章、郭永怀等元勋们的坚持,又何能实现"两弹一星"梦?如果没有改革开放 30 多年对以经济建设为中心的坚持,我国又何能创造"中国奇迹"?如果没有近代以来无数仁人志士对民族解放、民族独立、民族振兴事业的坚持,中华民族伟大复兴中国梦又何能像今天这样如此之近地展现在世人面前?

"二战"时期的英国首相丘吉尔,最欣赏、最推崇的就是面对逆境而坚持不懈的精神。他在一所大学的结业典礼上作了一场经典演讲,大约用了20 分钟,内容从头到尾就是两句话:坚持到底、永不放弃!坚持到底、永不放弃!丘吉尔用他一生成功的经验告诉人们:成功其实没有什么秘诀可言,如果真有的话,也就是这么两个。第一个是坚持到底、永不放弃!第二个是当你想放弃的时候,回头看看第一个秘诀:坚持到底、永不放弃!难怪有哲人说,凡人与伟人之间的差距,就在于能否做到"坚持"二字。对此,我们应当牢记"只要坚持,梦想总是可以实现的"这一"金句",激发不断前进的动力,照亮人生出彩的梦想。

方向决定道路，道路决定命运

　　方向决定道路，道路决定命运。中国特色社会主义不是从天上掉下来的，是党和人民历尽千辛万苦、付出巨大代价取得的根本成就。

——2016 年 7 月 1 日，习近平在庆祝中国
共产党成立 95 周年大会上的讲话

旗帜问题、方向问题历来十分重要。旗帜就是方向，方向错了，就会南辕北辙、人心涣散。一个党、一个国家朝着什么样的方向发展，选择什么样的道路，预示着什么样的前途命运，关系到国家能否实现富强、人民能否幸福生活。习近平总书记指出："无论搞革命、搞建设、搞改革，道路问题都是最根本的问题。30多年来，我们能够创造出人类历史上前无古人的发展成就，走出了正确道路是根本原因。"

纵观中国近现代史，中国人民通过革命、建设和改革实现民族伟大复兴的进程，就是一个道路选择的过程。在半殖民地半封建的社会里，无数仁人志士和各种社会力量，纷纷寻求各种救国救民、振兴中华的道路，但都失败了、破产了，其根源就在于没有找到适合中国国情的前进道路。在马克思主义指导下，共产党人义无反顾地承担历史重任，引领中国人民走出了漫漫长夜。我们党立足中国国情，依靠和带领全国人民经过艰苦卓绝的奋斗，建立了新中国，完成了社会主义革命，确立了社会主义基本制度，实现了中国历史上最广泛最深刻的社会变革。历史证明，只有社会主义而不是别的什么主义能够救中国。这是历史的结论、人民的选择。

中国特色社会主义道路，不是天上掉下来的，也不是地里冒出来的，而是我们党带领中国人民一步一个脚印走出来的。新中国成立初期，经济文化基础落后，怎么发展社会主义，没有现成的经验，只好向苏联学习、照搬苏联，但是学了几年之后我们发现苏联模式并不适合中国实际，我们只能走独立自主、自力更生的发展道路，只能艰辛探索社会主义建设模式和道路。党的十一届三中全会以后，以邓小平同志为核心的党中央，带领全国人民坚持改革开放、走自己的路，成功开创了中国特色社会主义这一亘古未有的伟大道路。实践证明，这条道路是党和人民历尽千辛万苦、付出巨大代价取得的根本成就，是实现中国社会主义现代化的必由之路，是实现国强民富的必由之路，是实现中华民族伟大复兴的必由之路，是创造人民美好生活的必由之路。习近平总书记多次讲到，独特的文化传统、独特的历史命运、独特的基本国情，注定了我们必须要走适合自己的发展道路。他强调，

"一个国家实行什么样的主义，关键要看这个主义能否解决这个国家面临的历史性课题。历史和现实都告诉我们，只有社会主义才能救中国，只有中国特色社会主义才能发展中国"。

方向决定道路，道路决定命运。虽然我国已成功开辟了中国道路，但在新的历史条件下，我们仍然需要进行具有许多新的历史特点的伟大斗争。我国仍处于并将长期处于社会主义初级阶段，人民日益增长的物质文化需要同落后的社会生产之间的矛盾依然是社会主要矛盾，社会发展中不平衡、不协调、不可持续问题依然十分突出，实现中华民族伟大复兴中国梦依然任重道远。方向、道路的选择不是一帆风顺的，不是一次就能完成的，也不是一劳永逸的，我们要走的路还很长，任务还很艰巨、繁杂。前车之鉴，后事之师。我们要始终坚持正确方向，既不走封闭僵化的老路，也不走改旗易帜的邪路，在坚持中不断完善和发展中国特色社会主义制度，勇于推进理论创新、实践创新、制度创新以及其他各方面创新，让中国特色社会主义制度更加成熟定型，让发展更有质量，让治理更有水平，让人民更有获得感，推动中国特色社会主义道路越走越宽广。

指导思想是一个政党的精神旗帜

指导思想是一个政党的精神旗帜。95 年来，中国共产党之所以能够完成近代以来各种政治力量不可能完成的艰巨任务，就在于始终把马克思主义这一科学理论作为自己的行动指南，并坚持在实践中不断丰富和发展马克思主义。

——2016 年 7 月 1 日，习近平在庆祝
中国共产党成立 95 周年大会上的讲话

毛泽东同志曾指出："主义譬如一面旗帜，旗帜立起来了，大家才有所指望，才知所趋赴。"我们党自成立之日起，就把马克思主义写在自己的旗帜上，就把马克思主义作为指导思想和行动指南。正因为这样，我们党完成了近代以来各种政治力量不可能完成的艰巨任务，带领中国人民从"站起来"到"富起来"再到"强起来"，推动中华民族伟大复兴中国梦越来越近地展现在国人面前。

我们党之所以把马克思主义作为自己的指导思想，是因为它具有无比的科学性真理性。这种科学性真理性主要体现在——它科学揭示了自然界、人类社会、人类思维发展的普遍规律，为人类社会发展进步指明了方向；它把辩证法、历史观同唯物主义科学地结合起来，实现了哲学上的革命飞跃，为人们观察世界、分析问题提供了"伟大的认识工具"；它深刻阐明了剩余价值学说，宣告资本主义社会一定会被更高形态的共产主义社会所取代，得出"两个不可避免"和"两个历史必然"的结论，把社会主义理论建立在科学的基础之上；它具有鲜明的实践品格，不仅致力于科学地"解释世界"，而且致力于积极地"改变世界"。正如列宁指出，"马克思的全部天才正是在于他回答了人类先进思想已经提出的种种问题"。

我们党之所以始终高举马克思主义的精神旗帜，是因为它具有强大的生命力影响力。在人类社会发展史上，各种理论、主义、学说可以说多如牛毛，但没有一种像马克思主义那样对人类文明进步产生如此巨大、广泛而深远的影响。1999 年，英国广播公司组织了一次"千年思想家"的网上评选。当选的前十位人物，大多数人们都耳熟能详，包括我国的孔子，包括美国科学家爱因斯坦，但排在第一的是马克思。美国学者罗伯特·L.海尔布隆纳曾慨叹，要探索人类社会发展前景，必须向马克思求教，人类社会至今仍然生活在马克思所阐明的发展规律之中。2008 年世界发生金融危机后，人们发现，马克思和他的《资本论》再次"火"了，《资本论》在德国柏林的销售量是上一年的 3 倍，是 1990 年的 100 倍。为什么会这样？正如习近平总书记强调，马克思主义依然占据着真理和道义的制高点，因此也依然有着强大生命力。

我们党之所以能够使自己的指导思想实现与时俱进，最重要原因就在于始终坚持用科学态度来对待马克思主义。毛泽东同志当年在党的七大所做的口头政治报告中指出："我们所要的是香的马克思主义，不是臭的马克思主义；是活的马克思主义，不是死的马克思主义。"要"香的马克思主义""活的马克思主义"，把马克思主义当作科学方法而不是"教条""教义"，把马克思主义基本原理同中国实际相结合、走自己的路，就是我们对待马克思主义的科学态度。正是秉持这种科学态度，我们党坚持立足中国实际、回答时代课题、推动理论创新，实现了马克思主义中国化两次历史性飞跃，产生了毛泽东思想和中国特色社会主义理论体系伟大理论成果。党的十八大以来，习近平总书记以非凡的政治勇气和巨大的理论勇气，围绕党和国家发展一系列重大理论和实践问题，发表了一系列重要讲话，提出了一系列治国理政新理念新思想新战略，为中国特色社会主义理论体系增添了崭新而丰富的内容，是指导具有许多新的历史特点伟大斗争的鲜活的 21 世纪的马克思主义。

时代是思想之母，实践是理论之源。回顾过去，在风云激荡中高擎马克思主义精神旗帜，是我们党的事业从胜利走向胜利的根本所在；面对当前复杂多变的国际国内环境，坚定马克思主义信仰，依然是我们党战胜各种风险和困难的"定海神针"；展望未来，实现"两个一百年"目标、实现中华民族伟大复兴中国梦，必须继续坚定不移坚持和发展马克思主义。为此，我们应当以更加宽广的视野、更加长远的眼光来思考和把握未来发展面临的一系列重大战略问题，思考和把握马克思主义在当代发展的现实基础和实践需要，坚持问题导向，坚持以正在做的事情为中心，进一步推进在实践基础上的理论创新，进一步推动马克思主义中国化，使党的精神旗帜放射出更加灿烂的真理光芒、更加鲜艳地飘扬在社会主义中国的上空。

2

坚持理想信念
坚守精神追求

理想信念就是共产党人精神上的"钙"

坚定理想信念，坚守共产党人精神追求，始终是共产党人安身立命的根本。对马克思主义的信仰，对社会主义和共产主义的信念，是共产党人的政治灵魂，是共产党人经受住任何考验的精神支柱。形象地说，理想信念就是共产党人精神上的"钙"，没有理想信念，理想信念不坚定，精神上就会"缺钙"，就会得"软骨病"。

——2012 年 11 月 17 日，习近平在主持中央政治局第一次集体学习时的讲话有一个道理要反复讲，就是革命理想高于天，党的干部必须"永不动摇信仰"。对马克思主义的信仰，对社会主义和共产主义的信念，是共产党人的政治灵魂，是共产党人安身立命的根本，提高干部素质第一位的任务是坚定理想信念，练就"金刚不坏之身"。理想信念就是共产党人精神上的"钙"，没有理想信念，理想信念不坚定，精神上就会"缺钙"，就会得"软骨病"。习近平总书记一再反复强调的这些话语，形象生动、语重心长，深刻揭示了理想信念对于共产党人的极端重要性。

当前从总体上看，广大党员、干部的信仰是坚定的，理想是崇高的。但一个时期以来，也确有不少党员、干部理想信念出现了动摇和滑坡。有的认为共产主义是遥不可及的乌托邦、虚无缥缈的空中楼阁，不可能实现；有的认为社会主义不如资本主义优越，对社会主义最终战胜资本主义缺乏信心；有的认为马克思主义过时了、无用了。由于理想动摇、信念缺失，有的党员、干部精神极度空虚，"不问苍生问鬼神"，热衷于算命看相，到处求神拜佛，烧香磕头，请"神功大师"指点；有的党员、干部公开场合大讲理想信念，讲社会主义制度优越性，而私下却认为理想信念是虚的，社会主义制度不行，把配偶子女移民到国外、钱存在国外，给自己"留后路"，随时准备"跳船"，陷入严重的人格分裂；有的党员、干部利欲熏心，信奉金钱至上、名利至上、享乐至上，心里没有任何敬畏，行为没有任何底线。这些得了"软骨病"的人，最终导致政治上变质、物质上贪婪、道德上堕落、生活上腐化，走向了人民的反面。

"不奋发，则心日颓废；不检束，则心日恣肆。"实践一再证明，理想的滑坡是最致命的滑坡，信念的动摇是最危险的动摇。坚定理想信念，必须切实抓好思想理论建设这个根本、党性教育这个核心、道德建设这个基础，把理想信念建立在对科学理论的理性认同上，建立在对历史规律的正确认识上，建立在对基本国情的准确把握上，真正解决好世界观、人生观、价值观"总开关"问题。要坚持用习近平总书记系列重要讲话精神和治国理政新理念新思想新战略武装头脑、指导实践、推动工作，教育引导党员、干部牢固树立辩证唯物主义和历史唯物主义世界观，不断提高马克思主义思想觉悟和理论水平，自觉运用马克思主义立场观点方法观察世界，廓清思想迷雾，排除思想干扰，增强道路自信、理论自信、制度自信、文化自信，筑牢信念之基、补足精神之"钙"、把稳思想之舵，坚守真理、坚守正道、坚守原则，真正成为具有铁一般信仰、铁一般信念的党员干部，矢志不渝为共产主义远大理想和中国特色社会主义共同理想而不懈奋斗。

理想信念不是虚妄空洞的，而是具体实在的。习近平总书记指出，检验一个共产党人的理想信念是否坚定是有客观标准的，主要看是否能在重大政治考验面前有政治定力，是否能树立牢固的宗旨意识，是否能对工作极端负责，是否能做到吃苦在前、享受在后，是否能在急难险重任务面前勇挑重担，是否能经得起权力、金钱、美色的诱惑。这"六个是否能"，紧扣党员干部思想实际，为当代共产党人坚守精神家园、永葆先进性和纯洁性，注入了强大精神力量。我们要深刻领会、坚决践行，心中永远点亮共产主义这盏明灯，脚下始终走稳中国特色社会主义这条道路，在任何时候任何情况下都坚定对马克思主义的信仰，坚定对共产主义和社会主义的信念，坚定对共产党的信任，并把坚定的理想信念落实到实际行动上，脚踏实地为实现党在现阶段的基本纲领做好每一项工作。

要防微杜渐，不要温水煮青蛙

　　党风廉政建设，要从领导干部做起，领导干部首先要从中央领导做起。正所谓"己不正，焉能正人"。最重要的就是要防微杜渐，不要温水煮青蛙。

——2012 年 12 月 4 日，习近平总书记
在中央政治局会议上的讲话

"要防微杜渐，不要温水煮青蛙"，说的是坏思想、坏行为也许在刚刚出现的时候很微不足道、影响很小，但如果不慎细慎微、不及时阻止，任其发展下去，最终可能会产生致命的打击。刘备说过："勿以恶小而为之，勿以善小而不为"，说的也是这个道理：不要因为好事小而不做，更不能因为坏事小而去做，小善积多了就成为利天下的大善，而小恶积多了则"足以乱国家"。

古人云：不矜细行，终累大德；为山九仞，功亏一篑。许多人违法犯罪，都经历一个量变到质变的过程。这些人开始对一些小事不注意，对小利不在意，以为小节不伤大雅，认为占点便宜、谋点私利没有什么大不了的。于是逢年过节接收"禧礼"，生病住院接收"慰礼"，子女婚嫁接收"红礼"，被认为是正常人情往来；于是公车私用、公款吃喝、奢侈浪费等歪风邪气，被看成是"小节问题"。这些人不在意微小、不在意渐变，觉得"小德"不足道，"小事"不足惧，"小节"不足拘，觉得一两酒喝不倒红旗，一顿饭吃不垮江山，一点小恩小惠构不成犯罪，但不知"变故兴细微"，"祸患常积于忽微"，量变到一定程度终究要质变，人生重大的转折往往是由细微的变化渐积而成的。随着时间的推移，小的违纪逐渐演变为大的违法、严重的犯罪，"千里之堤，溃于蚁穴"，正是由于"缺口"不断被打开、攻破，最终"洪水泛滥"，"蚁贪"终将演变成"巨贪"。武钢集团原党委书记、董事长邓崎琳被组织调查后坦陈，自己一步一步走向违纪违法深渊，正是因为一开始对小事小节"没有仔细想，就是觉得不算怎么回事儿"。

"温水煮青蛙"的故事最能说明上述现象。这个故事讲的是：一只青蛙，把它扔进沸水里，它可能一跃而逃生，而把它放进温水里，一点点地加温，它就会感到惬意，最终当然难逃被煮死的命运。这个故事告诫人们：知微识渐、慎微慎渐、防微杜渐是人生大义。《楚辞·七谏》所云"日渐染而不自知兮，秋毫微哉而变容"；《宋书·吴喜传》所云"且欲防微杜渐，忧在未萌，不欲方幅露其罪恶，明当严诏切之，令自为其所"，也都是这个意思。孔子在两千多年前就发出感叹，"吾未见好德如好色者也"，从善难、从恶易，一次雪崩往往由一片雪花而起，千里之堤往往毁于一个小小蚁穴。因此，如果不防微杜渐，以为恶小而为之，长久以往，终将使人甘于堕落，成为贪欲之奴，到头来天网恢恢、疏而不漏，所得者无外是"黄粱美梦一场空"。从近年来查处的腐败案件来看，很多人都走过了一条"渐进式腐败"的道路。有的人未必当初就是贪得无厌之徒、肆无忌惮之辈，但一旦放松世界观改造，放松对自己的严格要求，忘记了作为一个共产党员应尽职责和应持操守，双脚就渐渐走偏了方向。原来看不惯的事情，慢慢地看得惯甚至孜孜以求了；原来不敢做的事情，渐渐地敢做甚至以身试法了，最终由渐变酿成突变，跌入万劫不复的深渊。

要防微杜渐，避免温水煮青蛙，就要从细微处做起，步步扎实，事事谨慎，养成良好习惯。沃伦·巴菲特讲过一句话："习惯的枷锁有时候轻得让你没有感觉，直到有一天重得让你无法摆脱。"说明改变一种习惯，特别是一种坏习惯不是那么容易的。只有养成良好习惯，勿以恶小而为之，善于在小节问题上把握住自己，才能做到在小事上不出格，才能保证在大事上不出问题。这就要求我们坚守理想信念，自觉树立和践行社会主义核心价值观，始终保持积极的人生态度、良好的道德品质、健康的生活情趣，时刻回头审视并自觉校正自己前进的方向，"行之以渐，持之以恒"。这就要求我们把握好做人做官做事的底线，坚决不逾政治底线、不越法纪红线、不过廉洁边线，做到慎独、慎初、慎微，固守内心那一方净土，时刻把党纪国法作为自己头顶的达摩克利斯之剑，时刻保持对权力、对人民的敬畏之心，常怀感恩之心，多做为民之事，不做温水中的青蛙。

中国革命历史是最好的营养剂

历史是最好的教科书。对我们共产党人来说，中国革命历史是最好的营养剂。多重温这些伟大历史，心中就会增加很多正能量。

——2013 年 7 月 12 日，习近平在河北省调研
指导党的群众路线教育实践活动时的讲话

历史是一个民族、一个国家、一个政党形成、发展及其兴衰存亡的真实记录，是前人的"百科全书"，凝聚着前人的知识、经验和智慧。古人讲，"以史为鉴，可以知兴替""欲知大道，必先为史"。正是对历史重要作用的充分认知，习近平总书记明确指出，对我们共产党人来说，中国革命历史是最好的营养剂。

近代以来，中国人民为了民族的独立与解放，为了国家的繁荣与富强，进行了长期艰苦卓绝的斗争。一部中国革命的历史，就是我们党带领中国人民推动革命、建设和改革的创业史，就是我们党为实现国家富强、民族振兴、人民幸福的奋斗史，就是我们党不断加强自身建设、不断完善和提高自己的发展史。历史之中有营养，历史之中有智慧，历史是最好的老师。作为党员干部，应当深入学习中国革命史，学习党的历史，从历史中汲取治国理政、干事创业的丰富智慧和有益营养，进一步认清历史脉络，把握历史规律，坚定历史自信。

要从中国革命史中吸取坚定信念、艰苦奋斗的崇高精神。学习中国革命史，我们可以了解到，在半殖民地半封建的旧中国，为了救国救民，中国先进分子怎样努力找到马克思主义这一真理，建立起中国共产党，从而改变了中国社会的发展走向、改变了中国人民的悲惨命运。在之后的漫长岁月里，中国共产党人始终坚定理想信念，不畏强暴、不怕牺牲，不畏艰险、不懈奋斗，取得了新民主主义革命的伟大胜利，建立了社会主义根本制度，开启了改革开放新征程。在长期的奋斗过程中，我们党形成了理论联系实际、密切联系群众、批评与自我批评、"两个务必"等优良传统和作风，培育了井冈山精神、延安精神、西柏坡精神、大庆精神、红旗渠精神、"两弹一星"精神等。这些都是我们党和人民的宝贵精神财富，对于推动党领导的伟大事业发展发挥了重要作用，具有超越时空的永恒价值和不竭的生命力，永远是共产党人砥砺品行、永葆本色的精神"钙片"。

要从中国革命史中吸取成功经验、失败教训的深刻启迪。学习中国革命史，我们可以了解到，在党的历史上，我们党坚持把马克思主义基本原理同中国具体实际相结合，成功找到了农村包围城市、武装夺取政权的革命道路，成功开辟了对农业、手工业、资本主义工商业的社会主义改造道路，成功走出了一条具有中国特色的社会主义建设道路。由于客观事物发展的复杂性和人的认识的局限性，党内也曾经发生过"左"的和右的错误，使革命和建设事业遭受挫折，包括发生了像"文化大革命"这样给党、国家和人民带来严重灾难的十年浩劫。当然，我们党在历史上犯过的错误，最终都是依靠党自己的力量、依靠人民的力量，发现并纠正过来。前事不忘，后事之师。我们党成立90多年来所有的探索和努力，无论是成功还是失败，无论是胜利还是挫折，无论是经验还是教训，都是我们在新的历史条件下，开展具有许多新的历史特点的伟大斗争、推进中国特色社会主义伟大事业和党的建设新的伟大工程的有益借鉴。

要从中国革命史中吸取攻坚克难、奋勇前进的强大力量。学习中国革命史，我们可以了解到，党领导人民进行革命的伟大历史，是党团结带领人民不惧艰难险阻、英勇顽强奋斗的历史，蕴含着攻城拔寨、攻坚克难的巨大力量。面对大革命失败后极其危险的局势，我们党没有消沉、没有悲观，相反，以武装革命反抗国民党反动派的血腥屠杀，建立了十多块革命根据地，开创了土地革命战争的大好局面；面对第五次反"围剿"失利的严重困难，我们党没有逃避、没有动摇，相反，以巨大的勇气进行二万五千里长征，实现了北上抗日的战略方针，为实现民族独立和解放开辟了光明前景；面对新中国成立之初美军逼近鸭绿江的严峻形势，我们党没有退缩、没有犹豫，相反，人民志愿军雄赳赳、气昂昂跨过鸭绿江，抗美援朝、保家卫国，打出了几十年的和平建设环境。有困难、有风险、有危情、有曲折并不可怕，关键是要勇于面对、敢于克服并善于战胜它们。这是中国革命历史对我们的昭示。当前，我们正在协调推进"四个全面"战略布局，正在为实现"两个一百年"目标、实现中华民族伟大复兴中国梦而奋斗。在这一新的长征路上，注定还会遇到许多困难与风险，注定还有许多城堡要攻、还有许多险滩要涉。这就要求我们大力弘扬逢山开路、遇水搭桥的革命精神，从中国革命史中吸取不忘初心、继续前进的力量和勇气。

道不可坐论，德不能空谈

道不可坐论，德不能空谈。于实处用力，从知行合一上下功夫，核心价值观才能内化为人们的精神追求，外化为人们的自觉行动。

——2014 年 5 月 4 日，习近平在同
北京大学师生座谈时的讲话

再崇高的道德准则，如果缺乏实际行动，只能是空洞的理念；再恒远的价值目标，如果没有奋力以求，只会变得遥不可及。培育和践行社会主义核心价值观，最重要的是于实处用力，从知行合一上下功夫，从落小落细上下功夫，从久久为功上下功夫。习近平总书记关于"道不可坐论，德不能空谈"的重要论述，讲的就是这个道理。

马克思说过："理论只要说服人，就能掌握群众；而理论只要彻底，就能说服人。"党的十八大从国家、社会和公民三个层面，概括了社会主义核心价值观的价值目标、价值取向和价值准则，即倡导富强、民主、文明、和谐；倡导自由、平等、公正、法治；倡导爱国、敬业、诚信、友善，积极培育和践行社会主义核心价值观。"三个倡导"24个字，明确回答了我们要建设什么样的国家、建设什么样的社会、培育什么样的公民三个重大问题，勾绘出一个国家的价值内核、一个社会的共同理想、亿万国民的精神家园，既有理论高度，更有实践价值，已在全社会激发起强烈共鸣，正在成为全体人民的共同行动。

知行合一、言行一致，是中华民族崇尚的道德传统。孔子十分欣赏"讷于言而敏于行"的人，并说"君子耻其言而过其行"，断言"巧言令色鲜矣仁"。意思就是，做人做事应该少说多做，如果言过其行、言过其实，那是很可耻的，整天花言巧语的人是少有能够践行仁德的。荀子讲得更明白："口能言之，身能行之，国宝也。口不能言，身能行之，国器也。口能言之，身不能行，国用也。口言善，身行恶，国妖也。治国者，敬其宝，爱其器，任其用，除其妖。"这里所谓的"国宝""国器""国用""国妖"，就是按言与行是否一致分出的等次。最好的"国宝"是说到做到，最差的"国妖"是言行相悖。培育和践行社会主义核心价值观，贵在坚持知行合一、坚持行胜于言。知是前提，是先导；行是归宿，是落脚点。所谓"知之愈深，行之愈笃"，既要认同，更需践行。只有使其家喻户晓、深入人心，进而知而行之、知行合一，调动社会肌体的每一个细胞，人人都成为积极活跃的践行主体，才能让社会主义核心价值观获得最富营养的培育沃土，获得最活泼生动的建设力量。

　　九层之台，起于垒土；千里之行，始于足下。培育和践行社会主义核心价值观，是一项复杂的系统工程，不可能毕其功于一役。必须发扬钉钉子精神，图难于易、聚焦于"小"、落实于"细"、久久为功，才能积小成为大成、化量变为质变，以良好的社会风貌谱写培育和践行核心价值观的时代新篇。尤其是作为"早晨八九点钟太阳"的青年人，应当牢记习近平总书记的谆谆教诲，一方面坚持立意高远、修明立德，立志报效祖国、服务人民、奉献社会，提升践行核心价值观的思想境界，把核心价值观内化为精神追求、外化为自觉行动；一方面坚持从具体行为入手，从做好小事、管好小节起步，"见善则迁，有过则改"，扣好人生的第一粒扣子，勤学、修德、明辨、笃实，不坐而论道、不巧言空谈，真正在火热的社会实践中创造出无悔的青春，努力成长为有理想、有道德、有文化、有纪律的社会主义建设者和接班人，成为爱国、敬业、诚信、友善的文明人。

国无德不兴，人无德不立

　　核心价值观，其实就是一种德，既是个人的德，也是一种大德，就是国家的德、社会的德。国无德不兴，人无德不立。如果一个民族、一个国家没有共同的核心价值观，莫衷一是，行无依归，那这个民族、这个国家就无法前进。

——2014 年 5 月 4 日，习近平在同
北京大学师生座谈时的讲话

德即道德，指的是人的品行，它是人们的行为准则和行为规范的总和，是人类所特有的调整人与人、人与社会以及人与自然关系的行为规范的总和。道德是一个人、一个民族、一个国家、一个政党的灵魂所在。正如习近平总书记所指出，国无德不兴，人无德不立。

中华民族历来就重德崇德，是推崇以德立人的民族。我们的祖先把美德懿行作为人安身立命之根本，"道德当身，故不以物惑"，以有德为荣、以失德为耻，总结出"八德"，即孝、悌、忠、信、礼、义、廉、耻，这些道德观念深入人心，"八德"不齐就被人不齿。同时，中华民族也历来把高尚道德作为治国安邦的资格与大计。"太上有立德，其次有立功，其次有立言""道德不厚者，不可以使民""得道者多助，失道者寡助"，这些道德名言，无不体现出官员的道德修养对于治国安邦的重要作用。总之，古往今来，无论世事如何变迁，以德立人、以德兴国始终是中华民族的优良传统。

我们党自成立之日起，就十分重视加强党员干部的道德修养问题，要求党员干部加强修身养德，以德立人、以德服众、以德树威，道德成为保持共产党人先进性和纯洁性的基本要求。毛泽东同志在《纪念白求恩》一文中，就向全党同志提出了"做一个高尚的人，一个纯粹的人，一个有道德的人，一个脱离了低级趣味的人，一个有益于人民的人"的道德要求。无论在革命战争年代，还是在和平建设时期，难以计数的共产党人认真践行毫不利己、专门利人的共产主义道德，张思德、雷锋、焦裕禄、杨善洲等同志就是这样的先进典型。他们用一生的时间，用全心全意为人民服务的伟大实践，书写了一曲曲修身立德的长歌，铸造了一座座无私奉献的丰碑，成为共产党人的道德楷模。

党的十八大以来，习近平总书记多次强调党员干部的修身立德问题，明确要求党员干部做人要有人品，当官要有官德，要把从政为官的过程作为提升政德境界、践行为民宗旨的过程。他特别重视培育和践行社会主义核心价值观问题，一再强调：核心价值观，承载着一个民族、一个国家的精神追求，体现着一个社会评判是非曲直的价值标准。社会主义核心价值观其实就是一种德，既是个人的德，也是一种大德，就是国家的德、社会的德。确立反映全国各族人民共同认同的价值观"最大公约数"，关乎国家前途命运，关乎人民幸福安康。这些重要论述，科学阐明了社会主义核心价值观的战略性、基础性、全局性意义。

习近平总书记深刻指出："在历史长河中，那些帝国的崩溃、王朝的覆灭、执政党的垮台，无不与其当政者不立德、不修德、不践德有关，无不与其当权者作风不正、腐败盛行、丧失人心有关。"党员干部作为治国理政的骨干力量，既是一个普通的人，又不是一个普通的人，其道德操守、官德修养，不仅关系着本人的品行和形象，更关系到党在群众中的威信和形象，甚至关系到党和国家的兴衰存亡，对整个社会具有重要风向标作用。因此，我们要深入学习习近平总书记关于党员干部修养的重要论述，常修为政之德，常思贪欲之害，常怀律己之心，尤其要把社会主义核心价值观作为坚定理想信念之钙、追求伟大梦想之舵，内化于心、外化于行，转变成自觉的道德实践，为全社会作出道德表率。

人生的扣子从一开始就要扣好

　　青年的价值取向决定了未来整个社会的价值取向，而青年又处在价值观形成和确立的时期，抓好这一时期的价值观养成十分重要。这就像穿衣服扣扣子一样，如果第一粒扣子扣错了，剩余的扣子都会扣错。人生的扣子从一开始就要扣好。

——2014 年 5 月 4 日，习近平在同
北京大学师生座谈时的讲话

"人生的扣子从一开始就要扣好。"这一朴素而又生动的比喻，蕴含着丰富的人生哲理，揭示了价值观对于人生成长进步的极端重要性，充满了习近平总书记对青年一代健康成长的热切关怀和对当代青年树立正确人生价值取向的殷切期望。

当前，我们国家正处在一个思想大活跃、观念大碰撞、文化大交融的社会转型时期，先进文化和落后文化、新生文化和腐朽文化同时并存，正确思想和错误思想、主流意识形态和非主流意识形态相互交织。在这种现实环境中，个人品德养成必然会受到各种文化观念和思想意识的影响。而青年正"处在价值观形成和确立的时期"，受年龄、阅历限制，面对纷繁复杂、变化多样的社会现象，容易感到困惑甚至在人生价值取向上走偏。作家柳青说过，人生之路是漫长的，但紧要处只有几步，尤其当人年轻的时候。青年如初春、如朝日，是人生最宝贵的时期。如何不负这大好年华，迈出坚实步伐，作出正确选择，是一代代青年必须面临的人生考题。人生的选择如同穿衣，青年时期就系上、系好、系正了第一颗纽扣，每一个目标、每一个理想、每一份事业都从这一颗纽扣开始，那么今后的人生路就会顺利、就能有所作为。可以说，正确的人生选择和价值观养成是人生的一块基石，也是命运的一道闸门。

宝剑锋从磨砺出，梅花香自苦寒来。无数人生成功的事实表明，青年时代，选择吃苦意味着就选择了收获，选择奉献意味着就选择了高尚。多经历一点摔打，多积淀一些信仰的力量，对于走好人生之路至关重要。青年周恩来在南开中学读书的时候，有一次，老师向同学们提问，你们为什么要读书？有人回答说，为了将来光宗耀祖；有人回答说，为了升官发财；有人回答说，"书中自有黄金屋，书中自有颜如玉"。大部分人的思想中都认为读书是为了将来能够封妻荫子，过上锦衣玉食的日子。而周恩来的回答却令人振聋发聩："为中华之崛起而读书！"当时中国正处于列强瓜分蹂躏、积贫积弱的时代，青年周恩来目睹大好河山疮痍遍地，忧国忧民之思、匡扶社稷之志溢于言表。正是从青年时就确立了这样的人生价值取向，才使周恩来为中国的新民主主义革命、为中华民族的伟大复兴奋斗终生，成就了壮丽的事业，成为一个万世敬仰的伟人。相反，如果从青年时代起就选择了错误的价值取向，那么其人生航向将会偏离正确轨道，最终成为一个对社会对人民无益的人，甚至作出危害社会危害人民的事情。这就像穿衣服扣扣子一样，如果第一粒扣子扣错了，剩余的扣子都会扣错。

衣服的扣子扣错了，大不了再扣一遍；人生的扣子一旦扣错了，是无法重来一遍的。那么，怎样才能扣好人生第一粒扣子？作为青年，要认真践行习近平总书记所送的8个字，即勤学、修德、明辨、笃实。勤学，就是要以"书山有路勤为径，学海无涯苦作舟"的精神，学习马克思主义真理，胸怀远大理想；学习文化知识，提高综合素养；学习科学技术，增强实际本领。修德，就是要加强道德修养，注重道德实践，坚持明大德、守公德、严私德，提升道德境界，追求高尚情操，自觉远离低级趣味。明辨，就是要学会思考、善于分析、正确抉择，长出一双"慧眼"，学会利用社会主义核心价值观来分辨是非，而不被那些似是而非的错误言论所误导，不被那些心怀叵测的主义主张所迷惑。笃实，就是要坚持从实处用力，在知行合一上下功夫，脚踏实地地学习，实实在在地工作，说老实话，办老实事，做老实人。

总之，一年之计在于春，一日之计在于晨。青年是"早晨八九点钟的太阳"，是国家未来的希望。每个青年人一定要遵照习近平总书记的谆谆教诲，切实"扣好第一粒扣子"，抓住青春大好时机，勤奋学习，严以修德，明辨是非，笃实做人，书写出无愧于时代、无愧于社会、无愧于人民的壮丽人生。

心中有党　心中有民　心中有责　心中有戒

　　焦裕禄同志以自己的实际行动塑造了一个优秀共产党员和优秀县委书记的光辉形象。做县委书记就要做焦裕禄式的县委书记，始终做到心中有党、心中有民、心中有责、心中有戒。

——2015 年 1 月 12 日，习近平在同中央
党校县委书记研修班学员座谈时的讲话焦裕禄同志是党的好干部、人民的好公仆、县委书记的好榜样。在新的历史时期，怎样才能成为焦裕禄式的好干部呢？习近平总书记在同中央党校县委书记研修班学员座谈时，提出党员干部要始终做到心中有党、心中有民、心中有责、心中有戒，可谓语重心长、发人深省，为我们提供了正确答案。这"四有"，既是总书记对县委书记的嘱托教诲，也是总书记对所有党员干部的郑重要求。

心中有党，在"四有"中排第一位，是思想基础、信念基石，也是其他"三有"的总开关。心中有党，就要始终保持对党绝对忠诚，牢记自己的第一身份是共产党员，第一职责是为党工作。作为党员干部，做到心中有党，就要把党的事业看得比天高、比地大、比海深，在党言党、在党爱党、在党忧党、在党兴党，任何时候任何情况下都站在党的立场，把对党忠诚作为立身之本、为政之基，牢固树立政治意识、大局意识、核心意识、看齐意识，进一步增强政治敏锐性和政治鉴别力，始终与以习近平同志为核心的党中央在思想上政治上行动上保持高度一致，坚决维护党中央权威不动摇，自觉遵守党章党规不打折，贯彻落实党中央决策部署不走样。

人民群众是我们党的执政之基、力量之源、胜利之本。心系群众、造福人民，是共产党人的天职。心中有民天地宽，心中装着百姓，干事创业就有底气，就有冲破一己之私的大格局，就能像焦裕禄同志那样，抵达充盈而有意义的人生境界。作为党员干部，要始终对"我是谁、依靠谁、为了谁"这个根本问题有清醒的认识，始终牢记全心全意为人民服务的宗旨，始终把人民群众放在心中最高位置，始终把实现好发展好维护好人民群众根本利益放在第一位，认真践行马克思主义群众观点和党的群众路线，与群众同坐一条板凳，忧百姓之忧、乐百姓之乐，用真情关心群众，用真干惠及群众，竭尽所能为群众办实事、解难题、谋福利，真正做人民的好公仆。

责任是一种义务、是一份承诺、是一种使命，是推动工作的内生动力。责任重于泰山，担当诠释忠诚。作为党员干部，只有心中有责，肩上才能有担当，从政才能不任性，才能用心用情用力去干事创业。党员干部做到心中有责，就要履行政治责任、岗位职责和社会责任，展现共产党人的良好形象；就要明确"干什么、怎么干、靠谁干"，为民尽责、不辱使命；就要在其位、谋其政、尽其责，用心尽心、竭尽全力做好本职工作；就要开拓进取、苦干实干、撸起袖子加油干，在夙夜在公、鞠躬尽瘁、爱岗敬业中实现人生的美好价值。

心中有所戒，行才有所界。一个人心中若没有戒尺、没有敬畏，那么其言行举止必然无所顾忌，什么话都敢说，什么事都敢干，什么东西都敢要，什么底线都敢碰，最终走上违法犯罪的道路。对于党员干部来说，为官用权当持戒，就要坚持廉洁自律，自觉把党纪国法、礼义廉耻作为心中戒尺，将干事创业、为人处世的根基立稳在从严自律上，守住底线、不越红线、筑牢防线，对组织负责、对人民负责、对家庭负责、对自己负责，坚持从自己做起、从小事改起、从点滴抓起，打好"预防针"，涂好"防腐剂"，筑好"防火墙"，切实做到防微杜渐、警钟长鸣，在任何时候任何情况下都稳得住心神、经得住诱惑、把得住操守。

铁一般信仰 铁一般信念 铁一般纪律 铁一般担当

实现全面建成小康社会奋斗目标、实现中华民族伟大复兴的中国梦，关键在于培养造就一支具有铁一般信仰、铁一般信念、铁一般纪律、铁一般担当的干部队伍。

——2015 年 2 月 11 日，习近平在
全国党校工作会议上的讲话

全面建成小康社会、实现中华民族伟大复兴中国梦，是当代中国共产党人的历史使命。面对这样的重大使命，面对复杂多变的世情国情党情，面对"四大考验"和"四种危险"，亟需建设一支具有铁一般信仰、铁一般信念、铁一般纪律、铁一般担当的党员干部队伍。习近平总书记强调的"四铁"干部，讲的是信仰、信念、纪律、担当，反映的是旗帜问题、使命问题、责任问题、忠诚问题，体现的是共产党人应当具有的精气神。

铁一般信仰，就是要坚定对马克思主义的信仰。铁一般信仰，是"千磨万击而岿然不动"的坚韧，是"敢于正视淋漓鲜血"的不屈，是"杀己以存天下"的豪情。人一旦有了信仰，就击不垮、斗不倒。食不果腹、衣衫褴褛的红军将士们突破穷凶极恶、装备精良的敌人四面围堵，跋涉"雄关漫道真如铁"的两万五千里征程，谱写了人类历史最壮丽的英雄史诗，靠的是铁一般信仰。从建党到建国，从建设到改革，从解决温饱到全面建成小康社会，一代又一代中国共产党人坚韧不拔、不懈努力，奋进在实现中华民族伟大复兴中国梦的大路上，靠的是铁一般信仰。做具有铁一般信仰的干部，最根本的是要心中有"魂"，始终保持对马克思主义真理坚定不移的认定，始终用马克思主义立场观点方法观察分析和解决问题，始终践行共产党人的伟大信仰。

铁一般信念，就是要坚定对中国特色社会主义和共产主义的信念。进了党的门，就是党的人。一部波澜壮阔的中国共产党奋斗史，就是千千万万共产党人心怀崇高理想信念，以国家民族大义为重，以人民幸福安康为念，团结带领人民顽强拼搏、接力奋斗的历史。理想信念是共产党人精神上的"钙"，理想信念是人生的动力，是工作的加油站。作为党员干部，一定要有"革命理想高于天"的豪情和"理想信念永不动摇"的执着，把坚定的理想信念凝聚成正能量，把宏大的雄心壮志展现成正形象，忠心耿耿为党工作，勤勤恳恳为民服务，矢志不渝地为建设中国特色社会主义、为实现中华民族伟大复兴中国梦而奋斗。

铁一般纪律，就是要把坚持严守政治纪律和政治规矩放在首位，严守政治纪律、组织纪律、廉洁纪律、群众纪律、工作纪律、生活纪律。没有规矩不成方圆。铁的纪律是马克思主义政党的基本特性，也是我们党从胜利走向胜利的根本保证。从马克思、恩格斯在《共产主义者同盟章程》中，强调盟员必须"服从同盟的一切决议"；到列宁关于共产党要完成自己使命，"需要有铁一般的纪律"的论述；到毛泽东指出"加强纪律性，革命无不胜"，无不体现出铁的纪律对于无产阶级政党的极端重要性。作为党的干部，任何时候、任何情况下都要把遵守党章党规作为一种自觉、一种习惯，坚持讲纪律守规矩，做到明底线知敬畏，真正听党话跟党走。

铁一般担当，就是要面对大是大非敢于亮剑，面对矛盾敢于迎难而上，面对危机敢于挺身而出，面对失误敢于承担责任，面对歪风邪气敢于坚决斗争。勇于担当历来是中华优秀传统文化的精华，也是中国共产党人的高尚政治品格。是否具有铁一般担当的精神，是否能够忠诚履责、尽心尽责、勇于担责，是检验一个党员干部党性强不强、觉悟高不高的重要标尺。把"铁一般担当"信念牢固立起来，就要增强敢于担当的政治定力，提高敢于担当的理论修养，涵养敢于担当的浩然正气，锤炼敢于担当的过硬本领，坚持原则、较真碰硬，历练才干、增强素质，守土有责、守土尽责，敢管敢严、真管真严，树立忠诚干净担当的良好形象。

人民有信仰，民族有希望，国家有力量

人民有信仰，民族有希望，国家有力量。实现中华民族伟大复兴的中国梦，物质财富要极大丰富，精神财富也要极大丰富。

——2015 年 2 月 28 日，习近平在会见第四届全国文明城市、文明村镇、文明单位和未成年人思想道德建设工作先进代表时的讲话

"人民有信仰，民族有希望，国家有力量"，习近平总书记的这句话说进了我们的心坎里，令人深受教育、倍感鼓舞。历史一再证明，一个国家的强盛，离不开精神的支撑；一个民族的进步，有赖于文明的成长。一个国家、一个民族，贫穷落后固然可怕，但更可怕的是没有信仰、精神空虚。失去理想信仰，内心没有动力，行为没有方向，再多的外部要求，也只会"法令滋彰，盗贼多有"；失去精神追求，没有行为准则，冲破道德底线，再丰裕的物质生活，也难免"金玉其外，败絮其中"。

所谓信仰，顾名思义就是因信奉而敬仰，就是从最初的敬畏、膜拜，最终上升为对一种理念的坚守，并将此奉为自己的行为准则和行动指南。"人活一口气"，只有信仰，才可以使人真正感觉到自我存在的价值，使人生充满意义，使灵魂获得寄托。信仰是人之所以为人的根本，不同的信仰会导致很不相同的人生。一个人如果没有信仰，就如同没有精神脊梁，就会失去把握命运的力量。一个人是如此，一个政党、一个民族、一个国家也是如此。信仰，关乎个人精神境界，关乎政党目标指向，关乎民族兴衰存亡，关乎国家长治久安。信仰的力量是无穷的。

随着改革开放步伐的加快，我们的物质生活有了很大的提高，但精神财富却没有"水涨船高"，相反，信仰失重、行为失规、道德失范等现象却愈发严重。许多人，包括一些党员干部，理想信念动摇，导致被灯红酒绿迷失了方向，被金钱美色腐蚀了灵魂。少数党员干部不信马列信鬼神，痴迷于算命看相、求神拜佛，迷信"神人""大师"，求仙问卦看风水，哪里还有一点党员干部的样子，迟早会走向党和人民的反面。动摇了信仰、背离了党性，就会出大问题、栽大跟头。

不同时代有不同的特点，但对信仰的追求却一脉相承。共产党人的信仰，不同于一般的信仰，我们信仰的马克思主义，是人类迄今为止最先进的思想理论体系，是人类有史以来最具革命性、科学性和真理性的理论学说。共产党人是有追求的，追求的是人类最崇高的理想——共产主义。这个崇高理想任何时候都不能动摇，否则就会迷失方向。但实现共产主义不是一朝一夕就能完成的。这就要求我们既要坚持最高纲领,牢固树立共产主义远大理想;又要坚持最低纲领,脚踏实地做好现阶段的每一项工作。只要我们不忘初心,始终把对共产主义信仰的坚定性体现在为实现党的基本纲领而奋斗上,把远大理想置于实现党的各项工作任务中,分阶段有步骤地推进党的事业,就一定能够乘风破浪、达到理想的彼岸。

人民有信仰,民族才有希望,国家才有力量。信仰是照亮我们前行的灯塔,是指引中华民族伟大复兴的旗帜,更是中国共产党赢得中国人民信赖和尊重的根基。我们要更加牢固铸就坚守信仰的铜墙铁壁,在全社会持续开展马克思主义中国化最新成果的宣传教育,持续开展中国特色社会主义的宣传教育,持续开展社会主义核心价值观的宣传教育,高扬主旋律,唱响正气歌,不断增强道路自信、理论自信、制度自信、文化自信,让理想信念的明灯永远在全国各族人民心中闪亮!

立根固本，挺起精神脊梁

践行"三严三实"，要立根固本，挺起精神脊梁；要落细落小，注重细节小事；要修枝剪叶，自觉改造提高；要从谏如流，自觉接受监督。我们共产党人的根本，就是对马克思主义的信仰，对共产主义和社会主义的信念，对党和人民的忠诚。

——2015 年 9 月 11 日，习近平在主持中央
政治局第二十六次集体学习时的讲话

"木无本必枯，水无源必竭。"践行"三严三实"，首先要立根固本，挺起精神脊梁。对马克思主义的信仰，对共产主义和社会主义的信念，对党和人民的忠诚，是共产党人安身立命之本。作为党员干部，只有在坚定这份信仰、这份信念、这份忠诚上下足功夫，才能增强免疫力和抵抗力，坚守精神追求；才会不忘初心，知道"从哪里来，到哪里去"，明白"入党为什么，当官干什么"。

立根固本，挺起精神脊梁，就要坚定对马克思主义的信仰。人生如屋，信仰如柱；柱折屋塌，柱坚屋固。我们党自成立之日起，就把马克思主义写在自己的旗帜上，就以马克思主义作为建党立党兴党的根本指导思想。马克思主义之所以是我们党的光辉旗帜，是因为它揭示了人类社会历史发展的基本规律，它的基本原理是科学的、正确的，它"占据着真理和道义的制高点"，具有强大的生命力。我们党之所以能够完成近代以来各种政治力量不可能完成的艰巨任务，领导和推动中国革命、建设和改革不断取得伟大胜利，就在于始终把马克思主义这一科学理论作为自己的行动指南，并坚持在实践中不断丰富和发展马克思主义。背离或放弃马克思主义，我们党就会失去灵魂、迷失方向。在对坚定马克思主义的信仰这一根本问题上，我们必须坚定不移、始终如一，任何时候任何情况下都不能有丝毫动摇。

立根固本，挺起精神脊梁，就要坚定对共产主义和社会主义的信念。对共产主义和社会主义的信念，是共产党人的政治灵魂，是共产党人经受住任何考验的精神支柱。这一信念坚定，骨头就硬；这一信念不坚定，就会得"软骨病"。只有坚定理想信念，站位才高，眼界才宽，心胸才开阔，才能坚持正确政治方向，在胜利和顺境时不骄傲不急躁，在困难和逆境时不消沉不动摇，经受住各种风险和困难考验，经受住各种腐朽思想的侵蚀，永葆共产党人政治本色。相反，纵观那些犯错误的党员干部，无论是政治上的跑偏，还是生活上的走上邪路，归根到底都是"总开关"出了问题。崇高信仰、坚定信念不会自发产生，必须建立在对马克思主义的深刻理解之上，建立在对历史规律的深刻把握之上。要坚持用科学理论武装头脑，特别要深入学习习近平总书记系列重要讲话精神和治国理政新理念新思想新战略，不断提高政治站位，不断提高思想觉悟，不断提高理论水平，永远保持对远大理想和奋斗目标的清醒认知和执着追求。

立根固本，挺起精神脊梁，就要坚定对党和人民的忠诚。忠诚于党、忠诚于人民，是每个党员的庄严承诺，也理应成为每个党员对自己的根本政治要求。所谓"忠"，就是"心"在正"中"；所谓"诚"，就是"言"而有信能"成"。"疾风知劲草，板荡识诚臣。"共产党人讲政治，首要一条就是要坚持讲老实话、做老实人、办老实事，始终保持对党唯一的、彻底的、无条件的、不掺任何杂质的、没有任何水分的绝对忠诚。同时要坚持对党忠诚与对人民忠诚的一致性，始终牢记宗旨、不忘本色，把人民放在心中最高位置，坚持爱民、亲民、忧民、助民、富民、安民，牢固树立正确的权力观、群众观、利益观，做到权为民所用、情为民所系、利为民所谋，努力实现好、维护好、发展好最广大人民的根本利益，使我们党始终拥有不竭的力量源泉。

党员干部的信仰信念、忠诚忠贞不会随着党龄的增长、职务的提升而自然提高，立根固本也不可能一蹴而就、一劳永逸。必须以"吾日三省吾身"的精神，活到老、学到老、改造到老，不断强化理论修养和党性锻炼，并时时铭记、事事坚持、处处上心，切实把理想信念内化于心、外化于行，时刻保持共产党人的正义感、是非观和原则性，始终把责任举过头顶、把百姓装在心中、把名利踩在脚下，真正把共产党人的真理力量和人格力量彰显出来。

不能"马列主义手电筒"只照别人

　　我们给各级干部提要求，不能"马列主义手电筒"只照别人。中央政治局把自身作风建设搞好了，成为全党表率，才能领导好全党的党风廉政建设。

　　　　——2015年12月28日，习近平在中央政治局
　　　　"三严三实"专题民主生活会上的讲话

"马列主义手电筒"只照别人，说的是有一种人道貌岸然、装腔作势，喜欢奉行"双重标准"：对别人马列主义，对自己自由主义；要求别人大公无私，而自己却私欲膨胀；对别人缺点上纲上线，对自己毛病却蜻蜓点水……2016年有一篇报道，讲的是辽宁省原省委书记王珉因严重违纪被查，而其在主政期间曾多次发表讲话、撰写理论文章，大谈官德建设，经常把"党恩大于天"挂在嘴上，要求各级党员干部讲诚信、懂规矩、守纪律。王珉的行为，可以说是典型的"马列主义手电筒"只照别人、不照自己。

这使我们想起两则故事。一则发生在春秋时期。晋国有一名叫李离的狱官，他在审理一件案子时，由于听从了下属的一面之词，致使一个人蒙冤而死。真相大白后，李离准备以死赎罪。晋文公听说后劝道：官有贵贱，罚有轻重，况且这件案子主要错在下面的办事人员，又不是你的罪过。李离说：我平常没有跟下面的人说我们一起来当这个官，拿的俸禄也没有与下面的人一起分享。现在犯了错误，如果将责任推到下面的办事人员身上，我怎么能做得出来。他拒绝了晋文公的劝说，伏剑而死。从这个例子中，我们看到了李离对自己要求的高标准，看到了他严于律己、敢于担当、正人先正己的可贵精神。另一则是现代的张伯苓的故事，他是我国著名的教育家。一次，他在南开中学上修身课，看到一位学生的手指被烟熏得发黄，于是严肃地劝其把烟戒掉。谁知这位学生不服气，反问道："先生不也吸烟吗？怎么能说我呢？"张伯苓一时语塞，愣了一下，猛地把手中的烟杆折断，并让人取来自己珍藏的烟叶当众销毁，毅然"与诸同学共同戒烟"。从此，张伯苓再没有吸过烟。从这件小事中，我们看到了张先生"要教育学生，首先要教育好自己"的教育理念，更见识了张先生"正人先正己"的大家风范。

古人云："政者，正也。子帅以正，孰敢不正？""教者，效也，上为之，下效之。"党的十八大以来，"打铁还需自身硬"成为流行名句，是新一届党中央对全党全国人民的庄严承诺。习近平总书记多次强调，各级领导干部要以身作则、率先垂范，充分发挥表率作用，要求别人做的自己先做到，要求别人不做的自己坚决不做。无数事实表明，领导干部的表率作用，是一种无言的力量、是一种无形的影响力，会对广大干部、党员和群众产生示范和导向作用，在相当程度上决定着各项事业和工作的成败。可以说，没有表率作用就没有统率资格。当一个领导干部失去表率作用，其话语就没有说服力，其行动就缺乏影响力，其率领的队伍就会丧失凝聚力和战斗力，其领导的事业就会遭受挫折和损失。

严于律己、以上率下，在当前不仅是对个人道德修养的要求，更是全面从严治党的题中应有之义。领导干部做到这一条，很重要的是要坚决杜绝"坐而论道"的作风。现在，有的领导干部抱着"文件随便翻翻、会上随便听听、工作随便讲讲"的应付心理，理论学习让人代学，发言讲话让人代写，分内工作让人代劳，喜好"遥控指挥"，乐于"击鼓传花"。这种"四体不勤"的做派，对工作百害而无一利，起不到"关键少数"的示范作用。作为领导干部，必须远离舒服的"躺椅"，变"给我上"为"跟我上"，修身立德求先，攻坚克难在前，真正身先士卒、做好表率，让率先垂范掷地有声；必须经常拿起"马列主义手电筒"照照自己，拿起党章这面镜子审视自己，看看离党的要求是近了还是远了，是否带头履行了党员义务，是否正确行使了党和人民赋予的权力，是否带头做到了言行一致、知行合一，使正人先正己的意识深深根植于思想和行动之中。

有多大担当才能干多大事业，
尽多大责任才能有多大成就

　　从现在起到新中国成立 100 年只有 30 多年时间，我们的前景十分光明，我们的任务十分繁重。有多大担当才能干多大事业，尽多大责任才能有多大成就。

　　——2016 年 5 月 30 日，习近平在全国科技创新大会、两院院士大会、中国科协第九次全国代表大会上的讲话古人云："在其位、谋其政，司其职、尽其责。"干事创业，就必须要敢于负责、勇于担当，才能有所成就、干出一番事业。习近平总书记提出的"有多大担当才能干多大事业，尽多大责任才能有多大成就"的重要论述，不仅是对两院院士和广大科技工作者的期望，更是对广大党员干部特别是领导干部的忠告。

党的十八大召开后，习近平总书记在新一届中央政治局常委同中外记者见面时，曾庄严地提出"三个责任"：对民族的责任、对人民的责任、对党的责任。这"三个责任"，是中国共产党人的大担当、大情怀。正是凭着这种大责任、大担当，我们党自成立之日起，就自觉担负起争取民族独立和人民解放、实现国家富强和人民幸福的历史使命：无论是血雨腥风、战火纷飞的战争岁月，意气风发、激情燃烧的建设时期，还是精彩纷呈、生机勃勃的改革年代，无数中国共产党人始终心怀崇高理想，以国家民族利益为重，以人民幸福安康为念，顽强拼搏、接力奋斗，谱写了一曲曲不同时期的责任担当歌。这种大责任、大担当，是每个共产党人必须始终坚持和弘扬的。

"责任"与"担当"，字字千钧。它们不是空洞的、抽象的，而是具体的、实在的。习近平总书记指出："是否具有担当精神，是否能够忠诚履责、尽心尽责、勇于担责，是检验每一个领导干部身上是否真正体现了共产党人先进性和纯洁性的重要方面。"当前，干部队伍从总体上看是好的。但不敢负责、不愿担当、在位不作为、习惯于混日子、对职责范围内该决断的事情因怕担责而不敢拍板、该出面解决的事情因怕冒风险而推诿拖延等现象大量存在。之所以出现这些问题，说到底还是个人私心太重，权力观错位、政绩观扭曲，因而在工作中患得患失、顾虑重重。这些人忧的不是不辱使命，而是个人名利；虑的不是事业进展，而是个人进步，这显然与党员干部的责任与使命是格格不入的。作为党员干部，一定要树立正确的责任观、担当观，增强敢于担当、勇于负责的思想自觉和行动自觉，坚持把责任与担当体现在平时的一言一行、一岗一位中，做到真担当、真负责，该做的事情顶着压力也要善始善终，该负的责任冒着风险也要负责到底。

"责任"与"担当"，内涵和要求是多方面的。敢于负责、勇于担当，就要坚持原则、认真负责、正确担当，而不是乱负责、乱担当。正如习近平总书记指出，党的干部必须坚持原则、认真负责，面对大是大非敢于亮剑，面对矛盾敢于迎难而上，面对危机敢于挺身而出，面对失误敢于承担责任，面对歪风邪气敢于坚决斗争，这"五个面对"是对担当精神的科学阐释。党员干部敢于负责、勇于担当，就要牢记自己的第一身份是共产党员，坚持讲党性，在根本原则问题上做到旗帜鲜明；就要敢于直面矛盾，遇到矛盾不怕事，碰到问题不回避，敢于跳进矛盾旋涡中去解决问题；就要有知难而进、逢山开路、遇河架桥的精神，敢啃硬骨头、敢于涉险滩；就要在危机面前敢于挺身而出，在关键时刻能够豁得出来、顶得上去；就要勇敢地面对工作中的失误，积极主动地改正错误，把改正错误、总结教训的过程作为成长进步的阶梯。

打铁还需自身硬，铁肩才能担道义。责任、担当背后是品格、是境界、是能力。作为共产党人，要通过加强理论学习、强化实践锻炼、砥砺意志品格，锤炼敢于负责的自觉、提高善于担当的本领，真正为了党和人民事业敢想、敢做、敢当，真正做时代的劲草、烈火中的真金。

不忘初心　继续前进

　　一切向前走，都不能忘记走过的路；走得再远、走到再光辉的未来，也不能忘记走过的过去，不能忘记为什么出发。面向未来，面对挑战，全党同志一定要不忘初心、继续前进。

——2016 年 7 月 1 日，习近平在中国
共产党成立 95 周年大会上的讲话

　　党的十八大以来，习近平总书记多次提及"不忘初心"。2015 年 7 月 1 日，他在给国测一大队老队员老党员的回信中，勉励广大共产党员"不忘初心、方得始终。"在这年 12 月召开的全国党校工作会议上，他鲜明提出，"我们干事业不能忘本忘祖、忘记初心。"2016 年春节前夕，他到江西井冈山调研考察时再次指出，"行程万里，不忘初心"。在庆祝中国共产党成立 95 周年大会上的重要讲话中，他特别强调，面向未来，面对挑战，"全党同志一定要不忘初心，继续前进"。作为共产党人，不忘初心应当体现在哪些方面，怎样才能不忘初心，继续前进？

　　不忘初心，就是要始终不忘对信仰的执着之心。人无信仰不立，党无信仰不存。共产党人的理想信念是什么？党章中有明确规定：党的最高理想和最终目标是实现共产主义。具体到现阶段，建设中国特色社会主义、实现中华民族伟大复兴中国梦，是我们做好一切工作的信念。新时期共产党人不忘初心，就是不能忘记我们党与生俱来就姓"马"、姓"共"，不能忘记"革命理想高于天"，不能忘记到任何时候理想信念都是共产党人精神上的"钙"，真正做到既志存高远、坚守革命理想，把坚定理想信念作为安身立命之本，从思想深处解决好"总开关"问题；又脚踏实地干好现实工作，自觉把坚定理想信念转化为对奋斗目标的执着追求、对本职工作的不懈进取、对急难险重任务的勇于担当，自觉为实现"两个一百年"目标而不懈奋斗。

　　不忘初心，就是要始终不忘对党的忠诚之心。进了党的门，就是党的人，就要保持对党的绝对忠诚、永不叛党。新时期共产党人不忘初心，就是要始终把"保持对党唯一的、彻底的、无条件的、不掺任何杂质的、没有任何水分的忠诚"作为首要政治标准来秉持，做到热爱党、忠于党、拥护党，永远跟党走。要把对党绝对忠诚渗入骨髓、融入血液、落实到行动中，坚决维护以习近平同志为核心的党中央权威，凡是对党的形象、党的事业有利的事情，哪怕再复杂、再困难，都全力去维护、去协调、去组织实施、去督促落实；而对党的形象、党的事业不利的事情，哪怕再小、再微不足道，也要去制止、去化解、去消除，真正做到在党言党、在党为党、在党护党、在党兴党，做到对党忠诚、为党分忧、为党担责、为党尽责。

不忘初心，就是要始终不忘对人民的赤子之心。我们党来自人民、根植人民、服务人民，党的根基在人民、血脉在人民、力量在人民。历史证明，对一个政权、一个政党来说，人心向背、人民群众的支持和拥护，是决定一切的；而决定人民拥护与否的关键就在于是不是为人民谋利益，是不是代表最广大人民群众的根本利益。新时期共产党人不忘初心，就是不要忘记"人民是历史的创造者、是真正英雄"的唯物史观，不要忘记我们党为人民谋利益谋幸福的根本出发点，不要忘记人民群众对美好生活的向往就是我们的奋斗目标，不要忘记作为党员干部始终只是人民群众的普通一员、是人民群众的公仆，进一步增强宗旨意识、民本情怀，切实把密切联系群众这个最大的政治优势发挥好，把脱离群众这个党执政后的最大危险化解掉。

不忘初心，就是要始终不忘对事业的奋斗之心。"为共产主义奋斗终生"，是每个共产党员入党宣誓时的庄严诺言，意味着为了共产主义事业、为了党和人民的事业，共产党人需要奋斗一辈子而不是一阵子，需要有始有终地奋斗而不是虎头蛇尾地奋斗，意味着不能入党前讲奋斗、入党后就可放松，不能条件差困难时讲奋斗、条件好顺利时就可享受。新时期共产党人不忘初心，就是不要忘记建党时就开始焕发的艰苦奋斗精神，不要忘记中国共产党人奋斗牺牲的光荣历史，不要忘记历久弥新的井冈山精神、长征精神、延安精神，不要忘记"两个务必"，始终牢记肩负责任，坚持立足岗位、履职尽责，做到吃苦在前、享受在后，为党和人民事业夙夜在公、鞠躬尽瘁，生命不息、奋斗不止。

不忘初心，就是要始终不忘对法纪的敬畏之心。南宋朱熹在《中庸注》中说："君子之心,常存敬畏。"无数事实证明，一些党员干部之所以迷失自我，没有能够"方得始终"，一个重要原因在于他们心无敬畏、心无戒惧、心存侥幸，以致最终忘记了"高压线"、突破了"底线"，走上"不归路"。新时期共产党人不忘初心，就是不要忘记法律面前人人平等、纪律面前没有特权，不要忘记"权力具有双重性、是把双刃剑"的道理，不要忘记"手莫伸，伸手必被捉"的警示，切实增强敬畏意识，敬畏人民、敬畏组织、敬畏权力、敬畏法纪，时刻把法纪当作"神明"一样来对待，坚持依法办事、按原则办事、按规矩办事，任何时候、任何情况下都不越界、不出格、不逾矩。

文化自信，是更基础、更广泛、更深厚的自信

文化自信，是更基础、更广泛、更深厚的自信。在五千多年文明发展中孕育的中华优秀传统文化，在党和人民伟大斗争中孕育的革命文化和社会主义先进文化，积淀着中华民族最深层的精神追求，代表着中华民族独特的精神标识。我们要弘扬社会主义核心价值观，弘扬以爱国主义为核心的民族精神和以改革创新为核心的时代精神，不断增强全党全国各族人民的精神力量。

——2016 年 7 月 1 日，习近平在庆祝中国
共产党成立 95 周年大会上的讲话

所谓文化自信，就是一个国家、一个民族以及一个政党对自身文化及其价值的充分肯定和积极践行，并对其文化的生命力持有的坚定信心。文化自信对于人和人类社会的变革与发展至关重要。它是一个国家、一个民族、一个政党的"根"与"魂"，是推动社会变革与发展、推动政党发展与壮大的更基本、更深沉、更持久的力量。党的十八大以来，习近平总书记在多个场合讲到文化自信，多次强调："增强文化自觉和文化自信，是坚定道路自信、理论自信、制度自信的题中应有之义。""中国有坚定的道路自信、理论自信、制度自信，其本质是建立在五千多年文明传承基础上的文化自信。""文化自信，是更基础、更广泛、更深厚的自信。"文化自信成为继道路自信、理论自信、制度自信之后，中国特色社会主义的"第四个自信"。有了文化自信，我们就能"增强做中国人的骨气和底气"，就能更加坚定中国特色社会主义道路自信、理论自信、制度自信。

我们应当有文化自信，因为我们有历史悠久、博大精深的优秀传统文化。在五千多年的文明发展中，中华民族和中国人民培育和形成了讲仁爱、重民本、守诚信、崇正义、尚和合、求大同等中华文化核心理念，培育和形成了精忠报国、自强不息、敬业乐群、扶危济困、见义勇为、勤俭节约、敬老爱亲等中华传统美德，培育和形成了天人合一、天下为公、和而不同、以人为本、以文化人、与人为善等中华人文精神。这些千百年传承的优秀传统文化，积淀着中华民族最深沉的精神追求，包含着中华民族最根本的精神基因，代表着中华民族最独特的精神标识，已深深浸润于每个中华儿女心中，是中华民族生生不息、发展壮大的丰厚滋养。而且，中华文明延续发展几千年从未中断，这在世界上是没有的。中华文化独一无二的理念、智慧、气度、神韵，增添了中华民族和中国人民内心深处的自豪和自信。

我们应当有文化自信，因为我们有鲜明独特、奋发向上的红色革命文化。红色革命文化是我们党在长期的革命、建设和改革实践中，由中国共产党人、中国先进分子和广大人民群众共同创造的极具中国特色的先进文化，包含了丰富的革命英雄主义和厚重的历史文化内涵。从红船精神、井冈山精神、长征精神、延安精神、西柏坡精神，到雷锋精神、焦裕禄精神、大庆精神、"两弹一星"精神，再到抗洪精神、北京奥运精神、抗震救灾精神、载人航天精神，等等，这些精神文化，富有时代特征，富有民族特色，折射出我们党崇高的理想信念和精神追求，蕴含着坚定文化自信的优质红色基因，是我们党十分宝贵的精神资源，是我们党区别于其他政党的鲜明底色。这些宝贵精神财富，过去是、现在是、将来依然是，激励我们不忘初心、继续前进的强大精神力量。

我们应当有文化自信，因为我们有承前启后、继往开来的社会主义先进文化。我们党成立 90 多年以来，坚持把马克思主义基本原理同中国具体实际相结合，继承中华优秀传统文化，吸取外国文化有益成果，创造了崭新的社会主义先进文化。社会主义先进文化是面向现代化、面向世界、面向未来，民族的、科学的、大众的文化，是贯通古今、融汇中外的思想文化结晶，代表着人类文化的前进方向。社会主义先进文化的主要内容包括中国特色社会主义的共同理想、社会主义核心价值观、以爱国主义为核心的民族精神和以改革创新为核心的时代精神，以及社会主义荣辱观等。我们党之所以能够带领全国各族人民，创造出举世瞩目的中国道路、中国模式、中国奇迹，离不开社会主义先进文化的引领和支撑，离不开社会主义先进文化提供的强大正能量。

文化要自信，而不要自满。尽管在当今世界，中国共产党、中华人民共和国、中华民族是最有理由自信的，但我们不能骄傲，还是要以海纳百川的虚心态度，坚持不忘本来、吸收外来、面向未来，坚持古为今用、洋为中用、推陈出新，坚持在继承中转化、在学习中超越，做到既坚定文化自信、又与时俱进发展。要涵养"自信人生二百年，会当水击三千里"的勇气，切实把中华优秀传统文化传承好，把红色革命文化发扬好，把社会主义先进文化发展好，把社会主义核心价值观培育践行好，使我们国家的文化软实力不断发展壮大，让中华民族伟大复兴中国梦插上文化自信的翅膀。

3

坚持执政为民
践行党的宗旨

人民对美好生活的向往，就是我们的奋斗目标

我们的人民热爱生活，期盼有更好的教育、更稳定的工作、更满意的收入、更可靠的社会保障、更高水平的医疗卫生服务、更舒适的居住条件、更优美的环境，期盼着孩子们能成长得更好、工作得更好、生活得更好。人民对美好生活的向往，就是我们的奋斗目标。

——2012 年 11 月 15 日，习近平在十八届
中央政治局常委同中外记者见面时的讲话

"人民对美好生活的向往，就是我们的奋斗目标。"这一充满深情、质朴真诚的话语，昭示了中国共产党以人民为中心的执政追求，体现了习近平总书记念慈在慈的爱民情怀，深深地打动和温暖了13亿中国人民的心。这句话，既是习近平总书记对全党同志的谆谆告诫，也是我们党对全国人民的庄严承诺。

我们党是以全心全意为人民服务为根本宗旨的马克思主义政党，一切工作的出发点和落脚点都是为了人民，党的全部使命和责任就是为最广大人民的根本利益而奋斗。人民群众是我们党的立党之本、执政之基、力量之源。只有让人民群众过上幸福美好的生活，才能体现社会主义制度的优越性，才能夯实党执政的阶级基础和群众基础，才能凝聚实现中华民族伟大复兴中国梦的磅礴力量。

回顾党的历史，96年来党领导革命、建设和改革所做的每一件事情，都是为中国人民谋幸福，让人民群众生活得更美好。我们党成立之初，就发出庄严誓言，"为天下劳苦大众谋幸福"。在党的七大上，我们党将"全心全意为人民服务"写进党章总纲。新中国成立后，我们党一开始就把保障人民生活当作"头等大事"，当时开展的"粮食、棉纱、银元""三大战役"，毛泽东称其意义"不亚于淮海战役"。改革开放后，我们党开启了全面建设小康社会这个中国历史上最大的民生工程，人民的物质文化生活水平得到很大提高。漫漫96年，斗转星移，沧海桑田，但我们党为人民服务的宗旨始终没有变。可以说，让全体人民过上美好生活，贯穿着党创业、守业、兴业的全过程。正是由于我们党始终坚持一切为了人民、一切依靠人民，始终把人民群众的利益放在第一位，才形成了与人民群众融洽的鱼水关系、牢固的血肉关系，才在革命、建设和改革中获得了推动历史发展的伟力，才在人民和历史的选择中取得领导地位并不断得以巩固。历史充分证明，中国共产党为人民而生、靠人民而兴、因人民而强。只有坚持人民至上、人民利益至上，始终与人民心连心同呼吸共命运，才能获得克服一切艰难险阻的制胜法宝、始终立于不败之地。

时代在发展，社会在变迁。人民群众的需求、期盼、向往在哪里，当前最需要解决的突出问题在哪里，是我们必须首先搞清楚、弄明白的。习近平总书记强调："让老百姓过上好日子是我们一切工作的出发点和落脚点。"他指出，人民期盼有更好的教育、更稳定的工作、更满意的收入、更可靠的社会保障、更高水平的医疗卫生服务、更舒适的居住条件、更优美的环境，期盼着孩子们能成长得更好、工作得更好、生活得更好。这里的"十个更"，就是我们的努力方向，就是我们的奋斗目标。我们要始终牢记总书记的教诲，满怀深厚真挚的感情，体察人民的安危冷暖，倾听人民的呼声，回应人民的期待，不断实现好、维护好、发展好最广大人民的根本利益，既以保障和改善民生为重点解决好人民群众最关心最直接最现实的利益问题，努力在学有所教、劳有所得、病有所医、老有所养、住有所居上持续取得新进展，又更好地保障人民群众在政治、文化、社会、生态等各方面的权益，促进人的全面发展，扎实把人民群众对美好生活的向往一步步地变为现实。

要做群众的先生，先做群众的学生

　　领导不是百事通，不是万能的。要做群众的先生，先做群众的学生。领导干部要放下架子，甘当小学生，多同群众交朋友，多向群众请教。要真正悟透群众是真正的英雄。

　　　　　　　　　　——2012 年 12 月 11 日，习近平
　　　　　　　　　　在广东考察工作时的讲话

人民群众是历史的主体，是党的力量源泉和胜利之本。人民群众中蕴藏着无穷的智慧和力量。党员干部要完成肩负使命，必须诚心而不虚情假意、虚心而不自以为是、耐心而不闻过则怒，以甘当小学生的态度向群众请教、向群众学习。

翻开党的历史，党就是在向人民群众虚心学习的过程中发展、壮大、成熟起来的。通过做群众的学生，中国共产党缔造了独轮小车推出淮海战役胜利的革命传奇，实现了社会主义改造、度过"三年自然灾害"、开展"互助组"与"合作社"建设的伟大壮举，创新了家庭联产承包责任制、经济特区、社会主义市场经济的体制机制。也正是依靠人民群众的智慧和力量，改革开放才能一路闯关夺隘、高歌猛进。从小岗村村民秘密签下"生死状"，到无数农民工积极投身现代制造业，再到网络精英革新商业模式创造营销奇迹，等等，亿万人民群众的奋斗、创造、突破，是探索"中国模式"、走出"中国道路"、实现"中国奇迹"的决定力量，是广大党员干部特别是各级领导干部学习的宝贵财富。正如毛泽东同志所指出："群众是真正的英雄，而我们自己则往往是幼稚可笑的，不了解这一点，就不能得到起码的知识。""只有代表群众才能教育群众，只有做群众的学生才能做群众的先生"。也如邓小平同志所强调："只有首先善于做群众的学生的人，才有可能做群众的先生，并且只有继续做学生，才能继续做先生。"

先做群众的学生，就要有尊重群众的真挚情怀。基层是最好的课堂，群众是最好的老师。很多好经验、妙点子，无不来自基层一线、出自群众实践。甘做群众的学生，首先就要牢固树立群众是历史的创造者、是真正英雄的唯物史观，做到内心深处充分尊重群众、一切相信群众，对群众怀有真挚感情，常怀感恩之心、敬畏之心，牢记公仆之责、为民之责，时刻以群众利益为重。做群众的学生，拜群众为师，贵在虚心请教，应当始终保持谦虚谨慎的态度，摆正心态、放下架子、扯掉面子，带着感情、带着责任，诚恳平等地与群众进行交流。只有我们把群众放在心上，群众才会把我们放在心上；只有我们把群众当亲人，群众才会把我们当亲人；只有我们把群众当老师，群众才会把他们的真知灼见毫无保留地告诉我们。

先做群众的学生，就要有眼睛向下的优良学风。毛泽东同志指出："没有满腔的热忱，没有眼睛向下的决心，没有求知的渴望，没有放下臭架子、甘当小学生的精神，是一定不能做，也一定做不好的。"当前，大多数党员干部学风是好的，但也确实存在少数学风不正者。有的自恃清高，看不起群众的"师资力量"；有的浅尝辄止，不能深入领会群众的高超智慧；有的脱离群众，走马观花，走形式主义老路；等等。能否从人民群众中汲取到智慧和营养，学风是关键。做群众的学生，就要认真改进学风，牢固树立以"拜人民为师"为荣的观念，真心学习、不耻下问，善于发现、总结和宣传人民群众创造的有益经验。要有"程门立雪"之诚，耐心倾听、真实反映群众意见，畅通群众意愿表达通道，以群众的生动实践拓宽自己的工作思路，在群众的创造性实践中寻求智慧的不竭源泉。

先做群众的学生，就要有深入基层的扎实作风。"知屋漏者在宇下，知政失者在草野。"从群众中来、到群众中去，是我们党的根本工作路线和传家宝。做群众的学生，就要深入群众、深入基层、深入一线，心往下想、腿往下迈、眼向下看，做到沉下去、静下来、接地气，用心体会和感悟那些在书本上看不到、机关里学不到的东西，努力掌握更多的第一手资料，真正问政于民、问需于民、问计于民。学习的目的在于运用，向群众学习的目的在于为群众办实事办好事。要深入、客观、正确地分析和研究问题，找准症结、发现短板，坚持把群众呼声作为第一信号，把群众需要作为第一选择，把群众满意作为第一标准，急群众之所急，想群众之所想，办群众之所需。

把群众的安危冷暖时刻放在心上

消除贫困、改善民生、实现共同富裕，是社会主义的本质要求。对困难群众，我们要格外关注、格外关爱、格外关心，千方百计帮助他们排忧解难，把群众的安危冷暖时刻放在心上，把党和政府的温暖送到千家万户。

——2012 年 12 月 30 日，习近平在河北省阜平县考察扶贫开发工作时的讲话

"三个格外""一个千方百计""两个把"，体现了习近平总书记对贫困群众的特别关爱之情，体现了总书记的拳拳爱民护民之心。

为政之道在于安民，安民之要在于察其疾苦。关心群众生活，体察群众疾苦，解决群众困难，是我们党的优良传统。毛泽东同志曾指出，党的工作应当是从解决群众的具体生产生活问题出发的，就是要"关心群众的痛痒，真心实意地为群众谋利益，解决群众的生产和生活问题，盐的问题，米的问题，房子的问题，衣的问题，生小孩的问题，解决群众的一切问题"。实际上，从"打土豪、分田地"到社会主义改造，从解决群众温饱问题到全面建成小康社会，党的人民立场始终没有变，党的群众路线薪火相传。我们党之所以能战胜各种艰难险阻、不断发展壮大，之所以能历经 90 多年峥嵘岁月、依然充满蓬勃生机与旺盛活力，最根本的原因就是始终植根于人民、服务于人民，始终坚持以民安为安、以民忧为忧、以民乐为乐，与人民群众一块干、一块苦，矢志不渝地为人民的利益和幸福而奋斗。

改革开放以来特别是近些年来，党和政府在改善民生、解决民忧方面作出很大努力，取得明显成效。比如，2016 年 12 月召开的中央财经领导小组第十四次会议，专门把冬季取暖、垃圾分类、禽畜养殖废弃物处理、养老院的服务质量、住房问题、食品安全等民生实事，纳入会议议题进行讨论、作出部署，这充分体现了我们党鲜明的人民立场、深厚的民生情怀，是党中央从解决好人民群众普遍关心的突出问题出发推进全面小康社会建设的实际行动，是党中央落实以人民为中心的发展思想、把群众安危冷暖时刻放在心上的实际行动，为全党树立了光辉榜样。但必须看到，随着时代的发展，人民群众对过上更好生活的要求在增强，对加快解决民生领域突出问题的期盼在提高。特别要看到，在改革开放和发展社会主义市场经济的环境中，一些党员干部宗旨意识淡薄了，群众观点淡忘了，群众路线淡化了，甚至对群众疾苦漠不关心，对群众呼声置若罔闻，对群众利益麻木不仁，脱离群众的危险比以往更加突出地表现出来。这种思想上轻视群众、感情上冷漠群众、工作上忽视群众的做法，只会疏远党同人民群众的关系，只会让人民群众感到寒心，只会削弱党执政的群众基础。

能否做到时刻把群众安危冷暖放在心上，不仅是感情问题，更是政治立场、政治本色问题。在这个根本问题上，一点也忽视不得、马虎不得。实践证明：只有我们把群众放在心上，群众才会把我们放在心上；只有我们把群众当亲人，群众才会把我们当亲人。人民群众对党和政府的感情、与党和政府的关系，很大程度取决于其利益实现的程度、满足的程度。作为党员干部特别是领导干部，要永远牢记群众利益无小事的深刻道理，任何时候任何情况下都要恪守利民之心，始终做到心里装着群众、凡事想着群众、一切为了群众，真诚倾听群众呼声，真实反映群众愿望，真情关心群众疾苦，真正把群众当主人、当亲人，见到群众有亲切感，对群众的疾苦有同情感，对群众关心的问题有责任感。要多谋民生之利，坚持民生优先、民生先动，多做得民心、暖人心的工作，着力解决好人民最关心最直接最现实的利益问题，从"菜米油盐酱醋茶、衣食住行教医保"这些小事、具体事抓起，努力使人民群众在学有所教、劳有所得、病有所医、老有所养、住有所居上持续取得新进展，使改革发展成果更多更公平惠及全体人民，保证人民过上更加体面更加幸福的生活。要多解民生之忧，切实为工作上生活中遇到困难的群众排忧解难，以一种吃不香、睡不安的精神状态，深入条件差、困难多、矛盾大的地方，多做雪中送炭、急人之困的工作，少做锦上添花、花上垒花的虚功，抓住群众最盼、最急、最怨、最烦的具体问题使长劲、用真功，在群众最盼上花气力、在群众最急上见真情、在群众最怨上化矛盾、在群众最烦上解忧愁，让人民群众切实感受到党和政府的温暖。

始终把人民放在心中最高的位置

全体共产党员特别是党的领导干部，要坚定理想信念，始终把人民放在心中最高的位置，弘扬党的光荣传统和优良作风，坚决反对形式主义、官僚主义，坚决反对享乐主义、奢靡之风，坚决同一切消极腐败现象做斗争，永葆共产党人政治本色，矢志不移为党和人民事业奋斗。

——2013 年 3 月 17 日，习近平在十二届
全国人大一次会议闭幕会上的讲话

"人民"二字，在习近平总书记心中重若千钧、重如泰山。在他的讲话、文章、批示中，几乎每一篇都有"人民"二字。比如，在十八届中央政治局常委同中外记者见面时的讲话，虽然只有短短的1500多字，却19次提到"人民"二字，提出的"三个重大责任"之一就是"对人民的责任"。再如，在庆祝中国共产党成立95周年大会上的讲话中，共109次提到"人民"二字，其中专门提出"不忘初心、继续前进"的一个重点就是为了人民。之所以这样，是因为习近平总书记的情感深处、思想深处，时时想的就是人民、为的就是人民，真正做到了始终把人民放在心中最高的位置。

始终把人民放在心中最高的位置，就要牢记马克思主义群众观和党的群众路线，保持同人民群众的密切联系。唯物史观认为，人民群众是社会物质财富和精神财富的创造者，是社会变革的决定性力量，是真正的英雄。我们党在领导革命、建设和改革的伟大实践中，创造性地提出了"一切为了群众、一切依靠群众，从群众中来、到群众中去"的群众路线。实践证明，这条路线凝聚着深厚的中国智慧，展现出鲜明的中国特色，是党的生命线和根本工作路线。作为党员干部，任何时候任何情况下，都要大力弘扬这个传家宝，始终把群众观点、群众路线体现在工作实践中，始终植根于人民、造福人民，始终同人民群众心连心、同呼吸、共命运，切实把密切联系群众这个党最大的政治优势发挥好、把脱离群众这个党执政后的最大危险化解掉。

始终把人民放在心中最高的位置，就要坚定人民立场，坚持党的宗旨。人民立场是中国共产党的根本政治立场。全心全意为人民服务是党的根本宗旨，是我们党区别于其他政党的显著标志。大树扎根于沃土，高楼立足于基石。我们党的根基在人民、血脉在人民、力量在人民。我们党除了工人阶级和最广大人民的利益，没有自己特殊的利益。这就决定了党的根本宗旨是全心全意为人民服务。各行各业的党员干部，不管在何种岗位，不论干什么工作，说到底都是为人民服务。这个基本立场、这一基本定位，什么时候都不能含糊、不能淡化、不能丢弃。在实际工作中，要切实增强为人民服务的思想意识，不断提高为人民服务的实际本领，把党的宗旨变为实实在在的行动，始终忠诚于人民，当好人民的公仆。

　　始终把人民放在心中最高的位置，就要尊重人民主体地位，保证和支持人民当家做主。人民当家做主是我们党始终高举的旗帜，是社会主义民主政治的本质和核心。要把保证和支持人民当家做主，落实到国家政治生活和社会生活之中，始终尊重人民主体地位，尊重人民首创精神，拜人民为师，把政治智慧的增长、治国理政本领的增强深深扎根于人民的创造性实践中。要坚持和完善人民代表大会制度，最广泛地动员和组织人民群众管理国家和社会事务，管理经济和文化事业，保障全体人民共同行使国家权力。要坚持党的领导、人民当家做主、依法治国有机统一，把体现人民利益、反映人民愿望、维护人民权益、增进人民福祉落实到依法治国全过程，使法律及其实施充分体现人民意志。

　　始终把人民放在心中最高的位置，就要坚持以人民为中心的发展思想，把增进人民福祉、促进人的全面发展作为经济社会发展的出发点和落脚点。党的十八届五中全会提出创新、协调、绿色、开放、共享五大新发展理念，科学回答了"为谁发展""靠谁发展""发展成果由谁享有"的问题，回应了广大人民群众的诉求和期盼，抓住了制约发展的症结，开出了解决问题的良方，是实践以人民为中心的发展思想的正确途径。作为党员干部，要认真贯彻落实五大新发展理念，进一步点燃干事创业的激情和信心，深入基层、深入群众、深入一线，了解民情、体察民苦、顺应民意，多贴近群众、多体谅群众、多为群众排忧解难，让人民群众过上更加幸福更有尊严的日子。

人民民主是社会主义的生命

人民当家做主是社会主义民主政治的本质和核心。人民民主是社会主义的生命。没有民主就没有社会主义，就没有社会主义的现代化，就没有中华民族伟大复兴。

——2014 年 9 月 5 日，习近平在庆祝全国人民代表大会成立 60 周年大会上的讲话民主是一个好东西。列宁曾说，民主是一个伟大的名词。在人类社会发展历史长河中，民主一词犹如明亮的航标，吸引着无数人们去崇尚它、追逐它，为它呐喊、为它奋斗，甚至不惜为它牺牲自己的生命。习近平总书记关于"人民民主是社会主义的生命"的科学论断，进一步揭示了人民民主的重要价值，指明了发展人民民主的前进方向。

早在 1918 年，当时的中国正为黑暗所笼罩。在众多寻找光明与希望的努力之中，中国共产党的创始人之一、新文化运动领袖陈独秀就呼吁："拥护那 Democracy(民主) 和 Science(科学) 两位先生。""只有这两位先生，可以救治中国政治上、道德上、学术上、思想上一切的黑暗"。他的疾呼吸引了众多追随者。次年，"五四"运动爆发，这场伟大的爱国革命运动、思想解放运动，将民主、科学"两位先生"的旗帜高高举起、播撒进无数中国人的心里，中国新民主主义革命由此拉开帷幕。

人民民主是我们党始终高扬的光辉旗帜、一贯秉持的价值追求。我们党自成立之日起，就以争取和实现人民当家做主为己任，并为此进行了长期不懈的努力，在实践中成功开辟了一条人民民主的政治发展道路。在新中国成立前，毛泽东同志就明确指出，"没有广大人民的民主，就没有人民当家做主的国家"。新中国成立后，为了保障人民当家做主的地位、维护最广大人民的根本利益，我们建立和巩固了工人阶级领导的、以工农联盟为基础的人民民主专政的国家政权，建立了全国和地方各级人民代表大会制度，确立了共产党领导的多党合作的民主协商制度，在少数民族聚居地方实行了民族区域自治制度。这一系列政治制度，具有鲜明的"中国特色"，既体现了人民民主的真实性，又体现了人民民主的有效性，实现了民主内容与形式的有机统一，使中国人民行使当家做主的权利有了可靠制度保障。

人民民主是社会主义制度的本质，是社会主义的生命力所在。在我国，全体人民是国家的主人，我们倡导的民主，绝不是西方所鼓吹的"民主"，而是社会主义的人民民主。如果说古希腊的民主是少数奴隶主的民主，资本主义的民主是资本主导的片面民主，那么马克思主义的目标是彻底解放全人类，实现真正全面的人民民主，实现所有人自由而全面的发展。我国宪法明确规定，人民有权选举自己的代表，组织国家机关，管理国家各项事务，管理各项经济和文化事业，管理社会事务，并监督国家机关及其工作人员；人民依法享有人身、言论、通信、出版、集会、信仰等自由权利，在法律面前一律平等。这些民主权利不仅在宪法上明确规定，而且国家还提供实现这些权利政治上的保障和物质上的帮助。正因为这样，我们把"民主"写进了社会主义核心价值观，社会主义中国越来越有活力地展现在世人面前。

社会主义愈发展，就愈要扩大人民民主。人类社会民主的发展历程表明，民主是具体的、历史的、变化的，而不是抽象的、超阶级的、超历史的、固定不变的。一个文明进步的社会主义社会，必将是人民当家做主的社会、必将是民主程度越来越高的社会。在坚持和发展中国特色社会主义历史进程中，人民民主除了要在政治生活方面充分体现外，还必然逐步扩展到经济生活、文化生活、社会生活等各个方面，并通过一定的制度形式加以巩固下来。实际上，现在我国社会主义民主建设越来越紧密地同社会主义法治建设结合起来，人民民主越来越制度化、程序化、规则化，民主参与的范围越来越大，人民群众可以更为广泛深入地参与民主选举、民主决策、民主管理、民主监督。历史已经并将继续证明，中国特色社会主义道路的成功很大程度上体现为人民民主的不断扩大，而人民民主的不断扩大也必将使中国特色社会主义道路越走越宽广。

民主不是装饰品，不是用来做摆设的

民主不是装饰品，不是用来做摆设的，而是要用来解决人民要解决的问题的。中国共产党的一切执政活动，中华人民共和国的一切治理活动，都要尊重人民主体地位，尊重人民首创精神，拜人民为师，把政治智慧的增长、治国理政本领的增强深深扎根于人民的创造性实践之中。

——2014 年 9 月 21 日，习近平在庆祝中国人民
政治协商会议成立 65 周年大会上的讲话

长期以来，西方国家鼓吹民主政治，对中国人民民主专政和协商民主制度进行歪曲、丑化。习近平总书记旗帜鲜明地对此进行了回应，指出"民主不是装饰品，不是用来做摆设的，而是要用来解决人民要解决的问题的"，揭穿了西方国家虚假民主的真面目，揭示了中国特色社会主义民主的真谛。

在我国，人民当家做主是社会主义民主政治的本质和核心。中国共产党一贯主张尊重人民主体地位，保证人民当家做主。中国特色社会主义民主是人类民主政治发展史上前无古人的创造，是中国历史的选择、人民的选择。它是在中国的土壤里生根、发芽，沐浴着阳光与甘露结出的独特硕果，是人民主权和意志的实现，是人民自己创造、自己建立、自己规定国家制度，以及运用这种国家制度决定自己的事情。因而这种民主不是用来做摆设供观赏的盆景、花瓶，更不是哄人用的假话、套话、好听的话，而是以解决问题为前提而存在的。这是我国人民民主与西方民主的根本区别。

近代以来，无数仁人志士为了寻找适合中国国情的民主道路，抛头颅、洒热血，进行了卓越的探索，付出了艰苦的努力。直到中国共产党找到了马克思主义、找到了社会主义，取得了新民主主义革命的胜利，依靠人民建立起人民民主政权和制度。早在井冈山红军初创时期，毛泽东、朱德同志所领导的红四军就在连、营、团各级成立士兵委员会，让士兵有表达意见的平台。延安时期，中国共产党把抗日与民主建设结合起来。毛泽东同志指出："没有民主，抗日是要失败的。没有民主，抗日就抗不下去。有了民主，则抗他十年八年，我们也一定会胜利。"正是这种真正的民主，才让中国革命的火种从艰苦卓绝的环境中燃烧起来，成为熊熊大火，夺取了一次又一次胜利。

中国特色社会主义民主，本质特征是站在最广大人民群众根本利益的立场上说话，坚持党的领导、人民当家做主和依法治国的有机统一，以人民为主体、以解决人民需要解决的问题为宗旨的民主。在中国，人民通过选举、投票行使权利和人民内部各方面在重大决策之前进行充分协商，尽可能就共同性问题取得一致意见，是中国特色社会主义民主的两种重要形式。选举民主和协商民主优势互补、相得益彰。这就告诉世人，中国的人民民主不仅是形式的民主如选举，还更是实质的民主如代表民意、参与决策，完全超越了西方的形式民主、选举民主。

坚持人民民主，核心是坚持和完善人民代表大会制度。实践证明，人民代表大会制度是一个好制度，其最大的好处是真正代表人民。人民代表大会制度，顾名思义就是选举人民代表来代表广大人民行使国家权力的会议制度。我国《宪法》明确规定，中华人民共和国的一切权力属于人民，全国人民代表大会是最高国家权力机关。这一制度既不是"三权分立"，也不是"两院制"，而是"一院制""一元化"。这种制度的好处或优势，诚如邓小平同志所指出，就是干一件事情，一下决心，一做出决议，就立即执行，不受牵扯。在新的历史条件下，我们要积极推进人民代表大会制度及运行机制更趋程序化、规范化、实质化，进一步增强人民代表大会制度的生命力。

坚持人民民主，关键是坚持在党的领导下推进协商民主建设。在党的领导下，人民内部各方面围绕改革发展稳定重大问题和涉及群众切身利益的实际问题，在决策之前和决策实施之中广泛开展协商，找到全社会意愿和要求的最大公约数，努力形成广泛共识。这种民主形式，有效防止了那种人们只有投票的权利而没有广泛参与的权利，人们只有在投票时被唤醒、投票后就进入休眠期的形式主义民主。在新的历史条件下，我们要进一步搞好政党协商、人大协商、政府协商、政协协商、人民团体协商、基层协商以及社会组织协商，坚持有事多商量、遇事多商量、做事多商量，推进协商民主广泛多层制度化发展。

金杯银杯不如老百姓的口碑

人民群众对美好生活的追求就是我们党的奋斗目标。金杯银杯不如老百姓的口碑。干部好不好不是我们说了算,而是老百姓说了算。

——2015 年 5 月 25 日,习近平在浙江舟山定海区石览镇新建社区考察调研时的讲话习近平总书记多次引用"金杯银杯不如老百姓的口碑"这句俗语，既是恪守党的根本宗旨的感情流露，诠释出领导干部为官从政之要；也传递出老百姓"口碑"是评判干部的真正标准，是检验干部好坏的"试金石"。

"天地之间有杆秤，那秤砣是老百姓。"天地之间是人间，衡量人间是否公正美好，自然由人民说了算。从古至今，官员操守好不好、德行优不优、办事公不公、做人实不实，老百姓的眼睛是雪亮的，老百姓的心里面最清楚。宋朝包拯因公正无私被老百姓尊称为"包青天"；明朝海瑞因清正廉洁被老百姓尊称为"海公"；焦裕禄担任兰考县委书记时身体力行、率先垂范为人民群众办好事、做实事，带领群众栽上抗风沙的梧桐被人民群众称颂为"焦桐"；谷文昌时时处处心系于民，大事小事想到群众心里，把功成不必在我的"潜绩"，变成泽被后人的福祉，被群众亲切称为"谷公"，每逢春节、清明，"先祭谷公，后祭祖宗"……这些称呼、这些"口碑"，就是老百姓的认可、赞誉，就是用老百姓的评价树起的丰碑。这些故事在群众中口口相传，为广大党员干部提供了学习和践行的典范。

"政声人去后，民意闲谈中。"真实的政声和民意，源于笃定为公、一心为民、身体力行、扎实工作，而不是唱高调、玩套路、耍假把式。实际上，唯有那些真正心系群众、情系百姓的人，真正为官一任、造福一方的人，才会在人民群众心中留下永恒的丰碑。因此，作为党员干部，与其终日浮躁探求钟鼓馔玉，莫如静心沉潜累积为政之德；与其苦心钻营难以示人的"为官之道"，莫如热忱涵养为民务实的"公仆情怀"。我们要始终牢记习近平总书记的教诲，认真践行"三严三实"要求，坚持埋头苦干、干在实处，努力用经得起历史、实践和人民检验的业绩赢得老百姓的口碑。

好口碑从为民服务中来，要坚持牢记宗旨、保持本色。作为党员干部，使命就是为人民服务。职务无论高低，都是为人民服务的岗位；权力无论大小，都是为人民服务的工具。党员干部和人民群众的关系是鱼水关系，水里可以没有鱼，但鱼绝对离不开水。党员干部和人民群众的关系是公仆与主人、代表与被代表、服务与被服务的关系。因此，党员干部只有始终坚持全心全意为人民服务的根本宗旨，诚心诚意问政于民、问需于民、问计于民，实心实意为人民群众做好事、办实事、解难事，多想想百姓疾苦，多体谅群众困难，多为人民群众排忧解难，才能不忘初心、不改本色，心甘情愿做人民的孺子牛。

好口碑从实干担当中来，要坚持敢作敢为、勇于担当。在其位就要谋其政，任其职就要尽其责。党员干部能否恪尽职守、履职尽责，关乎事业成败，事关百姓冷暖。党员干部要想真正在群众心目中留下一点"影"，留下一点"声"，留下好的印象，就必须充分认清肩负的重要责任，勇担时代使命，自觉把推动改革发展稳定、维护群众切身利益，作为自己的神圣职责，坚持权为民所用、利为民所谋、情为民所系，做到以身许党、以身许国、以身许民，积极工作、主动作为、担当实干，精心谋事、潜心干事，创造出实实在在的业绩，赢得广大人民群众的信任和拥护。

好口碑从清正廉洁中来，要坚持廉洁奉公、清正为民。"吏不畏我严而畏我廉，民不服我能而服我公。"自古以来，老百姓最相信"清官"、最尊重"清官"、最爱戴"清官"。党员干部要在人民群众中留下好口碑，清正廉洁是根本底线。为政之要在于廉洁，廉洁之本在于自律，自律之道在于防患于未然。党员干部要以"一日三省吾身"精神，明辨是非、克己慎行，时刻保持清醒头脑，做到自重、自省、自警、自励，老老实实做人，清清白白为官，干干净净干事，不以公权谋取私利，始终保持为民务实清廉的本色。

政策好不好，要看乡亲们是笑还是哭

党中央的政策好不好，要看乡亲们是笑还是哭。如果乡亲们笑，这就是好政策，要坚持；如果有人哭，说明政策还要完善和调整。

——2015 年 6 月 16 日，习近平在贵州省遵义县枫香镇花茂村调研考察时的讲话

"政策好不好，要看乡亲们是笑还是哭。"习近平总书记一席生动的家常话，饱含着深刻的民本理念、深厚的民生情怀，体现了我们党全心全意为人民服务的根本宗旨，道出了我们党始终植根于人民群众沃土之中的真谛所在，为各级干部特别是领导干部想问题、办事情、定决策，指明了科学的思想方法和重要的工作方法。

知屋漏者在宇下，知政失者在草野。政策好不好，人民群众感受最直接、最深刻，也最有资格评价其得失成败。可以说，群众的脸色是衡量政策好坏的显示器，是执政得失的晴雨表。因此，在制定和实施政策时，只有注意倾听群众的呼声，了解群众的愿望，把实现好、维护好、发展好最广大人民的根本利益作为根本准则，把人民拥护不拥护、赞成不赞成、高兴不高兴、答应不答应作为根本标准，真正做到知民情、聚民智、顺民意、谋民利，才能赢得群众的拥护和支持。这就要求各级领导干部在工作中，必须始终贯彻马克思主义群众观和党的群众路线，坚持深入基层、深入群众、深入一线，拜群众为师、向群众学习，以群众呼声为第一信号，以群众意愿为第一抉择，让乡亲们的"哭还是笑"进入决策、体现到政策实施的全过程。

具体到政策制定和执行上，应当把握好三点：一是政策的制定应当源于群众的实践。坚持问政于民、问需于民、问计于民，在政策作出之前，多渠道、多层次征求群众的意见和建议，使制定的政策能更好地体现群众的共同意志。二是政策的完善应当依据于群众的意愿。在政策实施中，要针对新情况新问题，看群众的脸色是"笑"的就毫不动摇坚持，看群众的脸色是"哭"的就及时调整完善。三是政策的执行应当受到群众的监督。通过健全群众监督机制，搭建有利于群众监督的平台，切实让群众监督政策的执行过程，确保执行不出偏差、不走弯路。

当前，我国经济发展进入新常态，深化改革处于攻坚期，许多深层次矛盾凸显，诸多社会问题交织而复杂，机遇中隐藏着危机，我们所面临的挑战前所未有，需要克服的困难超出想象。在这样一个时期，如何多看乡亲们的脸色，多听"草野"的声音，及时解决前进中的各种矛盾，破解发展中的各种难题，是每一位领导干部必须深思力行的，也是领导干部必须具备的基本功。值得注意的是，在一些地方，有一些领导干部不能把对上级负责和对群众负责很好结合起来。有的喜欢看上级的脸色，对上级的指示、意见唯命是从，而不喜欢看群众的脸色，对群众的意见和呼声置若罔闻；有的喜欢看群众"笑"的脸色，爱听大家的鼓掌声、赞扬声，而不喜欢看群众"哭"的脸色，听不得群众的批评声、议论声。这都是要不得的，必须切实加以改进。要进一步增强党的宗旨意识，坚持党性与人民性的一致性，做到公心对上、诚心对下，既不欺上瞒下、也不媚上哄下，在任何时候任何情况下都与人民同呼吸共命运心连心。

政之所行，在顺民意；政之所废，在逆民愿。"政策好不好，要看乡亲们是哭还是笑"，实际上就是以百姓之心为心，以百姓之乐为乐，以百姓之苦为苦，这既是一种境界，更是一种责任。各级领导干部要进一步增强为民服务、为民担当、为民造福的责任感和使命感，坚持科学决策、民主决策、依法决策，带着真心、带着感情执行和落实政策，为民办实事、为民谋实利，只有这样，才能赢得群众的点赞，让群众脸上充满笑意。

坚持以人民为中心的发展思想

要坚持以人民为中心的发展思想，这是马克思主义政治经济学的根本立场。要坚持把增进人民福祉、促进人的全面发展、朝着共同富裕方向稳步前进作为经济发展的出发点和落脚点，部署经济工作、制定经济政策、推动经济发展都要牢牢坚持这个根本立场。

——2015 年 11 月 23 日，习近平在主持中央政治局第二十八次集体学习时的讲话

"坚持以人民为中心的发展思想"的提出，是对马克思主义发展观和党的宗旨观念的重大丰富和发展，是以习近平同志为核心的党中央治国理政的根本出发点和落脚点。

发展是人类社会的共同需求，马克思主义的发展理论就是坚持实现人民解放，坚持维护人民利益的立场，以实现人的自由而全面的发展和全人类解放为己任。马克思指出，"根据共产主义原则组织起来的社会，将使自己的成员能够全面地发挥他们各方面的才能"。在这样的社会提供社会生产，"不仅可以保证一切社会成员有富足的和一天比一天充裕的物质生活，而且还可能保证他们的体力和智力获得充分的自由的发展与运用。"发展以什么为中心，或者围绕什么中心来发展，涉及的是发展的性质和本质问题，体现的是对待发展的根本立场、根本态度。这是发展的核心问题，是管全局、管根本、管方向、管长远的东西，是决定发展思路、发展决策、发展战略、发展着力点的总开关。只要有经济社会的发展，只要有发展理论、发展思想、发展理念，都会有一个为什么人而发展的根本问题，都会涉及以什么为中心这一发展的性质和本质问题。在这个核心问题上，我们党作出了鲜明而坚定的回答：坚持以人民为中心的发展思想！

党的十八届五中全会明确提出，要坚持创新、协调、绿色、开放、共享五大发展理念，坚持以人民为中心的发展思想。习近平在《关于〈中共中央关于制定国民经济和社会发展第十三个五年规划的建议〉的说明》中指出："这五大发展理念，是'十三五'乃至更长时期我国发展思路、发展方向、发展着力点的集中体现，也是改革开放30多年来我国发展经验的集中体现，反映出我们党对我国发展规律的新认识。"他强调，坚持以人民为中心的发展思想，"这是马克思主义政治经济学的根本立场"。他在中央党校省部级主要领导干部学习贯彻十八届五中全会精神专题研讨班上进一步指出，要践行以人民为中心的发展思想，努力实现全民共享、全面共享、共建共享、渐进共享。在新的时代条件下，提出五大发展理念，并把它与坚持以人民为中心的发展思想紧密联系在一起，形成一个不可分割的有机整体，既表明了我们党坚定不移践行党的性质宗旨和执政为民的价值理念，又反映了时代发展的新要求、人民群众的新期盼，实现了党的执政理念与发展规律新认识的高度统一。创新、协调、绿色、开放、共享五大发展理念是实践以人民为中心发展思想的正确途径，以人民为中心的发展思想又是五大发展理念的灵魂所在。

理论与实践、思想与实际内在统一、密不可分。习近平总书记指出："以人为中心的发展思想，不是一个抽象的、玄奥的概念，不能只停留在口头上、止步于思想环节，而要体现在经济社会发展的各个环节。"在社会主义社会，发展生产力的目的不是实现资本利润最大化，而是满足人民群众日益增长的物质文化需要、实现人的全面发展和社会共同富裕。现在，我们正在决胜全面建成小康，仍面临着经济发展、政治建设、社会治理、思想文化和生态环境等诸多方面的问题，面临着脱贫攻坚任务十分艰巨、收入分配机制不尽完善、基本民生供给还不充足、基本公共服务体系不甚健全等发展中的问题。要解决这些问题，必须牢固树立以人民为中心的发展思想，切实把这一思想落实到经济社会发展的各个环节，使这一思想从理论形态走向实践形态。我们要始终坚持发展是硬道理，发展就要坚持科学发展，通过加强顶层设计和相关制度安排，改善和优化人民参与发展的政策环境，使人民真正成为发展的主体，成为发展的创造者、利益相关者和最终受益者，从而真正实现"人人参与、人人尽力、人人享有"，让社会主义制度的优越性得到更充分体现，让改革发展成果更多更公平更有"温度"地惠及全体人民，让人民群众在参与发展过程中享有更多的获得感。

民心是最大的政治

民心是最大的政治，正义是最强的力量。反腐败增强了人民群众对党的信任和支持，人民群众给予高度评价。

——2016 年 1 月 12 日，习近平在十八届中央纪委六次全会上的讲话

　　习近平总书记关于"民心是最大的政治"的重要论述，道出了千百年来人类社会治国理政的宝贵经验、深层镜鉴和历史真谛，给我们以深刻警示和启迪。

　　民心，是指人民的思想、感情、意愿等。"民心是最大的政治"，说的是一个国家的统治者在治国理政中、在制定大政方针政策时，只有始终坚持以民心为贵、以民生为重，始终重视民心、尊重民意、顺应民愿，努力为最广大人民群众谋福祉，才能得到人民群众的认同，赢得人民群众的拥护，才能巩固执政地位、完成执政使命。

　　古往今来，民心向背历来是王朝兴衰命运的决定性因素。"得民心者得天下，失民心者失天下""得民心国家必安、失民心国家必危""政之所兴在顺民心，政之所废在逆民心""天下何以治？得民心而已！天下何以乱？失民心而已"这些经典古语，道出的是一个颠扑不破的道理：民心是决定"谁主沉浮"的最大力量，民心是最大的政治。中国共产党为什么能用"小米加步枪"从拥有"飞机加大炮"的国民党手中夺取政权，根本原因在于人民的力量，在于共产党深得"人心"，是人民发自内心自愿托起共产党这艘"航船"，朝着社会主义的主航道前进。正如 1946 年毛泽东所预判："蒋介石虽有美国援助，但是人心不顺，士气不高，经济困难。我们虽无外国援助，但是人心归向，士气高涨，经济亦有办法。因此，我们是能够战胜蒋介石的。"毛泽东预计用 5 年左右时间就能打败蒋介石。而实践证明，中国共产党仅用了 3 年多时间，就推翻了国民党蒋介石的统治，取得了执政地位。究其根源，是"民心背向"起了决定性作用。

　　"治国有常，而利民为本。"党的十八大以来，以习近平同志为核心的党中央在治国理政中，坚持以民为本、关注民生、顺应民意，"民心是最大的政治"得到了很好的体现。发展经济、改善生活，保障和改善民生，是最大的民心期盼。这些年来，面对严峻复杂的国内外形势，面对经济发展进入新常态，面对经济运行的下行压力，党中央国务院坚持稳中求进、稳中有为的工作总基调，加强和创新宏观调控，全面深化改革，加强多重目标、多种政策、多项改革的统筹协调，经济运行保持总体平稳、稳中有进、稳中向好的态势，教育、文化、卫生、就业、社会保障等各项社会事业稳步发展，脱贫攻坚战全面打响，改革发展成果更多更公平地惠及人民群众，广大群众的获得感不断增强。

反腐倡廉、正风肃纪，是重要的民心期盼。党的十八大以来，党中央在惩治腐败上坚持无禁区、全覆盖、零容忍，严肃查处腐败分子，大力整治党员干部作风，努力向干部清正、政府清廉、政治清明的目标迈进。据统计，自 2012 年党的十八大至 2016 年年底，仅中管干部就有 240 多名因严重违纪、腐败问题受到查处。人民群众越来越清晰地感受到党中央反腐倡廉的坚定决心，党和政府越来越受到广大群众的拥护和好评。"不得罪腐败分子，就会得罪 13 亿人民群众。"事实证明，深入开展党风廉政建设和反腐败斗争，换来的是党的肌体健康，赢得的是贵过黄金的党心民心。魏晋哲学家王弼为《道德经》作的批注中有一句话："以天下百姓心观天下之道。"全面从严治党所实施的目标措施，标准就是天下百姓之心。从严治党、正风反腐，就是要管住党员干部，赢得党心民心，推进事业发展。全面从严治党永远在路上，赢得百姓之心永远在路上。

保障和改善民生没有终点

保障和改善民生没有终点，只有连续不断的新起点，要采取针对性更强、覆盖面更大、作用更直接、效果更明显的举措，实实在在帮群众解难题、为群众增福祉、让群众享公平。

——2016 年 2 月 3 日，习近平在江西调研考察时的讲话

　　民生问题是人民群众最关心、最直接、最现实的利益问题。民生连着民心,民心关系国运。民生问题无小事,群众利益大于天。关注民生、重视民生、保障民生、改善民生,是各级党委政府的神圣职责和终极目标,更是习近平总书记的重大关切和最大心愿。

　　"为政之道,以顺民心为本,以厚民生为本。"保障和改善民生,是一项长期、系统、艰巨、复杂的工程,是一项没有终点、只有连续不断新起点的工程。没有最好,只有更好,只有更好地保障和改善民生,人民才能拥有更多的获得感,我们党才能拥有更加深厚的执政基础。大家都记得,在十八届一中全会后举行的媒体见面会上,习近平总书记鲜明提出,人民对美好生活的向往,就是我们的奋斗目标。党的十八大以后,每一年的春节前后,他都要前往全面建成小康社会任务最艰巨、最繁重的贫困地区,看望贫困群众,与贫困群众共商脱贫大计,把温暖和关怀送到贫困群众的心坎上。每年的全国"两会"上,他都要一以贯之地强调,各级党委政府要坚持以人民为中心的发展思想,实实在在地为老百姓做好事、办实事、解难事,让人民群众得到看得见、摸得着的实惠,使人民群众在学有所教、劳有所得、病有所医、老有所养、住有所居上持续取得新进展。在中央财经领导小组第十四次会议上,他再次强调,要从解决好人民群众普遍关心的突出问题入手,从解决北方地区冬季取暖、垃圾分类、禽畜养殖废弃物处理和资源化、养老服务、住房租赁、食品安全等民生工程入手,推进全面小康社会建设。习近平总书记的思想和实践,体现了鲜明的人民立场,蕴含着深厚的民生情怀,彰显了共产党人的责任担当。

　　保障和改善民生没有终点,要求我们首先要坚决守住民生底线。习近平总书记强调,要切实保障群众基本生活,保障基本公共服务,坚决守住民生底线,坚决打赢脱贫攻坚战,统筹推进城乡社会救助体系建设,使困难群众求助有门、受助及时。坚决守住民生底线,就要牢牢守住保障基本民生这一底线,更加关注低收入群众生活,更加重视社会大局和谐稳定;就要牢牢守住就业这个民生之本底线,不断完善扶持创业的优惠政策,重点消除家庭零就业现象，多创造就业机会、多提供就业服务、多加强就业培训；就要牢牢守住不让一个贫困群众掉队的底线，加大扶贫工作力度，实施精准扶贫、精准脱贫，确保到 2020 年农村贫困人口全部脱贫、贫困县（市）全部摘帽；就要牢牢守住社会保障"安全网"这个底线，实现养老、医疗、救助、社保等保障制度的全覆盖，消除人民群众的后顾之忧。

保障和改善民生没有终点，要求我们一定要奋力追求民生高线。守住民生底线固然重要，但只是最低要求，更重要的是千方百计向好处努力，向高线进军。改善民生的进行时是保障水平不断提升的进行时，表现为由低到高追求和创造美好生活的不同层次。从人民群众的基本生计，到基本发展机会，到适应生存能力，到社会福利状况等，既要有物质生活上的不断提高，也要有精神文化上的不断提升。在充分尊重经济规律、社会规律和自然规律基础上，着眼于满足人民物质文化生活需求，着眼于提高人民整体素质，着眼于改善人民生活环境，为人民群众提供更好的教育、更稳定的工作、更满意的收入、更可靠的社会保障、更高水平的医疗卫生服务、更舒适的居住条件、更优美的环境，让人民群众生活得更好、工作得更好、成长得更好。

人民立场是中国共产党的根本政治立场

人民立场是中国共产党的根本政治立场，是马克思主义政党区别于其他政党的显著标志。党同人民风雨同舟、生死与共，始终保持血肉联系，是党战胜一切困难和风险的根本保证，正所谓"得众则得国，失众则失国"。

——2016 年 7 月 1 日，习近平在庆祝中国
共产党成立 95 周年大会上的讲话

所谓政治立场，是一个人、一个政党在观察、分析和处理问题所站的阶级立场。马克思主义认为，政治的本质是各阶级之间的关系，阶级性是政治的基本特征。从政党的角度来看，政党作为现代政治的主体，是建立在阶级基础上的，阶级性决定了政党的性质和立场。政党的一切活动首先是从自己的阶级利益和政治立场出发，围绕自己的政治纲领、按照自己的政治路线、为实现自己的政治目标而不懈努力。因此，鲜明政治立场是一个政党区别于其他政党的本质特征之一。

坚持人民立场，体现了马克思主义的唯物史观，体现了对人民历史地位和作用的深刻认识，体现了对社会发展规律的科学把握，体现了对党的先进性的坚定追求。中国共产党作为马克思主义政党，作为中国工人阶级的先锋队、中国人民和中华民族的先锋队，始终坚持全心全意为人民服务的根本宗旨，始终坚持一切为了人民、一切依靠人民的群众路线，党的性质、指导思想和根本宗旨，决定了中国共产党的政治立场就是人民立场。习近平总书记指出："中国共产党、中华人民共和国的全部发展历程都告诉我们，中国共产党、中华人民共和国之所以能够取得事业的成功，靠的是始终保持同人民群众的血肉联系、代表最广大人民根本利益。"他深切回顾说，"从毛泽东同志关于共产党人必须全心全意为人民服务的重要思想，到邓小平同志关于必须把人民拥护不拥护、赞成不赞成、高兴不高兴、答应不答应作为衡量改革和一切事业根本标准的重要思想，到江泽民同志关于中国共产党必须始终代表最广大人民根本利益的重要思想，到胡锦涛同志关于必须把最广大人民的根本利益作为贯彻落实科学发展观的根本出发点和落脚点的重要思想，从中我们可以清楚地看到一条一脉相承又与时俱进的思想主线，这就是：始终站在人民大众立场上，一切为了人民、一切相信人民、一切依靠人民，诚心诚意为人民谋利益"。总书记的重要论述，从根本上回答了党和人民的关系问题，阐述了坚定的人民立场，是我们党的优良传统和鲜明政治品格，是我们党带领人民取得一个又一个胜利的重要法宝。今天，我们不忘初心、继续前进，在实现中华民族伟大复兴新征程上迎接新的历史性考试，必须坚持把伟大事业与伟大工程统一起来，把党性和人民性统一起来，必须牢牢坚持人民立场这个重要法宝，把人民的方向作为我们的方向、前进的方向。

习近平总书记指出："党的根基在人民，党的立场在人民。站稳了人民立场，我们就有信心、有底气，就能干成事、成大业。"作为党员干部加强党性修养，最重要的就是要把坚定的政治立场作为立身之本，任何时候任何情况下都不能偏离人民立场这个根本政治立场，都把人民立场既体现在言语主张中、更体现到具体行动中。要深刻领悟人民立场的真谛，真正做到总书记强调的"三个不能"，即"任何时候任何情况下，与人民群众同呼吸共命运的立场不能变，全心全意为人民服务的宗旨不能忘，坚信群众是真正英雄的历史唯物主义观点不能丢"。只有这样，才能自觉自愿、发自内心地全心全意为人民服务，为党和人民的事业无私奉献；才能端正对人民的态度，坚持思想上尊重群众、感情上贴近群众、工作上依靠群众，将对党负责与对人民负责有机统一起来；才能与人民群众风雨同舟、生死与共，真正同呼吸共命运心连心，始终保持与人民群众的血肉联系，不断夯实党执政的群众基础。

4

全面建成小康
推动科学发展

只要有信心，黄土变成金

全面建成小康社会，最艰巨最繁重的任务在农村、特别是在贫困地区。没有农村的小康，特别是没有贫困地区的小康，就没有全面建成小康社会。只要有信心，黄土变成金。

——2012年12月30日，习近平在河北省阜平县考察扶贫开发工作时的讲话美国著名作家海伦·凯勒曾说，"信心是命运的主宰"。所谓信心，是一种源于内心深处、相信自己的愿望或预期目标一定能够实现的心理。人们一旦有了信心，就会激发一种毫无畏惧、勇往直前的进取精神，迸发出强大的甚至不可思议的力量，这时无论面对多大的困难、面对多强的竞争，都能做到"不管风吹浪打，胜似闲庭信步"。

小康不小康，关键看老乡。没有贫困群众的小康，全面小康就难言圆满；没有贫困群众的自强不息，脱贫攻坚战就会失去至关重要的内生动力。在2016年年底的朋友圈中，一则贫困县县委书记"吐槽"扶贫开发中基层干部受到委屈的文章，引发广泛关注。文章指出，有的贫困户觉得政策好就靠政策养着，有点不如意的事就去找政府"闹"；对来家里帮扶的干部麻木对待，认为干部比自己更着急，自己不脱贫干部难交账；有的认为"我是穷人我怕谁""我是小老百姓我怕谁"。这些现象虽然不是普遍现象，但正像这位县委书记所说，这些问题让扶贫干部"如鲠在喉，不吐不快"，同时也提醒我们，对那些丧失脱贫致富信心和动力的贫困群众，在进行物质帮扶的同时，更重要的是及时填充信心、志气、精神上的洼地。

扶贫首先要扶志气、立志向、增信心。无论是一个人、一个家庭，还是一个村、一个县，物质上的贫困并不是最可怕的，精神上的贫困更令人担忧。一味畏难发愁、自暴自弃，缺乏信心和勇气，没有奋发向上的精神状态，即便给再多的金钱与物质，也难以拔掉穷根。"志不立，天下无可成之事。"习近平总书记当年在主政闽东地区时，就提出过"弱鸟可望先飞，至贫可能先富"；2012年在河北阜平县考察扶贫开发工作时，又提出"只要有信心，黄土变成金"，指向非常明确，就是激发贫困地区穷则思变、穷则思勤的奋斗精神，增强贫困群众脱贫致富的信心、勇气和内生动力。古人云："授人以鱼，三餐之需；授人以渔，终生之用。"现在我们总结经验，也提出"输血"不如"造血"、"富口袋不如富脑袋"。因此，在推进扶贫开发工作中，必须坚持扶贫与扶志、扶贫与扶智相结合的原则，深入灌输"弱鸟可望先飞，至贫可能先富""只要有信心、黄土变成金"的观念，真正让贫困群众信心强起来、思想富起来、志气立起来。

当然，贫困之冰，非一日之寒；破冰之功，亦非一春之暖，打赢脱贫攻坚战仅靠信心和决心还是不够的。实现贫困人口到 2020 年全部如期脱贫，是我们党向全国人民作出的庄严承诺。为此，党中央提出了一系列精准扶贫的措施和途径，包括产业扶贫、就业扶贫、教育扶贫、健康扶贫、生态扶贫等，提出要坚持分类施策，因人因地施策，因贫困原因施策，因贫困类型施策，做到对症下药、药到病除。责任重于泰山，一诺重于千金。我们要按照党中央的统一部署，进一步增强必胜信心，拿出"敢教日月换新天"的气概，鼓起"不破楼兰终不还"的劲头，通过实实在在的行动，发挥社会主义制度的优势，持续在精准施策上加大力度，在精准推进上加快速度，在精准落地上加紧进度，不断积小胜为大胜，确保取得脱贫攻坚的全面胜利。

小康不小康，关键看老乡

小康不小康，关键看老乡。要把中央制定的强农惠农富农政策贯彻落实好，使热带特色农业真正成为优势产业和海南经济的一张王牌，不断开创"三农"工作新局面。

——2013 年 4 月 9 日，习近平在海南省三亚市亚龙湾兰德玫瑰风情产业园考察时的讲话

"小康不小康，关键看老乡"，习近平总书记用这句通俗易懂、生动深刻的话，意在希望全党同志看到全面建成小康社会的重点在农村、难点在农村，懂得没有农村小康就没有全面小康的道理，蕴含着我们党解决好"三农"问题的坚定决心和坚强意志。

"小康不小康，关键看老乡"，体现了我们党执政理念和根本宗旨的要求。我们党是全心全意为人民服务的政党，正因为如此，从建党之日起就得到了人民群众的拥护和支持，从艰难困苦中成长起来，夺取了革命、建设、改革的胜利。历史证明，如果没有人民特别是广大农民的支持，我们就不可能战胜强大的敌人，取得新民主主义革命的胜利；如果没有人民特别是广大农民的拥护，我们就不可能在一片废墟上迅速医治战争的创伤，取得社会主义建设的重大成就；如果没有人民特别是广大农民的创造，我们就不可能迈进改革开放新时代，开创出举世瞩目的"中国奇迹"。因此，我们要认真践行以民为本、执政为民的宗旨理念，最根本的是要维护好、实现好、发展好最广大人民的根本利益，特别是要关心、重视和维护好广大农民的切身利益，真正让7亿多"老乡"、2亿多农民工富起来、强起来，共享人生出彩、梦想成真的机会。

"小康不小康，关键看老乡"，揭示了实现全面建成小康社会的短板所在。一个木桶能装多少水，起决定作用的是最短的木板，短板是木桶盛水量的"限制性因素"。同样的道理，我们要全面建成小康社会，就必须补齐短板。我们党一向重视"三农"工作，但由于长期以来实际存在的城乡"二元"分割体制障碍等因素，农村、农业发展一直是经济社会发展中的短板。劳动生产率低、农民收入低，基础设施差、公共服务差、环境"脏乱差"，贫困人口绝大多数在农村，留守在农村的大多是"386199"部队（即妇女、儿童、老人），是目前农村的真实写照。没有农村的小康，没有农民的小康，就没有全面小康。让广大农民群众共享改革发展成果，在住房、教育、医疗、就业、文化等方面加快均等化、均质化，是社会主义应有的题中应有之意。因此，如何尽快补齐短板、缩小城乡差距，切实搞好精准扶贫、精准脱贫，推动农村繁荣发展，是我们党在新的历史时期面临的重大战略任务。

"小康不小康，关键看老乡"，要求我们必须始终坚持把解决好"三农"问题作为全党工作的重中之重，持续强化重农强农信号。伴随着工业化、城镇化程度的提高，大量农村人口会进入城镇生活，但必须看到，农业在国民经济社会发展中的基础地位不会改变，我国将长期有数亿人口继续在农村生活的现实难以发生根本性变化。因此，我们必须进一步加大强农惠农富农政策力度，全面落实党在农村的基本制度，从政策、项目、资金、人才、服务、基础设施等各方面向"三农"倾斜。要坚持以推进农业供给侧结构性改革为主线，着力推进农业现代化和新型城镇化，广泛开辟农民就业增收渠道，坚决打赢脱贫攻坚战，努力使农村的生产生活条件得到进一步改善、社会事业得到进一步发展、社会管理得到进一步完善、公共服务得到进一步加强、农民生活得到进一步提高，推动农业基础稳固、农村和谐稳定、农民安居乐业，促使广大农村与城镇同步迈入小康社会。

"看不见的手"和"看得见的手"都要用好

在市场作用和政府作用的问题上，要讲辩证法、两点论，"看不见的手"和"看得见的手"都要用好，努力形成市场作用和政府作用有机统一、相互补充、相互协调、相互促进的格局，推动经济社会持续健康发展。

——2014 年 5 月 26 日，习近平在主持中央政治局第十五次集体学习时的讲话在经济学领域里，古典经济学理论体系的创立者亚当·斯密在《国富论》中一句"看不见的手"，把自由市场的充分竞争原理概括得淋漓尽致；艾尔弗雷德·钱德勒在《看得见的手——美国企业的管理革命》一书中，明确提出了与"看不见的手"截然相反的"看得见的手"的论点。由此，"看不见的手"和"看得见的手"，成为对资源进行配置的两种力量即市场力量和政府力量的代名词。习近平总书记关于"'看不见的手'和'看得见的手'都要用好"的重要论述，是对正确处理政府和市场关系的科学阐释，准确把握其内涵，对全面深化改革、推动社会主义市场经济健康有序发展具有重大意义。

早在浙江工作时，习近平同志在《之江新语》中，就曾对用好"两只手"作过精辟阐述。他说，"在经济社会协调上，市场这只手更多地调节经济，政府这只手则强化社会管理和公共服务的职能。在经济运行上，市场这只手调节微观领域的经济活动，政府这只手用来制定游戏规则、进行宏观调控；在公平和效率上，市场这只手激活效率，政府这只手则更多的关注公平；在城乡发展上，城市的发展更多地依靠市场这只手的作用，农村的发展则由政府这只手承担更多的职能"。由此可见，政府和市场的作用不是对立的，而是相辅相成、互相促进的。要用好"两只手"，一定要讲辩证法、两点论，使二者有机统一、优势互补、相互协调、协同发力。

更好发挥市场配置资源的"决定性作用"，是指要更好发挥市场在社会生产领域的资源配置中的主体地位，更加尊重市场对于生产、流通、消费等各环节拥有的直接决定权。事实上，通过价格机制、供求机制、竞争机制以及风险机制，市场以利润为导向引导生产要素流动，以竞争为手段决定商品价格，以价格为杠杆调节供求关系。这就是市场在配置资源中"决定性作用"的具体体现。伴随着市场化改革的不断推进，我国的经济运行越来越遵循价值规律的要求、适应供求关系的变化，促进了竞争、优化了资源配置，在很大程度上促进了社会经济的增长，实现了从贫困到总体小康社会的历史性跨越，提升了中国的国际影响力。发挥好市场配置资源的决定性作用，关键是政府不能"越位""错位"和"缺位"。这就要求我们必须进一步厘清政府与市场的边界，将市场应该发挥作用的领域交给市场，减少政府对微观市场主体和经济活动的干预，用政府权力的"减法"换取市场活力的"加法"；必须进一步推动要素价格的市场化，进一步释放市场活力，优化要素市场的资源配置；必须进一步推动建立公平、公正的市场运行规范体系，将市场运行纳入法治轨道，用法制的力量来规范市场运行，使市场更好地发挥资源配置的决定性作用。

更好发挥政府作用，关键是政府要坚持有所为、有所不为，着力提高宏观调控和科学管理水平。必须看到，市场的"决定性作用"不等于"全部作用"，因为市场在配置资源方面有着其固有的缺陷，因此在强调市场的决定性作用的同时，还必须强调优化政府职能、更好发挥政府作用。正如习近平总书记指出："更好发挥政府作用，不是要更多发挥政府作用，而是要在保证市场发挥决定性作用的前提下，管好那些市场管不了或管不好的事情。"有一则"平生无襦今五绔"的历史典故，很能说明这个问题。这个故事发生在东汉时期。当时成都地区的手工业特别是蜀锦非常发达，但由于一座座房屋紧挨着，一旦失火，容易蔓延。政府为了防止失火，禁止老百姓晚上点灯，造成老百姓晚上无法纺织生产，严重影响了收入，致使生活过得很困难，有的连短衣都没有一件。廉范担任太守后，经过一番思考，废除了这项法令，前提是让家家户户都储存足量的水用以救火，这样一来，火灾隐患被遏制了，老百姓的生产生活也方便了，经济也更加繁荣了，就连原来没有短衣的人如今都有了五条裤子。这个典故告诉我们，政府在社会管理和经济发展中只有简政放权、放管结合，不断完善政策措施，才能为经济社会健康发展创造良好环境，最大限度地增强社会发展活力。

没有全民健康，就没有全面小康

没有全民健康，就没有全面小康。医疗卫生服务直接关系人民身体健康。要推动医疗卫生工作重心下移、医疗卫生资源下沉，推动城乡基本公共服务均等化，为群众提供安全有效方便价廉的公共卫生和基本医疗服务，真正解决好基层群众看病难、看病贵问题。

——2014 年 12 月 13 日，习近平在江苏镇江市丹徒区世业镇卫生院调研考察时的讲话健康，是人类生存和发展的基础，是千金难买的财富，是促进人的全面发展的必然要求；健康长寿，是人类共同的美好愿望，是人类生命质量提高的终极目标之一，是国家富强和人民幸福的重要标志。小康不小康，首先看健康。"没有全民健康，就没有全面小康。"习近平总书记这番通俗的话语，生动阐述了全民健康对全面建成小康社会的重要性，凸显了总书记对维护国民健康、推进健康中国建设的高度重视。

个人健康是立身之基，全民健康是立国之要。对于一个人，健康是享受幸福生活的前提；对于一个国家，健康是开创美好未来的基础；对于一个民族，健康是屹立于世界民族之林的根基。党的十八届五中全会提出，要"推进健康中国建设"，将"健康中国"建设上升为国家战略。2016 年 8 月，中共中央政治局审议通过了《"健康中国 2030"规划纲要》，强调把人民健康放在优先发展的战略地位，并从普及健康生活、加强健康教育、塑造自主自律的健康行为、提高全民身体素质、优化健康服务、强化覆盖全面的公共卫生服务、提供优质高效的医疗服务、发挥中医药独特优势、健全医疗保障体系、完善药品供应保障体系、深入开展爱国卫生运动、保障食品药品安全等各方面，对推进健康中国建设作出总体部署、提出具体要求。我们要认真贯彻党中央、国务院决策部署，坚持以人民为中心的发展思想，以体制机制创新为动力，以普及健康生活、优化健康服务、完善健康保障、建设健康环境、发展健康产业为重点，加快转变健康领域发展方式，全方位、全周期保障人民健康，为实现全面建成小康社会、实现中华民族伟大复兴中国梦打下坚实的健康基础。

加快推进健康中国建设，要坚持中国特色卫生和健康发展道路。要深入学习贯彻习近平总书记在全国卫生与健康大会上的重要讲话精神，全面落实"以基层为重点，以改革创新为动力，预防为主，中西医并重，把健康融入所有政策，人民共建共享"的卫生与健康工作方针，把工作重点放在基层、放到农村，推动医疗卫生工作重心下移，医疗卫生资源下沉，为群众提供安全有效方便廉价的公共卫生和基本医疗服务。要特别重视妇幼、老年人、残疾人、流动人口、低收入人群等重点群体的健康问题，倡导健康文明的生活方式，关注生命全周期、健康全过程，落实预防为主，强化早诊断、早治疗、早康复，真正使健康政策融入全局、健康服务贯穿全程、健康福祉惠及全民。

加快推进健康中国建设，不仅要依靠医疗卫生服务的"小处方"，更要依靠社会整体联动的"大处方"。要坚持"共建共享、全民健康"的战略主题，动员全社广泛参与，强化跨部门协同协作，深化军民融合发展，调动社会力量的积极性和创造性，加强生活环境治理，保障食品药品安全，预防和减少伤害，有效控制影响健康的生态和社会环境危险因素，形成多层次、多元化的社会共治格局。要坚持基本医疗卫生事业的公益性，不断完善制度、扩展服务、提高质量，让广大人民群众享有公平可及、系统连续的预防、治疗、康复、健康促进等健康服务。要强化组织实施，加大政府投入，深化健康体制机制改革，加快健康人力资源建设，推动健康科学技术创新，建设健康信息化服务体系，加强健康法治建设，扩大健康国际交流合作，全面提高人民健康水平。

不要狗熊掰棒子，眼大肚子小

民生工作面广量大，具有稳定性、连续性、累积性等特点。要有坚持不懈的韧劲，一件接着一件办，不要贪多嚼不烂，不要狗熊掰棒子，眼大肚子小。

——2015 年 3 月 9 日，习近平在参加十二届全国人大三次会议吉林代表团审议时的讲话

"狗熊掰棒子"是一则寓言故事，说的是狗熊钻进一片玉米地，看到好多好大的玉米棒子，很兴奋，于是就开始掰，掰下一个棒子后就夹在腋下，然后再掰再夹，可掰一个夹一个丢一个，最后回到家里一看，就只剩下一个。"眼大肚子小"说的是一个人看到什么东西都想吃，但肚子受不了，根本吃不了那么多，用来比喻人的欲望无限，但人的需要却有限，超出了自己的需要，再多东西都是无益。"狗熊掰棒子，眼大肚子小"这个俚语，生动、形象地描绘了那种形而上学、机械应付、眼高手低的执政态度和执政方式。习近平总书记用这种人人都能听懂、十分接地气的语言来阐明自己的"民生观"，体现了总书记浓厚的民生情结和民本情怀，表明了总书记对待民生工作的一贯主张和要求，是做好民生工作的重要指南。

要持之以恒抓民生。马斯洛认为，人类的需求是有层次的，低层次的需求满足后，高层次的需求就会产生。人民群众对美好生活的向往和期待，是抓好民生工作的根本目标。保障和改善民生永远在路上，没有完成时、只有进行时。这就要求各级各部门要有长期抓、坚持做的决心和作为，以坚持不懈的韧劲，用更大的勇气、更坚的决心、更强的魄力，加强和改进"离老百姓最近，同老百姓生活最密切"的各项工作，让老百姓过上更有保障、更有尊严的幸福生活。

要久久为功抓民生。"古之立大事者，不唯有超世之才，亦必有坚韧不拔之志。"保障和改善民生的各项任务，都是艰巨的工作，绝不是一锤、两锤、三锤就能解决的，必须发扬"钉钉子"精神，持续用力、毫不松懈，攻坚克难、狠抓落实，善始善终、善做善成，而绝不能虎头蛇尾。要深入领会、坚决贯彻总书记的谆谆告诫："民生工作面广、量大、头绪多，一定要注重稳定性、连续性、累积性，一件事情接着一件事情办，一年接着一年干，一任接着一任做。"

要一诺千金抓民生。民生工作事关老百姓的切身利益，关乎社会的和谐稳定，是我们一切事业的出发点和立足点，必须不折不扣地抓到底、抓到位。保障和改善民生不能空喊口号。各级领导干部要坚持一切从实际出发，深入基层、深入群众，真正摸清楚人民群众的所急所需所求，使作出的决策符合客观实际、符合人民意愿；对作出的决策、许下的诺言，要一言既出、驷马难追，做到一诺千金，不打折扣、不放空炮；要始终心系百姓，言行一致、表里如一，以苦干实干取信于民，赢得群众的认可和点赞。

要量力而为抓民生。民生工作千头万绪，必须坚持具体问题具体分析，绝不能照搬照抄。从一些西方国家的教训来看，盲目追求超越实际的福利制度，往往带来严重的社会负担，会"欲速则不达"。各级领导干部要发扬实事求是精神、求真务实作风，坚持讲究方法、把握策略，坚持用更大气力、尽最大努力，多谋民生之利，多解民生之忧，同时又不超越可能、不超越生产发展水平，不人为吊高群众胃口搞"一锤子买卖"式的竭泽而渔，做到"看菜吃饭"、循序渐进，真正既尽力而为又量力而行。

绿水青山就是金山银山

我们既要绿水青山，也要金山银山。宁要绿水青山，不要金山银山，而且绿水青山就是金山银山。

——2013 年 9 月 7 日，习近平在哈萨克斯坦纳扎尔巴耶夫大学发表演讲时指出

"绿水青山"指的是良好的生态环境；"金山银山"则指的是生产力和社会财富。把生态环境纳入生产力范畴，破解了发展过程中如何处理好保护生态环境与发展生产力的关系这一难题。习近平总书记关于"绿水青山就是金山银山"的论断，既简洁明了，又蕴含深刻的哲理。这句话生动形象地表达了党和政府大力推进生态文明建设的鲜明态度和坚定决心，也进一步阐明了保护生态环境就是保护生产力、改善生态环境就是发展生产力的理念。

"绿水青山就是金山银山"的科学论断，是对环境问题进行反思而做出的理智选择，也是正确处理人与自然、经济发展与环境保护的首选之策。一直以来，人口多、底子薄、发展不平衡是我国的基本国情。现在我们看到，能源资源相对不足、生态环境承载能力不强也已成为我国的基本国情。俗话说"靠山吃山、靠水吃水"，但如果一味竭泽而渔，只顾眼前、不谋长远，透支资源、挑战环境承受力，势必会自食苦果，同时，这也是对子孙后代的不负责任。中外发展的实践表明，经济发展决不能走先污染后治理的路子，决不能以牺牲环境为代价换取经济的一时繁荣，而必须坚持走绿色发展之路，必须坚持在发展中保护，在保护中发展，必须做到像习近平总书记所强调的那样："以对人民群众、对子孙后代高度负责的态度和责任，真正下决心把环境污染治理好、把生态环境建设好，努力走向社会主义生态文明新时代，为人民创造良好生产生活环境。"

改革开放以来，我们在长期的发展实践中，对"绿水青山"和"金山银山"这"两座山"关系的认知，大致经历了三个阶段。第一个阶段是用绿水青山去换金山银山。为了追求经济利益、经济发展，不考虑或者很少考虑环境的承载能力，一味破坏环境、索取资源。第二个阶段是既要金山银山，也要保住绿水青山。这个时期经济发展和资源匮乏、环境恶化之间的矛盾凸显，人们意识到环境是生存发展的根本，只有"留得青山在"，才能"不怕没柴烧"。第三个阶段是绿水青山就是金山银山，绿水青山可以源源不断地带来财富，生态优势可以变成经济优势、发展优势，这是一种很高的境界。2005 年 8 月，时任浙江省委书记的习近平提出"绿水青山就是金山银山"

论断后，浙江广大干部群众把美丽浙江作为可持续发展的最大本钱，护美绿水青山、做大金山银山，正确处理发展经济和保护生态之间的辩证关系，为这种发展境界作出了很好的诠释。总起来看，人民对"两座山"认知的三个阶段，是经济增长方式转变的过程，是发展观念不断进步的过程，也是人和自然关系不断调整、趋向和谐的过程。

生态文明建设事关经济社会发展全局和人民群众切身利益，是实现可持续发展的重要基石。党的十八大以来，我们坚持"绿水青山就是金山银山"的绿色发展理念，在推进生态文明建设上取得了重大进展和积极成效。但总体上看，我国的生态文明建设水平仍滞后于经济社会发展，环境恶化趋势尚未得到根本扭转。我们要坚持以"五大发展理念"为指引，以保护"绿水青山"为基点实现经济发展方式转型升级，加快建设资源节约型、环境友好型社会；以生态文明为目标推进科技创新和制度创新，推广低碳经济、绿色经济、循环经济；以优化生态布局为保障推进新型城镇化建设，提高城乡居民生活质量；以传播绿色发展理念为突破口，教育引导广大人民群众形成与绿色发展相适应的思维方式和生活方式，提高人民的生态文明素质。总之，只要我们认真践行"绿水青山就是金山银山"的理念，更加自觉地把生态文明建设放在现代化建设全局的突出位置，进一步树立生态观念、完善生态制度、维护生态安全、优化生态环境，就一定能更好地实现人民富裕、国家富强、中国美丽的目标，谱写好实现中华人民伟大复兴中国梦的绿色篇章。

像保护大熊猫一样保护耕地

耕地是我国最为宝贵的资源。我国人多地少的基本国情，决定了我们必须把关系十几亿人吃饭大事的耕地保护好，绝不能有闪失。要实行最严格的耕地保护制度，依法依规做好耕地占补平衡，规范有序推进农村土地流转，像保护大熊猫一样保护耕地。

——2015 年 5 月 26 日，习近平就做好耕地保护和农村土地流转工作作出的指示对中国这样一个拥有 13 亿多人口的大国来说，粮食安全始终是治国理政的头等大事。粮食生产离不开耕地这张"温床"，耕地是国家粮食安全的根本保证，是农业发展和农业现代化的根基和命脉，是极为重要的生产、生活和生态空间。习近平总书记关于"像保护大熊猫一样保护耕地"的重要论述，指出了耕地资源如同"国宝"一样宝贵，体现了居安思危、未雨绸缪的忧患意识，也彰显了党和国家保护耕地的决心和信心。

粮食需求量大，人均耕地占有量少，是我国的现实国情。一个已成常识的数据是：我国有约占全球 20% 的人口，而只有约占 7% 的耕地面积。截至 2015 年年底，我国实有耕地面积 20.26 亿亩，其中含有难以稳定利用的耕地和根据国家政策需要逐步调整退耕的耕地，而适宜稳定利用的耕地保有量仅有 18.65 亿亩，人均土地面积约 1.35 亩，不足世界平均水平的 40%。与此同时，由于我国城市化、工业化进程仍在加快推进，占用耕地速度仍在加快，中国的耕地现状令人担忧。

耕地作为我国最宝贵资源的战略定位，决定了我们在严守耕地红线的问题上绝不能有任何闪失，绝不能犯颠覆性错误。近些年来，我们在耕地保护上采取许多有力措施，取得的成效是明显的。但也存在不少问题：一是重视不够，传统的用地观念和土地利用方式尚未根本改变，一些地方盲目扩大建设规模，占用大量耕地，违法用地行为时有发生。二是耕地污染严重，固体废弃物、化肥、农药、工业废水等向土地表面堆放和倾倒现象频发，造成耕地污染严重。三是土地"撂荒"现象突出，由于农业产出比较效益低，农民对发展农业生产兴致不高，影响了农业稳定和粮食安全。

古人云，"近山不可枉烧柴，近河不可枉用水。"对中国这样一个人口众多、耕地资源有限的国家而言，不应该、也绝不允许大手大脚浪费宝贵的土地资源。耕地保护工作箭在弦上，势在必行，必须综合施策：一是思想认识上要高度重视。各地各部门要清醒地认识到耕地保护任务的艰巨性、复杂性和长期性，牢固树立保护耕地意识，用科学发展观和正确的政绩观指导土地管理实践，切实担负起保护耕地的责任。二是要落实最严格的耕地保护制度。加强规划管控和用途管制,坚守耕地保护数量红线与质量红线。推进节约集约用地,努力减少新增建设用地占用耕地。严格落实占补平衡,确保补充耕地数量质量"双到位",坚决杜绝占多补少、占优补劣、占水田补旱地。推进土地整治,强化耕地建设性保护。加快划定永久基本农田,做到永久保护永续利用。探索适宜的规模经营,通过发展农户间的联合与合作以及农业社会化服务来提高组织化和规模化水平。三是要切实解决耕地"撂荒"问题。加快土地流转,发展集约化和规模化经营。种粮补贴应向种粮大户倾斜。做好土地流转和惠农政策宣传工作,激发和保护农民种粮的积极性。强化监督、检查、督导工作,有效防止耕地闲置和浪费现象发生。总之,我们必须像"保护大熊猫一样保护耕地",努力使宝贵的耕地资源成为中国永续发展的不竭保障。

全面小康一个也不能少

基本公共服务要更多向农村倾斜，向老少边穷地区倾斜；全面小康一个也不能少，哪个少数民族也不能少，大家要过上全面小康的生活。

——2015 年 7 月 16 日，习近平在
吉林考察调研时的讲话

《诗经》云，"民亦劳止，汔可小康"。"小康"，是中国老百姓对安定幸福生活的恒久守望，是穿越无数苦难与辉煌岁月的执着梦想。到 2020 年全面建成小康社会，是我们党向全国各族人民作出的庄严承诺。对这个庄严承诺，习近平总书记高度重视，多次强调要聚全国之力如期实现这一目标，为实现中华民族伟大复兴中国梦奠定重要基础、走好关键一步，明确指出"全面小康一个也不能少"，努力实现全体人民共同迈入全面小康社会。

"全面小康一个也不能少"，是对共同富裕思想的创新发展。共同富裕是社会主义的本质特征。邓小平同志曾经指出，"社会主义最大的优越性就是共同富裕，这是体现社会主义本质的一个东西"。社会主义社会作为人类发展史上的全新阶段，其本质和根本任务就是要解放和发展生产力，改善人民群众的生活，走国家繁荣富强、人民共同富裕的道路。社会主义与资本主义的本质区别就在于，既要发展比资本主义更高的生产力，又要消除两极分化、最终达到共同富裕。习近平总书记指出，"消除贫困、改善民生、实现共同富裕，是社会主义的本质要求，是我们党的重要使命"，并明确提出"全面小康一个都不能少"，这些论述把共同富裕思想推进到一个崭新阶段，为全面小康设计了具体化指标，是对共同富裕思想的深化和升华。

"全面小康一个也不能少"，意味着全面小康路上，任何一个区域、任何一个民族都不能落下。"全面"既体现在地域上，也体现在民族上。我们孜孜追求的小康社会，是不分地域的全面小康，是不让任何一个民族落单的全面小康。受制于区位条件、自然环境、发展基础、群众素质等因素，一些革命老区，一些少数民族聚居区，一些边远地区，尤其是西部一些山区，在经济社会发展上暂时落后了，可以说这些老少边穷地区是全面建成小康的薄弱环节、最短的板块。对此，我们必须保持清醒认识，切实加大统筹城乡发展、统筹区域发展的力度，把资金、资源向落后地区倾斜，推进城乡发展一体化，缩小区域发展差距。只有把落后地区的经济社会发展搞上去，把贫困地区群众收入水平、基础设施通达水平、基本公共服务均等化水平、人民生活水平提高了，才能实现全面小康。

　　"全面小康一个也不能少"，意味着全面小康路上，任何一个家庭、任何一个人都不能掉队。一个也不能少，包括中国当代社会的全体人民。不仅没有剩余部分，而且特别要对弱势群体给予格外关注、格外关爱，走包容式发展道路。习近平总书记指出："没有全民小康，就没有全面小康。"不能到 2020 年我们一边向全世界宣布全面建成了小康社会，另一边却还有几千万人口生活在贫困线以下，这不仅会影响人民群众对全面建成小康社会的满意度，而且也影响国际社会对我国全面建成小康社会的认可度。这就要求我们，必须持续加大保障和改善民生力度，尤其要大力实施精准扶贫、精准脱贫，做到扶贫对象精准、项目安排精准、资金使用精准、措施到户精准、因村派人精准、脱贫成效精准，确保到 2020 年我国贫困人口全体脱贫。

任何时候都不能忽视农业、忘记农民、淡漠农村

　　任何时候都不能忽视农业、忘记农民、淡漠农村。必须始终坚持强农惠农富农政策不减弱、推进农村全面小康不松劲，在认识的高度、重视的程度、投入的力度上保持好势头。

　　　　　　　　　　——2015 年 7 月 18 日，习近平在
　　　　　　　　　　吉林调研考察时的讲话

"任何时候都不能忽视农业、忘记农民、淡漠农村。"这句话既是习近平总书记对全党做好"三农"工作的一贯要求，也是他对农业、农民、农村深厚感情的真实吐露。正是基于对"三农"工作极端重要性的高度认识，正是基于对农民朴素、真挚、深厚的感情，使习近平总书记不管在什么时候、什么岗位，都始终关心和重视"三农"工作。

党的十八大以来，围绕"三农"问题，习近平总书记发表了一系列重要讲话。2012年年底，他在河北阜平县看望困难群众时指出，"全面建成小康社会最艰巨、最繁重的任务在农村，没有农村的小康，特别是没有贫困地区的小康，就没有全面建成小康社会"。2013年4月在海南考察时强调，"小康不小康，关键看老乡"。7月在湖北调研时指出，"农村绝不能成为荒芜的农村、留守的农村、记忆中的故园"。在这年12月召开的中央农村工作会议上他进一步强调，"中国要强，农业必须强；中国要美，农村必须美；中国要富，农民必须富"。2014年11月在福建调研时再次强调，"全面建成小康社会，不能丢了农村这一头"。12月在江苏调研时又指出，"没有农业现代化，没有农村繁荣富强，没有农民安居乐业，国家现代化是不完整、不全面、不牢固的"。2015年1月在云南调研扶贫工作时指出，"扶贫工作是2020年全面建成小康的重点，也是最艰巨的一项任务，不能光喊口号，更不能搞形式主义，一定要真抓实干"。这年6月在贵州考察时强调，"党中央制定的政策好不好，要看乡亲们是哭还是笑"。这些重要论述，通俗易懂、简单明了、直白质朴，入耳入脑入心，为全党正确认识和做好新形势下的"三农"工作进一步指明了方向、提供了遵循。

近年来，我们党不断加大强农惠农富农政策力度，着力推进农业供给侧结构性改革，着力增强农业发展新动能，全面深化农村改革，农业基础地位得到显著加强，农村社会事业得到明显改善，农业现代化和农民生活水平不断得以提升。但必须清醒看到，当前我国经济发展进入新常态，农业发展的外部环境条件和内在动因正在发生深刻变化，既存在不少有利条件，又面临诸多困难挑战。"十三五"时期，是我国全面建成小康社会的决胜阶段，是打赢脱贫攻坚战的冲刺阶段，"三农"工作肩负的使命光荣、责任重大。

因此，全党上下必须牢牢记住习近平总书记的嘱咐，坚持把解决"三农"问题作为工作重中之重，坚决做到：第一，始终不忽视农业，坚持把现代农业建设作为保持经济社会持续健康发展的重要任务，"让农业成为有奔头的产业"，切实保障国家粮食安全和重要农产品有效供给，不断提高农业的质量、效益、竞争力和可持续发展能力。第二，始终不忘记农民，坚持把农民就业增收和脱贫致富作为全面建成小康社会的重要任务，"让农民成为体面的职业"，把农民的钱袋子有没有鼓起来作为检验农村工作成效的一个重要标尺。第三，始终不淡漠农村，坚持把社会主义新农村建设作为推进城乡发展一体化的重要任务，"让农村成为安居乐业的美丽家园"，以城镇化带动新农村建设，促进城镇化和新农村建设协调发展、双轮驱动。只有这样，才能补长农业的短板、成就农民的体面、绘就农村的美丽，才能使农业更强、农民更富、农村更美，7亿农民的梦想才能真正变为现实，并在希望的田野上不断成长。

重农固本，是安民之基

重农固本，是安民之基。"十三五"时期，必须坚持把解决好"三农"问题作为全党工作重中之重，牢固树立和切实贯彻创新、协调、绿色、开放、共享的发展理念，加大强农惠农富农力度，深入推进农村各项改革，破解"三农"难题、增强创新动力、厚植发展优势，积极推进农业现代化，扎实做好脱贫开发工作，提高社会主义新农村建设水平，让农业农村成为可以大有作为的广阔天地。

——2015 年 12 月 24 日，习近平对做好
"三农"工作作出的重要指示

古人云："农，天下之大业也。""农为四民之本，食居八政之先"。无农不稳，无粮则乱。古今中外，无数民变战乱、朝代更替，多是从农村开始、以饥荒为导火索、因饥寒交迫而引发。历史一再证明，重农固本，乃国之大纲、安民之基。农业稳，天下安；农业兴，国家盛。"三农"，无论过去、现在还是将来，都是国民经济的基础，是全局稳定的"定海神针"。

我们党一直把"三农"工作作为治国理政的重中之重。改革开放以来，我国农业农村发展成果丰硕，农业现代化和社会主义新农村建设取得重大进展。从 21 世纪初，粮食连续十几年增产，农业生产能力和水平有了很大提高，摆脱了"两丰一平一歉"的周期；农民收入实现新突破，自 2010 年开始，农民收入增速连续 6 年超过城镇居民，扭转了城乡居民收入差距扩大的态势；农村社会面貌呈现新气象，农村教育、文化、卫生等社会事业加快发展，社会保障水平不断提高，以农村人居环境综合整治为重点的美丽乡村建设全面展开，农村生产生活条件明显改善，为农民群众带来了实实在在的利益。农业农村发展取得的重大成绩，为实现人民生活从温饱不足到总体小康的历史性跨越、推进社会主义现代化作出了重大贡献，为战胜各种困难和风险、保持社会大局稳定奠定了坚实基础。

与此同时，我们也要清醒地看到，农业还是"四化同步"的短腿，农村还是全面建成小康社会的短板，农民还是最大的低收入群体。庞大的农村人口、弱势的农业产业、严峻的粮食安全和食品安全形势、滞后的农村公共服务、较低水平的城镇化、几千万贫困人口主要在农村等，使当前农业农村发展还面临诸多难题和挑战。再具体一点说，农业结构性矛盾比较突出，农产品供不应求和积压滞销现象同时存在，提高农业效益、稳定粮食生产的难度在加大；国内外农产品价差扩大，去库存、化风险的难度在加大；资源环境约束增强，确保重要农产品有效供给、实现绿色发展和资源永续利用的难度在加大；农产品市场、农民务工环境趋紧，促进农民收入较快增长、缩小城乡差距的难度在加大。这些情况，已成为制约和影响农业发展、农民增收、农村稳定的突出问题。

　　"十三五"时期，是全面建成小康社会的决胜阶段，是打赢脱贫攻坚战的冲刺阶段。全面建成小康社会短板的大头、重头都在"三农"，农业农村发展的成效，直接关系到全面小康的成色。要如期实现全面建成小康社会，首先就要补长"三农"这个短板。因此，我们要牢记习近平总书记的告诫："重农固本，是安民之基"，任何时候都不能忽视和放松"三农"工作。要从战略和全局出发，充分认识做好新形势下"三农"工作的重大意义，坚持把解决"三农"问题作为全党工作的重中之重，加大强农惠农富农力度，深入推进农村各项改革，积极推进农业现代化；切实解决当前农业面临的供给侧结构方面的矛盾和难题，不断提高农业供给体系的质量和效率，使农产品供给数量充足、品种和质量契合消费者需要；扎实推进扶贫开发工作，大力实施精准扶贫、精准脱贫，坚决打赢脱贫攻坚战；继续按照生产发展、生活宽裕、乡风文明、村容整洁、管理民主的要求，进一步提高社会主义新农村建设水平。总之，要通过一系列政策和举措，努力使农村成为引人入胜的天地、农业成为令人向往的产业、农民成为令人羡慕的职业，真正把农业这个"四民之本"和"安民之基"进一步筑牢、夯实。

新发展理念就是"指挥棒""红绿灯"

新发展理念就是"指挥棒""红绿灯"。全党要把思想和行动统一到新发展理念上来，努力提高统筹贯彻新发展理念的能力和水平，对不适应、不适合甚至违背新发展理念的认识要立即调整，对不适应、不适合甚至违背新发展理念的行为要坚决纠正，对不适应、不适合甚至违背新发展理念的做法要彻底摒弃。

——2016年1月29日，习近平在主持中央政治局第三十次集体学习时的讲话发展理念是发展行动的先导。发展理念管全局、管根本、管方向、管长远，是战略性、纲领性、引领性的东西，直接关乎发展成效乃至成败。正因为如此，习近平总书记提出，"新发展理念就是'指挥棒''红绿灯'。"这一科学论断，深刻揭示了创新、协调、绿色、开放、共享五大新发展理念，是影响我国发展全局的一场重大变革，是实现更高质量、更有效率、更加公平、更可持续发展的必由之路。

进入新的历史时期，我国经济发展进入新常态，经济社会发展的环境、条件、任务、要求都发生了新的深刻变化。认识新常态、适应新常态、引领新常态，保持经济社会持续健康发展，必须有新理念、新思路、新举措。党的十八届五中全会确定的创新、协调、绿色、开放、共享新发展理念，体现了以习近平同志为核心的党中央治国理政的意志和智慧，蕴含了古今中外治国理政的经验和精髓，是顺应时代潮流、把握发展机遇、厚植发展优势的战略选择，是我国经济社会发展必须长期坚持的重要遵循。这五大发展理念是不可分割的整体，相互联系、相互贯通、相互促进，必须一体坚持、一体贯彻，不可相互替代、顾此失彼。

要把新发展理念这根"指挥棒"高高地举起来。新发展理念是"以大势为导向"的认识论。它立足总结国内外发展的经验教训、分析国内外发展大势、把握和利用好我国发展的战略机遇期，着眼于由追求增长速度转变为提高质量和效益、由更多依靠要素驱动转变为更多依靠创新驱动，是针对我国经济发展进入新常态、世界经济复苏低迷形势提出的治本之策，是在发展理论和发展实践上的重大突破，是在发展目标指向和价值理念上的重大变革。因此，新发展理念是当前和今后一个时期领航中国发展的"指挥棒"，是统领我国经济社会发展的总纲领和大逻辑，是我国经济社会发展必须长期高举的一面发展大旗。

要把新发展理念这盏"红绿灯"真正地亮起来。新发展理念又是"以问题为导向"的方法论。针对我国发展面临的突出问题和挑战，比如，如何转换发展动力问题，如何化解发展矛盾问题，如何保护发展环境问题，如何拓展发展格局问题，如何分好发展成果问题，等等，新发展理念突出了科学的战略指引，提供了崭新的边界线、"红绿灯"。这其中，创新发展注重的是解决发展的动力问题，协调发展注重的是解决发展的不平衡问题，绿色发展注重的是解决人和自然和谐问题，开放发展注重的是解决发展内外联动问题，共享发展注重的是解决社会公平正义问题。这就要求我们在工作中进一步增强问题意识、树立底线思维，积极主动、未雨绸缪，切实解决各种矛盾和问题，防范各类风险和挑战。

落实新发展理念最根本的是要坚持以人民为中心的发展思想。以人民为中心的发展思想，彰显了人民至上的价值取向，确立了新发展理念必须坚持的基本原则，是衡量这根"指挥棒"灵不灵、这盏"红绿灯"亮不亮的重要标准。践行以人民为中心的发展思想，就要在发展中始终坚持人民是推动发展的根本力量的唯物史观，始终坚持全心全意为人民服务的根本宗旨；就要坚持人民群众的主体地位，充分尊重人民群众所表达的意愿、所创造的经验、所拥有的权利、所发挥的作用；就要把增进人民福祉、促进人的全面发展作为发展的目的和归宿，做到发展为了人民、发展依靠人民、发展成果由全体人民共享。

生态环境没有替代品，用之不觉，失之难存

生态环境没有替代品，用之不觉，失之难存。要树立大局观、长远观、整体观，坚持节约资源和保护环境的基本国策，像保护眼睛一样保护生态环境，像对待生命一样对待生态环境，推动形成绿色发展方式和生活方式，协同推进人民富裕、国家强盛、中国美丽。

——2016 年 1 月 18 日，习近平在省部级主要领导干部学习贯彻十八届五中全会精神专题研讨班上的讲话

自然环境是人类生存之本、发展之基。人因自然而生，与自然相互依存、共生依赖。大自然本无意识，它的变化和反应更多由人类行为激起。如果人类与它和谐相处、善待它，它就会为人类提供源源不断的阳光、空气、水、食物；如果人类在开发利用时，不考虑它的"感受"、虐待它，就会遭到它"无意识"的无情报复。

以史为鉴，可以知兴替。往远一点说，一百多年来西方工业化进程走过的"弯路"前车不远；往近一点看，近40年来我国为粗放发展付出的资源环境代价历历在目。事实告诉我们：人类对于自然资源必须取之有度、用之有度，人类发展活动必须尊重自然、顺应自然、保护自然。正如恩格斯所指出的："我们不要过分陶醉于我们人类对自然界的胜利。对于每一次这样的胜利，自然界都对我们进行报复。"这是客观规律，谁也无法抗拒。

小康全面不全面，生态环境很关键。改革开放以来，我国经济实力和综合国力显著增强，成为世界第二大经济体，取得了举世瞩目的伟大成就。但是，发展不平衡、不协调、不可持续问题仍然突出。特别是我国资源约束趋紧、环境污染严重、生态系统退化的问题十分严峻，资源环境承载力逼近极限，高投入、高消耗、高污染的传统发展方式已不可持续。粗放型发展方式不但使我国能源、资源不堪重负，而且造成较大范围雾霾、水体污染、土壤重金属超标等突出环境问题。人民群众过去"盼温饱"、现在"盼环保"，过去"求生存"、现在"求生态"。人民群众对美好生活的向往就是我们的奋斗目标。我们必须坚定不移坚持节约资源和保护环境的基本国策，坚决摒弃损害甚至破坏生态环境的发展模式和做法，坚持既要金山银山更要绿水青山，努力让人民群众喝上干净的水、呼吸上新鲜的空气、吃上放心的食物、生活在更加宜居的环境中，让中华大地天更蓝、山更绿、水更清、生态更美，使全面小康插上生态绿色的翅膀。

生态兴则文明兴，生态衰则文明衰。走向生态文明新时代、建设美丽中国，是实现中华民族伟大复兴中国梦的重要内容。继党的十八大将生态文明上升到"五位一体"总布局后，党的十八届五中全会又把绿色发展作为

"十三五"乃至今后更长时期必须坚持的"五大发展理念"之一突出加以强调，充分体现了我们党对中国特色社会主义事业"五位一体"总布局的深刻把握，体现了我们党对科技革命和产业变革发展大势和客观规律的科学把握，体现了我们党对人民福祉、民族未来的责任担当。"草木植成，国之富也。"我们要牢固树立生态文明理念，树立保护生态环境就是保护生产力、改善生态环境就是发展生产力的理念，着力推进绿色发展、循环发展、低碳发展，倡导与我国国情相适应的绿色生活方式和消费模式，坚持走生产发展、生活富裕、生态良好的文明发展道路。只有这样，才能形成人与自然和谐发展的现代化建设新格局，才能更好地推进中国梦的实现，促进中华民族永续发展、中华文明永放光芒。

5

全面深化改革
激发创新活力

改革开放是我们党的历史上一次伟大觉醒

改革开放是我们党的历史上一次伟大觉醒，正是这个伟大觉醒孕育了新时期从理论到实践的伟大创造。实践证明，改革开放是当代中国发展进步的活力之源，是我们党和人民大踏步赶上时代前进步伐的重要法宝，是坚持和发展中国特色社会主义的必由之路。

——2012 年 12 月 11 日，习近平在广东调研考察时的讲话改革开放是新的历史时期最鲜明的特色，是我们党的历史上一次伟大觉醒。正是这个伟大觉醒，发展了中国、发展了社会主义、发展了马克思主义，使中国人民的面貌、社会主义中国的面貌、中国共产党的面貌发生了历史性变化；正是这个伟大觉醒，才孕育和催生了新时期从理论到实践的一系列创新创造，才让中国人民空前之近地迎来了实现中华民族伟大复兴中国梦的曙光。

这个伟大觉醒，首先体现在思想理论上的觉醒。实践证明，改革开放是思想解放的产物、是理论觉醒的产品。从 20 世纪 70 年代末 80 年代初，开展真理标准问题的讨论，冲破"两个凡是"的禁区；到 20 世纪 80 年代中后期，开展生产力标准的讨论，破除对计划经济体制的迷信；到 20 世纪 90 年代初，学习邓小平南方讲话和党的十四大精神，消除姓"社"姓"资"的疑虑，建立社会主义市场经济体制；到 20 世纪末 21 世纪初学习贯彻党的十五大、十六大、十七大精神，消除姓"公"姓"私"的疑虑，推进国有大中型企业改革攻坚战并深化农村改革；到 2012 年 11 月以后学习贯彻党的十八大精神，统筹推进"五位一体"总体布局和协调推进"四个全面"战略布局，实施"一带一路"战略……一次次重大思想观点的突破，一个个重大战略思想的提出，体现着我们党思想理论上的创新，汇聚成邓小平理论、"三个代表"重要思想、科学发展观、习近平系列重要讲话精神和治国理政新理念新思想新战略等重大理论成果，形成了中国特色社会主义理论体系，开辟了马克思主义的新境界。可以说，思想理论上的觉醒，是我们党在改革开放中实现的最根本的觉醒；改革开放取得的重大成就，是思想理论觉醒结出的丰硕果实。

这个伟大觉醒，根本体现在旗帜道路上的觉醒。旗帜道路问题至关重要，关系党和国家兴衰存亡。在党和国家面临向何处去的历史关头，党的十一届三中全会作出了把党和国家工作重心转移到经济建设上来、实行改革开放的历史性决策。自那以后，改革开放从艰难起步到深入推进、从历史性突破到新的历史阶段，为现代化建设提供了强大动力；从农村到城市、从经济领域到其他各个领域，全面改革的进程势不可当；从沿海到沿江沿边，从东部到中西部，对外开放持续扩大深化。回望近四十年走过的历程，探析我国之所以发生历史性深刻变化的深层原因，可以清晰地看出，改革开放与中国特色社会主义密不可分，两者相伴相生、相融相进。中国特色社会主义之所以具有蓬勃的生命力，就在于它是实行改革开放的社会主义；改革开放之所以能够顺利推进，就在于它是坚持社会主义方向的改革开放。可以说，一部改革开放史，就是中国共产党人不断探索和成功开辟中国特色社会主义道路的历史。正是在旗帜道路上的伟大觉醒，使 13 亿中国人民大踏步地赶上了时代潮流，稳定走上了奔向富裕文明和谐安康的宽阔道路。

这个伟大觉醒，关键体现在政治路线上的觉醒。依据对国情、世情的正确判断，我们党逐步实现了从以阶级斗争为纲到以经济建设为中心的转变，从封闭半封闭到改革开放的转变，从计划经济体制到社会主义市场经济体制的转变。随着这些转变的深入推进，我们党形成了"一个中心、两个基本点"的基本路线，形成了社会主义现代化建设的总体布局。事实证明，党的基本路线是国家的生命线、人民的幸福线。它抓住了我们党治国理政所要解决的主要矛盾、根本问题和工作重点。以经济建设为中心是我们党全部工作的中心，是"主导"，能为实现人民幸福奠定物质基础；坚持四项基本原则和坚持改革开放是两个基本点，是"两个基石"，能为实现人民幸福提供政治保障和强大动力。始终抓住抓牢这"两个基石"，就可以避免在根本问题上出现颠覆性错误。所以，正如习近平总书记指出，毫不动摇地坚持党的基本路线，把以经济建设为中心同四项基本原则、改革开放这两个基本点统一于建设中国特色社会主义的伟大实践，这是改革开放以来"我们党最可宝贵的经验，是我们事业胜利前进最可靠的保证"。

既勇于冲破思想观念的障碍，
又勇于突破利益固化的藩篱

实践发展永无止境，解放思想永无止境，改革开放也永无止境，停顿和倒退没有出路。我们要坚持改革开放正确方向，敢于啃硬骨头，敢于涉险滩，既勇于冲破思想观念的障碍，又勇于突破利益固化的藩篱。

——2012 年 12 月 11 日，习近平在
广东调研考察时的讲话

改革开放是决定当代中国命运的关键一招，也是决定实现"两个一百年"奋斗目标、实现中华民族伟大复兴的关键一招。它是一场深刻的革命，不仅有思想观念上的碰撞，更涉及人们之间利益关系的调整。正因为这样，习近平总书记一再强调，新形势下推进改革开放，必须进一步砥砺勇气、坚定信心，"既勇于冲破思想观念的障碍，又勇于突破利益固化的藩篱"。

回顾过去 30 多年的历史，我们可以看出，改革开放的历程就是不断解放思想、更新观念的历程，就是不断冲破思想观念障碍的历程。改革开放之初,改革的障碍主要在思想观念上。当时有的人总是拿"斯大林模式""一大二公"、平均分配等作为社会主义标准，而把家庭联产承包责任制、办经济特区、搞商品经济等，当作是资本主义的东西，凡事都要先问一问姓"社"还是姓"资"。后来的事实证明，这些举措不仅能刺激经济快速发展、让广大人民群众富裕起来，而且能更好地发挥社会主义制度优越性、使社会主义中国经受住各种风浪考验。经过一轮轮的思想大解放，特别是 1992 年邓小平同志南方讲话后，"三个有利于"标准的提出，姓"社"姓"资"的思想束缚被打破，改革开放成为不可阻挡的历史潮流。

但是时至今日，仍有少数人对改革开放进行质疑。有的认为改革"改过了头""背离了社会主义方向"，不是中国特色社会主义，而是"中国特色资本主义"；有的认为改革已经"到位"，体制机制创新已经完成，不再需要"全面深化"了；有的认为对外开放已经完成了历史使命，再扩大开放我们国家就要"吃亏"，"开放的大门"可以收一收了。这些思想观念障碍，包括一些长期积淀的旧习惯、老框框，一些掣肘时代发展进步的成规惯例，一切因循守旧、故步自封的惯性思维，都是我们今天需要勇于冲破的。这就要求我们，必须进一步解放思想，以自我革新的勇气和胸怀，跳出条条框框限制，找准各种利益固化的症结所在，找准全面深化改革的突破口和着力点，拿出创造性的改革举措。

改革改到深处，实质就是利益关系的重塑、利益关系的调整。我国近四十多年的改革，带有一定的"普惠性"特点，但"普惠"不等于"均衡"，具体到每个地方、部门乃至个人，不均衡的利益分配机制加上长期制度安排的惯性，使其在成就伟大历史变迁的同时，也逐步出现了各类特殊的既得利益集团，形成了"利益固化的藩篱"。出现这样的结果，当然不是改革的"初心"，而恰恰是改革不深入、不系统、不到位的表现和产物，也正好说明我们需要全面深化改革，来突破利益固化的藩篱，实现改革发展成果的公平公正分享。

然而，"触动利益比触动灵魂还难"。一些利用市场经济还不完善、法制还不健全的漏洞而获得既得利益的群体，不希望调整利益关系，不希望别人动他的"奶酪"，因而已成为全面深化改革的现实障碍。要触动他们的利益，必然会遭到他们通过各种形式的软顶硬抗。这就需要改革者有壮士断腕、英雄刮骨的巨大勇气，有"敢与霸王争高下"的硬劲，以踏石留印、抓铁有痕的精神，既善于打硬仗，排除干扰、攻坚克难，确保改革方向不偏离，确保党中央明确的改革任务不落空，使各项改革能"落地生根"；又善于打巧仗，采取得当策略、合理战术，发挥四两拨千斤之效，尽可能化解阻力，减少对抗与社会震荡，以较小的代价换来较大的收益，使各项改革能实现预期目标。

改革开放只有进行时没有完成时

改革开放只有进行时没有完成时。没有改革开放，就没有中国的今天，也就没有中国的明天。改革开放中的矛盾只能用改革开放的办法来解决。

——2012 年 12 月 31 日，习近平在主持中央政治局第二次集体学习时的讲话历史、现实、未来是相通的。历史是过去的现实，现实是未来的历史。深刻理解历史，才能知晓过去成绩是如何取得的；深刻认识现实，才能把握未来发展的方向。一个国家的发展，只有从时代的坐标去认识，才能更加准确；一个社会的变革，只有从历史和现实的对比中去把握，才能更加清晰。回望来路，我们不难发现，改革开放是决定当代中国命运、创造"中国奇迹"的关键一招；审视现实和未来，我们也不难明白，全面深化改革是一场只有进行时、没有完成时的伟大事业。

自1978年党的十一届三中全会以来，我们党靠什么来振奋民心、统一思想、凝聚力量？靠什么来激发全体人民的创造活力？靠什么来实现经济社会的快速发展？靠的就是改革开放。党的十一届三中全会作出的改革开放历史性决策，开辟了社会主义事业发展的新时期，谱写了中华民族自强不息、顽强奋进的新的壮丽史诗。党的十八大以来，我国经济社会继续平稳健康发展，经济发展的协调性和可持续性日益增强，靠的是什么？我国基础设施和基础产业继续稳步发展，科教文卫等社会事业取得长足进展，靠的是什么？我国对外开放的广度和深度不断拓展，"一带一路"建设风生水起，靠的是什么？靠的是全面深化改革。历史雄辩地证明，实行改革开放30多年来，中国人民的面貌、社会主义中国的面貌、中国共产党的面貌之所以发生如此深刻的变化，中国之所以能在国际社会赢得举足轻重的地位，靠的就是坚持不懈推进改革开放。

面向未来，中国发展进步的潮流不可阻挡，但前进的道路不可能一帆风顺。随着实践的深入推进，改革开放已进入攻坚期和深水区，面临的困难和挑战前所未有。我国经济社会发展中不平衡、不协调、不可持续问题依然比较突出，城乡、区域、不同群体收入差距和发展水平差距依然较大，关系群众切身利益的问题和联系服务群众"最后一公里"方面存在的问题依然较多，一些领域出现道德失范、诚信缺失现象，一些领域消极腐败现象难以根绝，等等。解决这些困难和问题，必须通过全面深化改革、坚决攻坚克难，切实推进社会主义制度的自我完善和发展。更何况，唯物辩证法告诉我们，任何事物的发展都是矛盾的运动，旧的矛盾和问题解决了，新的矛盾和问题又会出现。因此，深化改革开放不可能毕其功于一役，不可能一劳永逸，必须持续加劲、不懈努力才行。正所谓实践发展永无止境，解放思想永无止境，改革开放也永无止境，"改革开放只有进行时没有完成时"。

改革大业只争朝夕，改革成效功在不舍。面对新形势新任务新要求，我们需要进一步增强改革开放的紧迫感和使命感，充分认识到没有改革开放，就没有中国的今天，也就没有中国的明天；充分认识到改革开放是决定当代中国命运的关键一招，也是决定实现"两个一百年"奋斗目标、实现中华民族伟大复兴中国梦的关键一招；充分认识到改革开放是一项长期的、艰巨的、繁重的事业，必须一代又一代人接力干下去。要坚持以科学理论为指导，积极回应广大人民群众对全面深化改革开放的强烈呼声和殷切期待，最大限度地集中全党全社会智慧，最大限度地调动一切积极因素，以更大的政治勇气，敢于啃硬骨头，敢于涉险滩，敢于冲破思想观念的障碍，敢于突破利益固化的藩篱，不失时机地深化重要领域和关键环节的改革，进一步解放和发展社会生产力，朝着既定的改革开放目标奋勇前进，为全面建成小康社会、实现中华民族伟大复兴中国梦提供强大动力和制度保障。

永远要有逢山开路、遇河架桥的精神

全党同志必须坚持以邓小平理论、"三个代表"重要思想、科学发展观为指导，毫不动摇坚持和发展中国特色社会主义，坚持马克思主义的发展观点，坚持实践是检验真理的唯一标准，发挥历史的主动性和创造性，清醒认识世情、国情、党情的变和不变，永远要有逢山开路、遇河架桥的精神，锐意进取，大胆探索，敢于和善于分析回答现实生活中和群众思想上迫切需要解决的问题，不断深化改革开放，不断有所发现、有所创造、有所前进，不断推进理论创新、实践创新、制度创新。

——2013 年 1 月 5 日，习近平在中央党校新进中央委员会委员、候补委员学习党的十八大精神研讨班开班式上的讲话在人类历史长河中,每个民族都有自己的优良传统和精神财富可以继承。中华民族有着悠久的历史,也有许多优良传统,逢山开路、遇河架桥就是其中之一。正是凭着"逢山开路、遇河架桥"等不惧艰险、不懈奋斗的宝贵精神,中华民族才创造了无比丰厚的物质财富和无比灿烂的历史文化,才能兴旺发达、生生不息。习近平总书记强调的"永远要有逢山开路、遇河架桥的精神",既是对中华民族优良传统的有力传承,也是向全党同志发出团结奋进的有力号召,体现了我们党坚持和发展中国特色社会主义、全面深化改革开放的坚定决心。

逢山开路、遇河架桥精神,就是一种敢闯敢试、敢为人先的精神。坚持和发展中国特色社会主义,马克思主义经典著作中没有现成答案,现实中也没有成功模式可以借鉴,必须通过自己试、自己闯,不断探索前进。邓小平同志当年曾语重心长地告诫全党:"没有一点闯的精神,没有一点'冒'的精神,没有一股气呀、劲呀,就走不出一条好路,走不出一条新路,就干不出新的事业。"当前,随着改革开放的不断深化和社会主义市场经济的深入发展,我国经济社会发展面临大量新情况新矛盾新问题。我们只有发扬逢山开路、遇河架桥的精神,既善于在实践中趋利避害、摸着石头过河,又敢于大刀阔斧、创造性地解决问题,以敢为人先、争创一流的追求,才能创造出无愧于党和人民的非凡业绩,才能不断把中国特色社会主义事业推向新境界。

逢山开路、遇河架桥精神,就是一种攻坚克难、知难而进的精神。改革是一场新的革命,改的是体制机制,动的是既得利益,不真刀真枪是不行的。尤其是当前,全面深化改革进入了"攻坚期"和"深水区",改革的诉求更多、任务更重、难度更大,这些都是我们前进道路上的"山""河",这些都是对我们的重大考验,既考验着改革者的勇气,更考验着改革者的智慧。如果遇到困难就绕道走,遇到矛盾就"躲猫猫",那只能是死路一条。遇到困难之山,我们就要勇于开路;碰到阻碍之河,我们就要善于架桥。唯有不断"开路"、不断"架桥",勇于探索不怕失败,敢于攻坚不怕风险,善于突破不怕挫折，真正知难而进不言难、迎难而上不畏难，才能在关键环节和重点领域的改革上实现更大突破，才能走出一条科学发展之路、人民幸福之路。

逢山开路、遇河架桥精神，就是一种埋头苦干、担当实干的精神。不开路，山不会自己移走；不架桥，沟壑不会变通途。正如邓小平同志所指出的，"不干，半点马克思主义都没有！"多少事，从来急；天地转，光阴迫；一万年太久，只争朝夕。面对前所未有的机遇和挑战，我们既要有一股子干事创业的狠劲和韧劲，不懈怠、不停顿、不折腾，发扬"钉钉子"精神，咬定青山不放松，不达目的不罢休；又要遵循客观事物的发展规律，坚持理想与行动相结合，坚持革命干劲和科学态度相统一，甩开膀子不忘开动脑子，埋头苦干不忘抬头看路。要敢于跳出条条框框限制，既苦干实干、又会干巧干，既勇于改革、又善于创新，切实找准改革发展稳定的结合点，推动经济社会又好又快发展。

毛泽东同志说过，人是要有点精神的。人有了精神，就有追求，就有动力，就有骨气、志气、锐气和勇气。莎士比亚也说过，患难可以试验一个人的品格，非常的境遇方可以显出非常的气节。一个人如此，一个国家、一个民族亦是如此。在坚持和发展中国特色社会主义、实现中华民族伟大复兴中国梦的新征程上，我们要始终弘扬逢山开路、遇河架桥的精神，焕发热情、激发智慧、鼓足干劲，不断把改革开放和现代化建设事业推向前进。

使改革发展成果更多更公平惠及全体人民

全面深化改革必须着眼于创造更加公平正义的社会环境，不断克服各种有违公平正义的现象，使改革发展成果更多更公平惠及全体人民。

——2013 年 11 月 12 日，习近平在党的十八届
三中全会第二次全体会议上的讲话

党的十八大以来，习近平总书记坚持改革的人民性不动摇，多次强调，改革开放是亿万人民自己的事业，在全面深化改革中要始终把人民利益放在第一位；深刻指出，全面深化改革必须创造更加公平正义的社会环境，使改革发展成果更多更公平惠及全体人民，让人民群众有更多获得感。这些重要思想和论述，体现了我们党立党为公、执政为民的执政理念，体现了总书记为实现人民对美好生活的向往而奋斗的坚定追求，体现了全面深化改革的价值目标。

使改革发展成果更多更公平惠及全体人民，是社会主义的本质要求。邓小平同志指出，社会主义的本质是解放生产力，发展生产力，消灭剥削，消除两极分化，最终达到共同富裕。坚持改革发展为了人民、改革发展依靠人民、改革发展成果由人民共享，是社会主义制度优越性的集中体现，是坚持全心全意为人民服务根本宗旨的必然选择。作为党员干部，要始终牢记社会主义的本质要求，坚持人民群众的主体地位，坚持共享发展理念，坚守改革底线，引导改革预期，注重机会平等，保障基本民生，把促进社会公平正义、增进人民福祉体现到全面深化改革的各个方面、各个环节，防止财富在少数人中积累、贫困在另一端积累的现象，绝不能出现"富者累巨万，而贫者食糟糠"的现象，努力使全体人民走上共同富裕的道路。

使改革发展成果更多更公平惠及全体人民，是全面深化改革的出发点和落脚点。改革是经济社会发展的强大动力，也是增进人民群众福祉的关键一招。只有坚持不懈全面深化改革，才能不断解放和发展生产力，为人民群众创造更多的物质精神财富；只有坚持不懈全面深化改革，才能破除影响社会公平正义的体制机制障碍，让人民群众更多更公平地分享改革红利。因此，必须坚持以人民为中心的改革导向，把惠及民生、保障民利、珍惜民力作为全面深化改革的重要目标，把人民群众满意不满意、答应不答应、赞成不赞成作为检验全面深化改革的重要标准，使改革更加精准地对接发展所需、基层所盼、民心所向，让人民群众看到实实在在的改革成效，真正通过改革造福人民。

使改革发展成果更多更公平惠及全体人民，必须创造更加公平正义的社会环境。"公与平者，即国之基址也。"国内外发展的经验教训表明，做大做强"蛋糕"固然不容易，公平公正地分好"蛋糕"更不容易。实现公平正义是由多种因素决定的。重要前提是紧紧抓住经济建设这个中心，推动经济持续健康发展，进一步把"蛋糕"做大，为保障社会公平正义奠定坚实的物质基础。但要看到，经济发展起来了，并不代表公平正义问题就能得到同步解决。事实上，改革开放以来，我国在这个方面积累了不少问题，社会分配不公、收入差距拉大的问题十分突出，测量收入差异程度的基尼系数早就超过了国际"警戒线"0.4。这就警示我们，在共享改革发展成果上，无论是实际情况还是制度设计，都还有许多需要改革完善的地方。这就要求我们必须把社会公平正义作为一面镜子，审视各方面体制机制和政策规定，哪里有不符合社会公平正义的问题，就从哪里下大气力改革；尤其要进一步调整收入分配格局，完善以税收、社会保障、转移支付为主要手段的再分配调节机制，不断扩大中等收入阶层，逐步形成橄榄型收入分配格局，使各方面制度安排更好地体现社会主义公平正义原则。

凡属重大改革都要于法有据

凡属重大改革都要于法有据。在整个改革过程中，都要高度重视运用法治思维和法治方式，发挥法治的引领和推动作用，加强对相关立法工作的协调，确保在法治轨道上推进改革。

——2014 年 2 月 28 日，习近平在主持中央全面深化改革领导小组第二次会议上的讲话

　　全面深化改革与全面依法治国犹如车之双轮、鸟之双翼，两者相辅相成、相互作用。习近平总书记关于"凡属重大改革都要于法有据"的重要论述，深刻阐述了改革与法治的辩证关系，对于我们全面推进依法治国、把握全面深化改革总目标，具有重要指导意义。

　　全面深化改革的总目标，就是发展和完善中国特色社会主义制度，推进国家治理体系和治理能力现代化。全面依法治国的总目标，就是建设中国特色社会主义法治体系，建设社会主义法治国家。法治既是改革的目标也是改革的手段，改革的过程就是法治理念根植、法治方式确立的过程；全面深化改革必须自觉运用法治思维和法治方式，坚持重大改革都要于法有据；全面依法治国必须依靠全面深化改革来创新体制机制，为推进国家治理体系和治理能力现代化创造条件。由此可见，全面深化改革与全面依法治国是目标同向、并行不悖的，二者共同推进中国特色社会主义事业滚滚向前，共同放飞实现中华民族伟大复兴中国梦。

　　坚持重大改革都要于法有据，是"高度重视运用法治思维和法治方式"的重要体现。"法者，天下之准绳也。"在我们这样一个 13 亿人口、56 个民族的大国，要实现政治清明、社会公平、民心稳定、长治久安，最根本的还是要靠法治。全面深化改革更是如此。党的十八大以来，我们推进各个重点领域和关键环节的改革，无一不是以法治为框架、用法治作支撑、由法治来贯穿的。从"放管服"改革不断深入民生事业逐渐完善，从经济改革大刀阔斧到文化改革稳步推进，从军队建设焕然一新到党的建设抓铁有痕，法治都提供了可靠的制度保障。正是法治思维和法治方式的引领、规范和护航，正是坚持重大改革都于法有据，全面深化改革才不走样、不变道、有章法，我国社会才在深刻变革中既生机勃勃又井然有序。

　　坚持重大改革都要于法有据，必须"发挥法治的引领和推动作用"。没有规矩就不成方圆。如果说，在改革开放之初，受法制很不完善的时代条件所限制，推进改革还比较粗放，有的改革甚至在没有"法"时也往前推；那么今天，在法律体系已经基本形成、法治理念高扬的背景下推进改革，就必须坚持先有法、后改革，即便是先行先试、摸着石头过河的改革，也要先有法。这就要求我们，不仅改革决策必须遵循宪法精神和法治原则，而且整个改革过程都必须坚持依法办事、遵守法定程序、维护正当权益，切实把法治方式作为推进改革的行为准则。今后，任何层面、任何领域的改革，都必须在法律框架下实施、在法治轨道中运行，不允许再存在法治轨道之外的改革，不允许再存在不依法而行"权宜之计"的改革，不允许再存在利用公权力行"人治"的改革，真正引领和推动改革走上"以律均清浊，以法定治乱"的绿色通道。

坚持重大改革都要于法有据，必须"加强对相关立法工作的协调"。改革离不开法治的引领和保障，否则就可能引起混乱；法治必须紧跟改革的进程和步伐，否则就难以与时俱进。科学立法是处理改革和法治关系的重要环节。改革开放以来，我们坚持改革决策与立法决策相结合的原则，及时把改革决策纳入法制化轨道，已经在立法实践中取得重大成就，积累了成功经验。实践告诉我们，做到凡属重大改革都要于法有据，既要坚持在现有宪法和法律框架内进行改革，充分利用宪法和法律预留的改革空间和制度条件，大胆探索，勇于创新；又要坚持改革方向、坚持问题导向，敢于直面法治建设领域的突出问题，回应人民群众关切和期待，及时提出立法需求和立法建议，增强立法时效性。进一步说，就是要切实做好法律"立释废"的工作，需要修改法律的应当先修改法律，先立后改；可以通过解释法律来解决问题的应当及时解释法律，先释后改；需要废止法律的要坚决废止法律，先废后改，确保各项改革都依法有序进行。

开弓没有回头箭，改革关头勇者胜

我们要继续全面深化改革，开弓没有回头箭，改革关头勇者胜。我们要全面推进依法治国，用法治保障人民权益、维护社会公平正义、促进国家发展。

——2014 年 12 月 31 日，习近平在发表 2015 年新年贺词时指出

"不改革只有死路一条。"邓小平同志当年南方讲话中的这一斩钉截铁的话语，现在听来，依然振聋发聩。以党的十一届三中全会为标志，中国的改革开放至今已经走过近四十年的历程，为社会主义带来了前所未有的广阔前景，催生了前无古人的制度创新，创造了举世瞩目的"中国奇迹"。近四十年，弹指一挥间。发展起来以后的中国，面对的是更高起点上的艰难攀登。展望未来，中国的发展依然必须依靠改革。正因为这样，习近平总书记强调，开弓没有回头箭，改革关头勇者胜。

这是要求我们，必须进一步坚定改革信心。随着改革的不断深化，一系列深层次矛盾和问题不断积累叠加，如"三驾马车"拉动经济乏力、贫富差距拉大、社会矛盾凸显、资源约束强化、环境压力增大等，中国经济社会面临着"中等收入陷阱"的威胁。然而，越是在这个时候，越是需要我们坚定改革信心。改革是大局也是大势，解决的是突出矛盾和问题，破除的是体制机制障碍，推出的是新动能新结构新活力，蕴含着新的历史机遇，昭示着未来和希望。只有全面深化改革，才能不断释放经济社会发展的新红利，才能在建党100周年时全面建成小康社会，才能实现民族复兴、国家富强、人民幸福的中国梦。因此，无论遇到什么问题和困难，都要牢记信心比黄金更宝贵，都要坚定不移地推进改革。

这是要求我们，必须进一步砥砺改革勇气。改革本质上是一场革命，必然会伤筋动骨、带来阵痛，会遇到"拦路虎"、绊脚石，会碰到各种困难和风险。特别是当前，全面深化改革已经到了攻城拔寨、闯关夺隘的关键时刻。无论是推进供给侧结构性改革、落实"三去一降一补"要求，还是深化行政体制、司法体制、教育、文化、医疗、收入分配、养老等各领域改革，都有不少"硬骨头"要啃，都有不少"险滩"要涉。正所谓改革关头勇者胜，越是攻坚克难，越要有"明知山有虎，偏向虎山行"的勇气，越要有壮士断腕的精神，知难而进、迎难而上，方能积小胜为大胜，以改革突破开创发展新局面。

这是要求我们，必须进一步增强改革定力。党的十八届三中全会吹响全面深化改革的号角之后，各方面改革蹄疾步稳、效果明显。从中央到地方、从城市到农村、从政府做好"放管服"到益民惠民政策次第铺开,改革的广度、深度、力度前所未有。但必须看到,攻克体制机制痼疾、突破利益固化藩篱,改革越往深处,困难会越多,阻力会越大,不适应改革乃至反对改革的力量会更加凶猛,甚至超出人们的想象。唯其艰难,才更显勇毅;唯其笃行,才弥足珍贵。这个时候,我们只有保持"咬定青山不放松"的毅力,保持"不管风吹浪打,我自岿然不动"的定力,聚焦关键发力、持之以恒用力,才能推动改革继续向纵深发展。

这是要求我们,必须进一步保持改革韧劲。志不求易而志在必得,事不畏难而敬终如始。改革只有进行时,没有完成时。我们必须清醒地认识到,全面深化改革既是攻坚战又是持久战;既要有强烈的机遇意识,不失时机地积极推进,又要有历史的耐心,绝不能盲目冒进。要坚持锲而不舍、坚韧不拔,久久为功、百折不挠,放下急于求成的功利心,拿出功成不必在我的大胸怀,发扬"钉钉子"精神,坚定不移抓落实,不折不扣抓实施,切实提高改革精准发力和精准落地的能力,促进改革宏伟蓝图一步步地成为现实。

让人民群众有更多获得感

要科学统筹各项改革任务，协调抓好党的十八届三中、四中全会改革举措，在法治下推进改革、在改革中完善法治，突出重点，对准焦距，找准穴位，击中要害，推出一批能叫得响、立得住、群众认可的硬招实招，处理好改革"最先一公里"和"最后一公里"的关系，突破"中梗阻"，防止不作为，把改革方案的含金量充分展示出来，让人民群众有更多获得感。

——2015 年 2 月 27 日，习近平在主持中央
全面深化改革领导小组第十次会议时的讲话

　　所谓"获得感"，意思是指人们在收获某种物质或精神利益后而产生的满足感。"让人民群众有更多获得感"，体现了立党为公、执政为民的宗旨意识，体现了坚持以人民为中心的发展思想，体现了社会建设要坚持共建共享的基本原则，体现了改革创新要以增进民生福祉为目标的价值导向。

　　与"获得感"相近的，是过去一直所提的"幸福感"。"获得感"与"幸福感"既有共同点，又有不同点。"获得感"强调的是一种实实在在的客观"得到"，既包括物质方面也包括精神方面，而"幸福感"则更多意味的是主观感受，主要指的是精神方面。可以说"获得感"的提法更加务实、更加平易。如果不讲"获得"只一味强调幸福，就容易流于形式、落于空泛。此外，"获得感"的提出，使人民得到的利益有了进行指标衡量的可能。因此，在当下中国，"获得感"更加符合民情、贴近民意、温暖民心。

　　改革开放以来，我国经济社会发生了深刻变革，取得了举世瞩目成就，不仅创造了"中国奇迹"，成为世界第二大经济体，也使人民群众生活水平得到了很大提高。但要看到，由于种种原因，与令人瞩目的经济发展成就相比，人民群众的"获得感"在许多方面还有更高的期待。这主要体现在：与愿景性、目标性、原则性的"获得"相对应，人民群众对现实可见、可拥有、可支配的"获得"还有更高的期待；与物质利益的"获得"相对应，人民群众对精神文化方面的"获得"还有更高的期待；与享受发展数量的"获得"相对应，人民群众对生活品位、生存质量的"获得"还有更高的期待；与自己和自己纵向比较中感受的"获得"相对应，人民群众对与其他社会成员横向比较中感受的"获得"还有更高的期待；与政策性、机遇性、偶发性享受改革发展成果的"获得"相对应，人民群众对公正性、法治性、可持续性享受改革发展成果的"获得"还有更高的期待。

　　民之所望，施政所向。当前，我国经济发展进入新常态，全面深化改革进入深水区和攻坚期。我们要认真贯彻落实"四个全面"战略布局，按照在战略上勇于进取、战术上稳扎稳打的要求，把时不我待的干劲与静水流深的稳劲结合起来，把"胆子要大"和"步子要稳"结合起来，以"咬定青山不放松"的毅力，以"明知山有虎、偏向虎山行"的勇气，在深水区中流击水，在攻坚期迎难而上，扎实推进全面深化改革的每一项改革、每一项工作，真正积小胜为大胜、积跬步致千里，以改革突破引领发展新常态、开创发展新局面。要切实加强深化改革措施系统集成，促进各项改革措施落地生根、开花结果，努力使改革发展成果更多更公平地体现到就业惠民、教育惠民、医疗惠民、社保惠民、扶贫惠民、安居惠民、安全惠民上，使人民群众过上更加体面、更有尊严的生活，感受到公平正义、平安和谐、幸福快乐就在身边，让各项改革措施的"含金量"充分展示出来，让人民群众在共建共享改革发展中有更多获得感。只有这样，才能把人民的切身利益同改革的前途命运紧密联系在一起，才能为推动改革发展凝聚最广泛的共识、积聚最深厚的力量，才能交出一份为发展助力、让人民受益的改革答卷。

创新是引领发展的第一动力

创新是引领发展的第一动力。抓创新就是抓发展，谋创新就是谋未来。适应和引领我国经济发展新常态，关键是要依靠科技创新转换发展动力。

——2015 年 3 月 5 日，习近平在参加十二届全国人大三次会议上海代表团审议时的讲话科技是国家强盛之基，创新是民族进步之魂。科技创新越来越成为发展生产力的重要基础和标志，越来越决定着一个国家、一个民族的发展进程。习近平总书记关于"创新是引领发展的第一动力"的重要论断，是顺应世界科技发展大势、面向我国经济发展新常态所作出的重大判断，对于更好发挥科技创新的重要作用、更好实施创新驱动发展战略、更好建设创新型国家，具有重要指导意义。

近代以来，我们受够了落后就要挨打的苦；新中国成立之后，我们也吃够了创新不足受制于人的亏。历史和实践反复证明，不创新就要落后，创新慢了也要落后。当下，新一轮科技革命和产业变革正在孕育兴起，世界主要国家纷纷抢占未来先机，未来综合国力的竞争依然是创新的竞争。在激烈的国际竞争中，唯创新者进，唯创新者强，唯创新者胜。因此，我们不能再津津乐道于后发优势，而要坚定不移地走中国特色自主创新道路；我们不能用别人的昨天来装扮自己的今天，而要迎头赶上、奋起直追、力争超越，以时不我待的精神努力实现创新型国家的转变。

把发展基点放在创新上，不仅是为了抢占国际竞争的未来先机，更是国内现实的必然要求。我国经济大而不强、快而不优，发展中不平衡、不协调、不可持续问题依然突出，走仅靠要素驱动的老路难以持续。旧路子走不通，新路子在哪里？答案就在"创新"二字上，就在加快从要素驱动、投资规模驱动发展为主向以创新驱动发展为主的转变上，就在坚持把创新作为引领发展的"第一动力"上。当前，我国经济发展进入新常态，表象上是增长减速换挡，但从本质上说是发展动力的转换和重塑。只有创新水平上来了，动力就充沛，发展才健康、平稳和可持续。

抓"第一动力"，最根本的是增强自主创新能力。从总体上说，我国科技创新基础还不牢，自主创新特别是原创力还不强。事实证明，核心技术是买不来的，技术创新能力是买不到的。中国的科技进步必须牢牢建立在自主创新的基础上，而绝不能指望依赖他人的创新成果来提高自己的科技水平，更不能做其他国家的技术附庸。当然，自主创新不是关起门来搞"自己创新"，不是单打独斗，不是排斥学习先进，而是要更加积极地开展国际科技交流合作，充分利用全球科技资源，主动参与或主导创新"新赛场"规则的制定，在合作共赢中实现弯道超车。

抓"第一动力"，最紧迫的是破除体制机制障碍。要紧紧围绕提高自主创新这个主题，重点解决影响科技发展进步的深层次矛盾和问题，解决国家创新体系中存在的体制性、机制性问题，最大限度地释放和激发科技作为第一生产力所蕴藏的巨大潜能，营造有利于科技创新、人才成长和大众创业、万众创新的生态环境。要通过深化改革破除制约一切创新的制度樊篱，打通科技成果向现实生产力转化的通道，把纸上科研转化为实际应用，把实验室样品转化为市场产品，让那些创新"盆景""花瓶"变成真正的产业风景。

抓"第一动力"，最重要的是发挥企业主体作用。要健全鼓励企业自主创新的体制，建立以企业为主体、市场为导向、产学研相结合的技术创新体系，强化企业在自主创新中的主体地位，使企业成为技术创新决策主体、投资主体、研究开发主体、创新利益分配主体和科技成果转化主体。要多方面为企业自主创新营造良好政策环境和社会环境，支持鼓励企业加大研发投入，建立研发中心，开发具有自主知识产权的核心和关键技术，形成现实生产力，变"中国制造"为"中国创造"，塑造知名品牌，增强核心竞争力。

抓"第一动力"，最关键的是调动各类人才的积极性、主动性、创造性。人才是创新的根基，创新驱动实质上是人才驱动。要深入实施人才强国战略，深化人才发展体制机制改革，坚持党管人才原则与突出市场导向相结合，在全社会大兴识才、爱才、敬才之风，不唯地域引进人才，不求所有开发人才，不拘一格用好人才，为人才辈出、人尽其才、才尽其用营造良好环境，加快形成一支规模宏大的创新型人才队伍，最大限度地释放人才创新、创造、创业活力，为我国科学技术发展提供可靠的人才支撑。

中国开放的大门永远不会关上

中国开放的大门永远不会关上。对外开放是中国的基本国策，中国利用外资的政策不会变，对外商投资企业合法权益的保障不会变，为各国企业在华投资兴业提供更好服务的方向不会变。

——2015 年 9 月 22 日，习近平在美国华盛顿州西雅图市出席当地政府和美国友好团体联合举行的欢迎宴会上的演讲

　　"中国开放的大门永远不会关上。"习近平总书记这一斩钉截铁的话语，重申了中国的基本国策，重申了中国的一贯立场，向世界宣示了中国将继续扩大开放的坚定信念。

　　说起"开放的大门"，人们自然首先想到改革开放的总设计师邓小平同志。大家可能记得，1979 年元旦中美两国建交。当天出版的美国《时代》周刊，封面人物就选择了邓小平，标题是——邓小平，中国新时代的形象。文中惊叹："一个崭新中国的梦想者——邓小平向世界打开了'中央之国'的大门，这是人类历史上气势恢宏、绝无仅有的一个壮举！"这年 1 月 28 日至 2 月 5 日，时任国务院副总理的邓小平对美国进行正式访问。这是中华人民共和国成立后中国领导人首次访美。在美期间，邓小平同美国领导人就发展中美双边关系等问题举行了一系列会谈，两国签订了有关经济、文化与科技等领域的一系列合作文件。邓小平指出："在我们两国之间还有许多合作的领域有待我们去开辟，许多渠道有待我们去沟通，我们还要继续努力。"他表示："中国的大门对一切朋友都是敞开的。"正是以这样的大气魄，近四十年来，中国不断敞开开放大门、不断扩大对外开放，使我国成功实现了从封闭半封闭到全方位对外开放的伟大历史转折。

　　事实证明，开放带来进步，封闭导致落后。只有敞开大门，世界才能够进入中国，中国也才能够走向世界。1979 年 7 月，党中央决定对广东、福建两省的对外经济活动实行特殊政策和灵活政策；1980 年 5 月，党中央决定在深圳、珠海、汕头、厦门设立经济特区，作为对外开放、引进外资的"窗口"；之后几年，我国沿海地区对外开放由点到线、由线到面逐步展开。1992 年 3 月邓小平南方讲话后，我国在建立和完善社会主义市场经济体制的同时，对外开放逐步扩大到全国各地，基本形成了沿海、沿江、沿线、沿边、内地的全方位区域开放格局。2001 年 12 月，中国成为世界贸易组织 (WTO) 第 143 个正式成员，我国以体制性开放为特征的对外开放进一步加速，全方位对外开放进一步与国际接轨。党的十八大以后，习近平总书记提出实施"一带一路"战略，受到国际社会的广泛关注和积极响应，标志着以主动布局为特征的全方位对外开放进一步升级。回顾近四十年的对外开放历程，与深化改革相伴而行，经过上述几轮大开放，我国在全球的角色和地位发生了根本性变化：一开始只是距离世界舞台中心较远的一名"观众"，后来走上舞台成为"配角"，到如今已成为备受瞩目的"主角"之一。之所以能够发生这种"根本性变化"，重要原因就在于我国打开了"开放的大门"。

现在，中国已成为世界第二大经济体、第一大出口国和第二大进口国、第一大吸引外资国和第三大对外投资国、世界第一大外汇储备国……中国这艘巨轮的每一次行进，都牵动着世界的目光。中国的发展得益于世界、得益于开放，更为世界经济发展带来动力、带来机遇。这种动力和机遇，体现在能够给世界各国以更广阔的市场、更充足的资本、更丰富的产品和更宝贵的合作契机，必将为世界经济的可持续发展提供更多正能量。在中国经济发展进入新常态、世界环境发生新变化的情况下，中国对外开放的大门会不会慢慢收窄？会不会就此关上？对此，习近平总书记明确指出："中国开放的大门永远不会关上""中国的开放大门就像阿里巴巴'芝麻开门'一样，开开了就关不上了"。

创新人才犹如优秀种子，很是难得，要大力培养

　　创新人才犹如优秀种子，很是难得，要大力培养。年轻一代要有历史机遇感、责任感、使命感，努力在创新上脱颖而出。

——2016 年 1 月 5 日，习近平在
重庆调研考察时的讲话

创新是人类社会进步的重要推动力量。18 世纪中叶，英国人瓦特改良蒸汽机之后，技术创新引发了生产力的巨大飞跃。技术创新的发展推动了经济加速增长。据相关研究显示，18 世纪以前的千年时间，欧洲国家人均年 GDP 的增长速度只有 0.05%，也就是说要经过 1400 年左右的时间人均收入才能翻一番；而 18—19 世纪人均收入每年增长 1%，人均收入翻一番的时间缩短为 70 年；到了 20 世纪，年均增长提高到 2%，是工业革命前的 40 倍，人均收入翻一番的时间只需 35 年。

事实证明，各国之间综合国力的竞争很大程度上就是创新的竞争。当前，中国经济发展进入新常态。我国依靠要素成本优势所驱动、大量投入资源和消耗环境的经济发展方式已经难以为继，因此必须转变经济发展方式，从以传统制造业为主推动经济发展的方式向以战略性新兴产业、服务业双引擎推动的方式转变。党的十八届五中全会明确提出"创新、协调、绿色、开放、共享"五大发展理念，这是我国在"十三五"期间，乃至更长时期内的发展思路、方向和着力点。其中，"创新发展"是排在第一位的。党的十八大以来，习近平总书记在不同场合多次讲"科技创新"、讲"创新发展"。他鲜明地指出："坚持创新发展，就是要把创新摆在国家发展全局的核心位置，让创新贯穿国家一切工作，让创新在全社会蔚然成风。"他明确要求："抓创新就是抓发展，谋创新就是谋未来。我们必须把发展基点放在创新上，通过创新培育发展新动力、塑造更多发挥先发优势的引领型发展，做到人有我有、人有我强、人强我优。"

创新发展中，什么是第一资源？是人才。所谓创新驱动，实质上是人才驱动。"功以才成，业由才广"，人才是创新的根基，是创新的核心要素。当前，我国正处于全面建成小康社会的决胜时期，正处于全面深化改革、加快转变经济发展方式的攻坚时期，创新型人才培养工作十分重要又非常紧迫。培养创新型人才，要进一步改革人才管理体制，制定科学的人才评价和使用标准，充分调动各类人才创新创业创造的活力和潜力，放开视野选人才，不拘一格用人才，做到人尽其才、才尽其用；要进一步优化创新型人才成长环境，坚持用宏伟事业感召人才，用良好环境汇聚人才，用优质服务吸引人才，用合理待遇留住人才，在全社会营造尊重知识、尊重人才的氛围，倡导鼓励创新、宽容失败的创新文化。总之，要通过深入实施人才强国战略，推动人才政策创新突破和细化落实，在创新实践中发现人才、在创新活动中培育人才、在创新事业中凝聚人才，让更多千里马竞相奔腾，推动我国在自主创新方面加速发展。

伟大的事业呼唤创新的人才，伟大的时代也造就创新的人才。青年作为祖国的未来、民族的希望，是新的生产力的开拓者和发展科技事业的生力军。青年科技工作者作为社会上最有朝气、最富活力、最具创造性的群体，理应走在创新创业创造的前列。广大年轻科技工作者要不负党和人民的期望和重托，进一步增强历史机遇感、责任感、使命感，树立强烈的创新意识和创新自信，勇做大众创业万众创新的先锋，敢走前人没有走过的路，用青春的灵感去捕捉稍纵即逝的新原理、新点子、新思路，引爆无愧于青春的新发明、新发现、新创造，以昂扬的斗志挺起"创新中国"的脊梁。

既当改革促进派，又当改革实干家

　　各地区各部门要牢固树立全局意识、责任意识，把抓改革作为一项重大政治责任，坚定改革决心和信心，增强推进改革的思想自觉和行动自觉，既当改革促进派，又当改革实干家，以钉钉子精神抓好改革落实，扭住关键、精准发力，敢于啃硬骨头，盯着抓、反复抓，直到抓出成效。

　　　　　　　——2016 年 2 月 23 日，习近平在主持中央全面
　　　　　深化改革领导小组第二十一次会议时的讲话

抓改革落实，不仅需要勇气，也需要智慧；不仅需要为改革鼓劲加油、拥护改革、支持改革、推动改革的促进派，更需要为改革动真碰硬、把改革抓在手上、落到实处、抓出成效的实干家。习近平总书记关于"既当改革促进派，又当改革实干家"的重要论述，为我们抓改革落实提供了科学方法论，是指导各地各部门和各级领导干部推进改革落实的重要遵循。

所谓改革，就是要除旧布新，改变现有规则和相对平衡状态，改到深处实质上就是直指利益不公问题。全面深化改革，必然会触动固有的利益格局，必然要打破利益固化的藩篱，而"触动利益往往比触及灵魂还难"。面对深水区、攻坚期的改革，社会上一般会出现三种态度：一种是拥护改革、支持改革，为改革摇旗呐喊、敢于担当、敢于负责，这是大多数，是改革的促进派；一种是由于观念、利益等原因，有意无意阻挠改革，这种人尽管是少数，但增加了改革的阻力；还有一种是做旁观者、中立者，这种人实际上是改革的"观潮派"。唯其艰难，才更显勇毅；唯其笃行，才弥足珍贵。邓小平同志指出，"不改革，只有死路一条。"我们必须进一步解放思想，充分认识全面深化改革对于党和国家事业发展的重大意义，牢固树立政治意识、大局意识、责任意识，切实增强推进改革的思想自觉和行动自觉，真正做"改革促进派"。

喊破嗓子不如甩开膀子。改革的决心和信心要用行动和效果来体现、来检验，不能只表态不表率，只挂帅不出征。全面深化改革重在落实、成在实干。党的十八大以来，党中央围绕经济建设、政治建设、文化建设、社会建设、生态文明建设以及党的建设等各个领域，先后出台了一系列重大改革举措。这些重大举措能不能落到实处，关键要靠各地各部门以及各级领导干部严格执行、真正落实、扎实苦干。求真务实、真抓实干，是共产党人应有的政治品格。各级领导干部，要按照习近平总书记所要求的那样，"不仅亲自抓、带头干，还要勇于挑最重的担子、啃最硬的骨头"，坚持亲自谋划改革思路、部署改革措施、督查改革落实，以想抓落实的自觉、敢抓落实的担当、会抓落实的能力，抓实问题、开实"药方"、提实举措，将深化改革的大命题落实为实际工作的小篇章，促进各项改革措施有序落地、生根发芽、开花结果，真正做"改革实干家"。

全面深化改革，需要激活和集聚各方面的改革力量，尤其需要将改革促进派和实干家推到改革决策和执行岗位上。实际上，只有选拔重用那些理想信念坚定、政治立场坚定，衷心拥护和坚决执行党的理论和路线方针政策，自觉服从和服务于"四个全面"战略布局，坚决把全面深化改革各项任务放在心中、抓在手上的改革促进派和实干家，才能确保改革方向、增强改革信心、完成改革任务。从这个意义上讲，选拔重用改革促进派和实干家本身就是一项艰巨的改革。各级党委要坚持德才兼备、以德为先原则，坚持信念坚定、为民服务、勤政务实、敢于担当、清正廉洁 20 字好干部标准，把改革促进派和实干家选出来、用起来，给肯改革的人以机会、给会改革的人以舞台，为敢于担当者担当、为敢于负责者负责，营造鼓励改革促进派和实干家的良好氛围，推动全面深化改革不断谱写新篇章。

6

全面依法治国
建设法治国家

坚持依法治国、依法执政、依法行政共同推进

我们要全面贯彻落实党的十八大精神,以邓小平理论、"三个代表"重要思想、科学发展观为指导,全面推进科学立法、严格执法、公正司法、全民守法,坚持依法治国、依法执政、依法行政共同推进,坚持法治国家、法治政府、法治社会一体建设,不断开创依法治国新局面。

——2013 年 2 月 23 日,习近平在主持
中央政治局第四次集体学习时的讲话

　　法治兴则国家兴，法治强则国家强。我国宪法明确把依法治国作为治理国家的基本方略。依法治国、依法执政、依法行政是一个有机联系的整体，三者具有内涵的统一性、目标的一致性、成效的相关性，统一于建设社会主义法治国家的实践中，必须彼此协调、共同推进，同向发力、形成合力。正因为这样，习近平总书记指出，要坚持依法治国、依法执政、依法行政共同推进，坚持法治国家、法治政府、法治社会一体建设。这一重要论断，进一步明确了全面推进依法治国的总体思路，体现了新的法治思维、法治理念和法治原则，对我国社会主义法治建设具有重大指导作用。

　　法律是治国之重器，法治是国家治理体系和治理能力的重要依托。依法治国，说到底就是用法律原则和法律规则治国，按照建立的法律规则进行法律适用，要求国家的政治、经济运作、社会各方面的活动都依照法律进行，而不受任何个人意志的干预、阻碍或破坏，是用法律的思维治国，是理性治国、程序治国、规则治国。坚持依法治国，是发展社会主义市场经济的客观需要，是社会文明进步的重要标志，是人民幸福安康、国家长治久安的重要保障。在我国经济社会发展进入"三期叠加"的新形势下，在人民群众对法治要求越来越高的今天，只有把依法治国摆在更加突出的位置，把党和国家工作纳入法治化轨道，坚持在法治轨道上统筹社会力量、平衡社会利益、调节社会关系、规范社会行为，依靠法治解决各种社会矛盾和问题，才能确保我国社会在深刻变革中既生机勃勃，又井然有序。

　　依法执政是依法治国的关键。这是由党的执政地位、领导作用和执政党与国家政权的关系决定的，是贯彻落实依法治国基本方略的题中应有之义。坚持依法执政，为改革和完善党的领导方式和执政方式提供了重要途径，体现了我们党对民族进步、国家发展的高度责任感。坚持依法执政，就要紧紧抓住法律制度建设这个带有根本性、全局性、稳定性、长期性的重要环节，坚持用法治思维、法治方式来管理国家和社会，杜绝以权力思维、人治思维来管理国家和社会，使法律和制度不因领导人的改变而改变，不因领导人的看法和注意力的改变而改变。要坚持把依法治国基本方略同依法执政基本方式统一起来，把党总揽全局、协调各方同人大、政府、政协、审判机关、检察机关依法依章履行职能、开展工作统一起来，把党领导人民制定和实施宪法、法律，同在宪法、法律范围内活动统一起来，切实提高各级党组织依法执政、依法决策、依法办事的能力。

依法行政是依法治国的基础。坚持依法治国、依法执政，体现在政府工作中，就是要严格依法行政。各级政府作为权力机关的执行机关，是实施宪法和法律的重要主体。要坚持在党的领导下，加快建设职能科学、权责法定、执法严明、公开公正、廉洁高效、守法诚信的法治政府，切实把政府工作全面纳入法治轨道。紧紧围绕政府职能转变这个核心，继续推进简政放权、放管结合、优化服务，推动政府机构、职能、权限、程序、责任法定化，筑牢依法行政"防线"，遏制行政权力"越线"，真正做到法无授权不可为、法定职责必须为。加强对政府权力运行的制约和监督，坚持以公开为常态、不公开为例外，推进决策公开、执行公开、管理公开、服务公开、结果公开，实现政府信息公开全覆盖，让权力在阳光下运行。

坚持党的领导、人民当家做主、依法治国有机统一

我们要坚持党的领导、人民当家做主、依法治国有机统一，坚持人民主体地位，扩大人民民主，推进依法治国，坚持和完善人民代表大会的根本政治制度，中国共产党领导的多党合作和政治协商制度、民族区域自治制度以及基层群众自治制度等基本政治制度，建设服务政府、责任政府、法治政府、廉洁政府，充分调动人民积极性。

——2013 年 3 月 17 日，习近平在十二届
全国人大一次会议闭幕会上的讲话

坚持党的领导、人民当家做主与依法治国有机统一，是我国政治生活必须坚持的基本原则，其精神实质是保证党始终处于国家政治生活中总揽全局、协调各方的领导核心地位，保证人民当家做主这一社会主义民主政治的本质要求得以实现，保证把国家政治生活纳入法治轨道。三者紧密联系、相辅相成，相互促进、相得益彰。把三者有机统一起来、紧密结合起来，是社会主义政治制度特点和优势的重要体现，是实现党和国家长治久安的必然要求，是坚持中国特色社会主义政治发展道路的正确路径。

首先，坚持党的领导是实现人民当家做主和坚持依法治国的根本保证。发展社会主义民主政治，建设社会主义法治国家，关键是坚持和加强党的领导。中国共产党作为领导中国革命、建设、改革的核心力量，是历史的选择、人民的选择。没有中国共产党，就没有从满目疮痍中站立起来的新中国，就没有改革开放以来取得的举世瞩目的新成就。中国共产党是一个立党为公、执政为民的马克思主义政党，是本质上既先进又纯洁的政党，是始终把发展人民民主、实现人民当家做主作为自己崇高追求的政党。党的一切理论和路线、方针、政策最突出的核心理念就是坚持以人民为中心，党的基本属性之一就是始终代表中国最广大人民的根本利益。党的目标和人民的目标是一致的，只有坚持党的领导，才能最广泛地动员和组织人民群众依法管理国家和社会事务、管理经济和文化事业，真正实现人民当家做主。同样，依法治国也必须坚持党的领导。离开党的领导，社会主义法治体系、社会主义法治国家就建不起来，就会偏离正确方向。只有在党的领导下依法治国、依法执政、依法行政，国家和社会法治化才能有序推进。

其次，人民当家做主是社会主义民主政治的本质要求，是坚持党的领导、坚持依法治国的根本出发点和落脚点。党的一切工作和奋斗，党团结带领人民夺取国家政权的"初心"，就是一切为了人民，就是为了使广大人民成为这个国家的主人，真正实现当家做主。我国宪法明确规定："中华人民共和国的一切权力属于人民。人民行使国家权力的机关是全国人民代表大会和地方各级人民代表大会。"60 多年的实践证明，人民代表大会制度是符合中国国情、体现社会主义国家性质、能够保障人民当家做主的根本政治制度，也是党在国家政权中充分发扬民主、贯彻群众路线的最好实现形式。人民通过普遍的民主选举产生自己的代表，组成各级人民代表大会。各级人民代表大会都对人民负责、受人民监督，有力保障了全国各族人民依法进行民主选举、民主决策、民主管理、民主监督，享有宪法和法律规定的广泛的民主、自由和权利。在新的历史条件下，我们要坚持和完善这一根本政治制度，在党的领导下建设社会主义法治国家，实现人民当家做主，确保国家和民族的命运牢牢掌握在人民手中，确保国家和民族能够经受住各种风浪考验、克服各种艰难险阻，沿着中国特色社会主义道路继续前进。

最后，依法治国是党领导人民治理国家的基本方略，是坚持党的领导、实现人民当家做主的法治保障。规矩，是做人做事的基本规则；法治，是治国理政的基本方式。坚持党的领导、实现人民当家做主，仅仅依靠良好的愿望或者领袖人物的个人魅力是不牢靠的，也是不能长久的，必须依靠法治的力量，用"法治"代替"人治"。十月革命以后的苏联，无论是斯大林还是后来的国家领导人，都热衷于搞"个人崇拜"，领导个人的权力高于政党和国家政权，高于国家法律制度，个人崇拜、领导特权盛行，人民当家做主流于形式，更谈不上依法治国、依规治党，最终结果是政党垮台、国家解体。对此，我们应当引以为戒，始终坚持依法治国基本方略，坚持在法治框架下依规全面从严治党，推进人民当家做主制度化、法治化，推进法治国家、法治政府、法治社会一体建设，促使党和国家各项工作都依法进行。

法律的生命力在于实施，法律的权威也在于实施

法律的生命力在于实施，法律的权威也在于实施。"法令行则国治，法令弛则国乱。"

——2014 年 9 月 5 日，习近平在全国人民代表大会成立 60 周年大会上的讲话

明代张居正曾说过："天下之事，不难于立法，而难于法之必行。"法律作为维系社会安全和秩序、调整人际关系的强制性规范，只有在实际生活中得到严格实施，才能彰显其价值和权威，才能发挥其作为治国理政之重器的作用。正因为如此，习近平总书记多次强调，法律的生命力在于实施，法律的权威也在于实施。

"法立，有犯而必施；令出，唯行而不返。"如果有了法而不执行或执行不严，实施出了问题，就可能导致法律成为一纸空文，成为"稻草人"，那么依法治国就会成为一句空话。现实中，有法不依、执法不严、违法不究的问题，执法权责脱节、多头执法、选择性执法的问题，行政执法错位、越位、缺位的问题，黑头（法律）不如红头（文件）、红头不如白头（领导批条）、白头不如口头（领导指示）的问题，司法领域少数人办关系案、人情案、金钱案的问题，少数领导干部以言代法、以权压法、徇私枉法的问题，等等，都不同程度地存在。这些问题的存在，使法的实施、法的执行大大地打了折扣，严重损害了群众的切身利益，损害了党和政府的公信力，也势必会严重影响人民群众对法律的认同、对法治的信仰，必须认真加以解决。

推进和加强法律实施，要抓好行政机关带头守法、严格执法这个"龙头"。在我国，行政执法是实施国家法律法规的主要途径，大约80%的法律、90%的地方性法规和几乎所有的行政法规，都是由行政机关执行的。行政执法具有经常性、多样性、强制性、裁量性等特点，其效果如何，直接关系到党和人民的意志能否顺利实现，关系到社会各方的合法利益能否得到有力保障。要推进行政机关依法履行职能，推进机构、职能、权限、程序、责任法定化，推行政府权力清单制度，做到行政行为于法有据，法无授权不可为，法定职责必须为。要深化行政执法体制改革，整合执法机构，充实基层执法，强化综合执法，做到严格、规范、公正、文明、高效执法。

推进和加强法律实施，要抓好司法机关公正司法这个"核心"。公平正义是司法的核心追求和生命线，也是司法赢得人们信任的根本凭靠。在英语里有一个单词"justice"，这个单词有三种含义：一是正义、公平、正当、合法；

二是司法、审判；三是法官。说明这个词在人们心中就是司法、法官，代表着公平正义。所以司法公正基本内涵就是，司法人员在司法、审判过程和结果中必须坚持和体现公平、正义的精神和原则。英国思想家培根曾说过："一次不公正的审判，其恶果甚至超过十次犯罪。"保证司法公正，让人民群众在每一个司法案件中都感受到公平正义，需要正确认识坚持党的领导与司法机关依法独立行使职权的关系，排除各种对司法的干预，确保依法独立公正行使审判权和检察权；需要提高司法人员的法治观念、业务能力和保障水平，增强司法人员的综合素质；需要推进司法体制机制创新，推进司法公开，强化对司法活动的监督，让司法腐败和司法不公正没有滋生的土壤。

推进和加强法律实施，要抓好领导干部带头这个"关键"。《史记》记载，赵国负责征收田租的小官"田部吏"赵奢，到平原君赵胜家中收取租税。但平原君家人不肯缴税，赵奢依法行事，杀了掌事的九个人。平原君大怒，要杀赵奢。赵奢回答说："君于赵为贵公子，今纵君家而不奉公则法削。法削则国弱……以君之贵，奉公如法则上下平，上下平则国强，国强则赵固。"平原君听了，认为他很有才干，又依法办事，便把他推荐给赵王。赵王任用他掌管全国的赋税，结果"国赋大平，民富而府库实"。这个故事告诉我们，官员这个"关键少数"是否尊崇法治，不仅关系法律能否顺利实施，更关系社会和谐稳定、国家前途命运。在依法治国已经成为国家基本方略的今天，只有紧紧抓住领导干部这个"关键少数"，推动领导干部带头尊崇法治、敬畏法律，带头学习法律、掌握法律，带头遵纪守法、捍卫法治，带头厉行法治、依法办事，真正将严守法律法规内化为信念、外化为行动，自觉做尊法守法、学法用法的模范，才是真正抓住了法律实施的"牛鼻子"，才能扎实推进和加强法律实施。

让人民群众在每一个司法案件中都能感受到公平正义

我们要依法公正对待人民群众的诉求，努力让人民群众在每一个司法案件中都能感受到公平正义，决不能让不公正的审判伤害人民群众感情、损害人民群众权益。

——2012 年 12 月 4 日，习近平在首都各界纪念现行宪法公布施行 30 周年大会上的讲话

"让人民群众在每一个司法案件中都能感受到公平正义"目标要求的提出，既体现了习近平总书记对促进公平正义这个政法工作核心价值追求的高度重视，也体现了总书记对全国政法工作队伍寄予的殷切期望。

公平正义是人们衡量一个国家或社会文明发展程度的重要标准，是人类社会发展进步的重要表现，是中国特色社会主义的内在要求，更是司法的生命和灵魂。我国最早的字书《说文解字》中是这样解释"法"的："平之如水，从水。"可见在中国传统文化中，"法"就是要追求像水那样平，这其中就蕴含着司法公平的意思。英国哲学家培根有一句名言："一次不公正的审判，其恶果甚至超过十次犯罪。因为犯罪虽是无视法律——好比污染了水流，而不公正的审判则毁坏法律——好比污染了水源。"司法公正对社会公正具有重要引领作用，而司法不公对社会公正具有致命的破坏作用。司法只有坚持了公正、主持了正义、维护了公平，才能得到人民群众的拥护和支持；相反，如果一个司法案件得不到公平正义的裁决，就会损害法治的权威性，甚至导致人民群众对社会公正产生怀疑。说到底，老百姓对司法的要求，就是公平正义，就是希望在每一个司法案件中都能感受到公平正义。美国法学家伯尔曼说过，"法律必须被信仰，否则它便形同虚设"。法律之所以被群众信仰，是因为法律是公正的化身，一旦失去公正这个神圣的光环，法律也就失去了权威，从而导致群众不敬法、不畏法、不信法。

公平正义作为人民群众感知法治建设的一把尺子，不是抽象的，而是具体的。司法公正寓于个案公正之中，并通过无数个案公正体现出来。人民群众往往通过某些具体的个案作出司法是否公正的评判。一个司法案件，可以树立法律权威、增进法律信仰，也可以成为损害司法公信力甚至导致社会信任坍塌的一个缺口。"物不得其平而鸣。"一旦人民群众不能在司法机关实现权利救济，不能在司法审判中寻找到公平正义，就可能选择法律之外的其他渠道捍卫权益。这些年来，一些群众之所以"信访不信法"，莫不与此有关。究其原因，就是有的个案的裁决没有得到应有的公平正义，一些司法人员或作风霸道、滥用自由裁量权，或办案不廉，办金钱案、关系案、人情案，有的甚至搞刑讯逼供、徇私舞弊、贪赃枉法等。这些问题，既破坏了司法秩序、造成司法不公，也侵害了群众权益、损害了司法在人民群众心中的形象，逾越了社会公平正义的底线，必须下大力气加以解决。

习近平总书记指出："公平正义是政法工作的生命线，司法机关是维护社会公平正义的最后一道防线。政法战线要肩扛公正天平、手持正义之剑，以实际行动维护社会公平正义，让人民群众切实感受到公平正义就在身边"。让人民群众在每一个司法案件中都感受到公平正义，既是新形势下人民群众的新要求、新愿望、新期待，也是实现依法治国、维护社会和谐稳定的必然要求。为此，我们必须下更大的决心，采取更有力的措施：一方面要教育引导广大司法干警坚守职业良知、坚持执法为民，自觉用职业道德约束自己，切实提高司法业务素质和能力，真正把每一起案件的审理都作为依法治国的生动实践来认识来对待，做到对历史负责、对人民负责、对法律负责，树立惩恶扬善、执法如山的浩然正气；另一方面要进一步深化司法体制改革，努力破除影响司法公正的体制机制障碍，着力解决人民群众最关心最直接最现实的公平正义问题，绝不允许对群众的报警求助置之不理，绝不容许让普通群众打不起官司，绝不容许滥用权力侵害群众合法权益，绝不允许执法犯法造成冤假错案，从而通过个案积累筑牢公平正义的基石，不断提升司法公信力，不断增强当事人对公平正义的获得感！

法治兴则国家兴，法治衰则国家乱

历史是最好的老师。经验和教训使我们党深刻认识到，法治是治国理政不可或缺的重要手段。法治兴则国家兴，法治衰则国家乱。什么时候重视法治、法治昌明，什么时候就国泰民安；什么时候忽视法治、法治松弛，什么时候就国乱民怨。

——2014 年 10 月 23 日，习近平在十八届
四中全会第二次全体会议上的讲话

法治是治国理政的基本方式，是国家治理体系和治理能力的重要依托，是政治昌明、经济发展、社会进步的坚固基石。习近平总书记关于"法治兴则国家兴，法治衰则国家乱"的重要论断，是对古今中外治国理政经验教训的深刻总结。

春秋战国时期，各国都在变法、实行法治，为什么只有秦国能最终成功？就是因为秦国长期坚持变法、实施法治不动摇，"不别亲疏，不殊贵贱，一断于法"。纵观古今中外，像中国历史上的贞观之治、光武中兴、文景之治等，世界其他国家如日本明治维新、俄国农奴制改革、美国罗斯福新政等，无一不是以法治之兴促进了国家之强盛。反面的教训也不少。20世纪六七十年代我国发生"文化大革命"的一个重要教训，就是法制遭到破坏，导致十年浩劫，使党和人民的事业遭受重大损失和挫折。党的十一届三中全会之后，党中央大力拨乱反正，恢复并不断健全完善社会主义法治秩序，我们才迎来了改革开放近四十年经济社会迅速发展、综合国力显著增强、人民生活水平大幅提升的大好局面。"法者，治之端也。"凡是经济发达、政治清明、社会秩序稳定、人民安居乐业的国家必然有健全的法治，凡是法治废弛的国家必然动荡不定、腐败丛生、经济落后、人民生活困苦、综合国力衰弱。这已是被反复证明了的历史结论。

墨子曰："天下从事者，不可以无法仪；无法仪而其事能成者，无有也。"当前，我国正处于全面建成小康社会的决胜阶段，从总体上看，我国改革发展稳定形势是好的，但发展中不平衡、不协调、不可持续问题依然突出，人民内部矛盾和其他社会矛盾凸显，党风廉政建设中依然存在一些不容忽视的问题。这里面，大量矛盾和问题的存在，与有法不依、执法不严、违法不究密切相关，与一些领导干部"权大于法、言大于法"有关，与一些群众"信访不信法"有关。要妥善解决各种社会矛盾和问题，必须把依法治国摆在更加突出位置，密织法律之网、强化法治之力，真正把党和国家工作纳入法治化轨道，坚持在法治轨道上统筹社会力量、平衡社会利益、调节社会关系、规范社会行为，确保我国社会在深刻变革中既生机勃勃又井然有序。

为子孙万代计，为长远发展谋。实现党和国家长治久安，更需要坚持全面依法治国、建设法治国家。政治安定团结、社会和谐稳定，是人民群众的最高利益、最大期盼。从现在的情况看，只要国际国内不发生大的波折，经过全党全国各族人民的共同努力，全面建成小康社会的目标应该可以如期实现。但"不谋万世者，不足谋一时"，全面建成小康社会之后路该怎么走？如何推动实现中华民族伟大复兴中国梦？如何跳出"历史周期律"、实现长期执政？这些都是需要深入思考的重大问题。世界上一些国家虽然一度实现快速发展，但并没顺利迈进现代化门槛，而是落入这样或那样的"陷阱"，很大程度上与法治不彰相关。小智治事，中智治人，大智立法。要使我们国家实现经济发展、政治清明、文化繁荣、社会公正、生态良好，在更高程度上促进公平正义、增强人民福祉，必须坚持依法治国、依法执政、依法行政共同推进，坚持法治国家、法治政府、法治社会一体建设，实现科学立法、严格执法、公正司法、全民守法。只有这样，才能为党和国家长治久安提供根本性、全局性、长期性的法治保障。

坚持依法治国首先要坚持依宪治国

坚持依法治国首先是要坚持依宪治国，坚持依法执政首先要支持依宪执政。要坚持党的领导、人民当家做主、依法治国有机统一，坚定不移走中国特色社会主义法治道路，坚决维护宪法法律权威。

——2014 年 12 月 4 日，习近平在首个国家宪法日到来之际作出的批示宪法是一个国家的根本大法，是治国安邦的总章程，是人民权利的保证书。习近平总书记指出，"坚持依法治国首先要坚持依宪治国，坚持依法执政首先要坚持依宪执政"。这不仅是对宪法至高无上的法律地位的精要概括，也是对宪法实施提出的明确要求，深刻阐明了依法治国和依宪治国、依法执政和依宪执政之间的辩证关系，对全面推进依法治国、加快建设社会主义法治国家，意义重大而深远。

"宪法"一词，来源于拉丁文 constitution，本是组织、确立的意思。古罗马帝国用它来表示帝王的"诏令""谕旨"，以区别于市民会议通过的法律文件。在现代法律体系中，宪法是一个国家的"母法"，是特定社会政治经济和思想文化条件综合作用的产物，集中反映各种政治力量的实际对比关系，规定国家的根本任务和根本制度，即社会制度、国家制度的原则和国家政权的组织、公民的基本权利义务等。从上述定义可以看出，宪法至少有三层意思：第一，宪法是特定国家关于本国政治、经济、文化和社会生活等方面的最基本的原则；第二，宪法确立了国家政权的合法性；第三，宪法规定了国家管理的制度形式。简单地讲，宪法就是规定一个国家是民主的还是专制的、由谁来管理国家、用什么形式和方式来管理国家的根本大法。

为什么依法治国首先要依宪治国？这当然是由宪法的独特地位和作用决定的。宪法就是法上之法、法中之法。"根本法"和"最高法"，是宪法区别于一般法律的两个最显著的特征。从内涵来看，依宪治国体现了依法治国的核心内容。我国现行宪法以国家根本法的形式，确立了中国特色社会主义道路、中国特色社会主义理论体系、中国特色社会主义制度的发展成果，反映了我国各族人民的共同意志和根本利益，成为党和国家的中心工作、基本原则、重大方针、重要政策在国家法制上的最高体现。依法治国，首要任务就是把宪法确立的这些根本制度和原则贯彻好落实好。从效力上看，依宪治国是依法治国的法律基础。宪法是其他法律的根据和基础，所有法律都必须依据宪法来制定，不得同宪法相抵触，否则无效。因此，宪法是母法，普通法律是子法。依法治国所依之法，首先就是宪法。从权威上看，依宪治国为依法治国确定了最高准则。宪法是一切组织和个人的根本活动准则，全国各族人民、一切国家机关和武装力量、各政党和各社会团体、各企业事业组织，都必须遵守宪法、不得超越宪法，并负有维护宪法尊严、保证宪法实施的职责。因此，法治的权威首先体现为宪法的权威，对法律的遵守首先是对宪法的遵守。总起来说，宪法在国家治理体系和治理能力法治化中的核心地位，决定了坚持依法治国首先要坚持依宪治国。如果治国不首先依宪，那就等于废弃了立国根本，背离了最高的国家共识，依法治国就会成为无源之水、无本之木，建设社会主义法治国家更无从谈起。

坚持依宪治国，基础是要增强全民的宪法意识。宪法的根基在于人民发自内心的拥护，宪法的伟力在于人民出自真诚的信仰。只有宪法精神、宪法理念、宪法意识深入人心，宪法权威才能真正树立起来。要按照党的十八届四中全会要求，普遍开展宪法教育，广泛弘扬宪法精神，引导全国各族人民增强学习宪法、崇尚宪法、遵守宪法、维护宪法的自觉性和主动性，在全社会树立起对宪法的信仰和敬畏，真正使宪法成为全体人民的共同行为准则，为全面推进依法治国提供强大动力。

坚持依宪治国，关键是要全面贯彻实施宪法。宪法的生命全在于实施，宪法的权威也在于实施。卢梭说过，宪法既不是铭刻在大理石上，也不是铭刻在铜表上，而是写在人民心里。如果宪法得不到全面有效实施，那么宪法就写不进"人民心里"，依法治国的目标也就不可能真正实现。宪法实施情况如何，可以视作是检验法治情况的"晴雨表"和"标尺"。要深入贯彻落实党的十八届四中全会的部署，切实加强宪法实施，建立健全科学有效的宪法监督机制，使一切违反宪法的行为都得到追究和纠正。

确保刀把子牢牢掌握在党和人民手中

要加强和改进对政法工作的领导，选好配强政法机关领导班子，提高政法队伍思想政治素质和履职能力，培育一支忠于党、忠于国家、忠于人民、忠于法律的政法队伍，确保刀把子牢牢掌握在党和人民手中。

——2015 年 1 月 20 日，习近平
对政法工作作出的重要指示

　　枪杆子、笔杆子、刀把子……关心中国政治的人，对这一串词汇都耳熟能详。"枪杆子"指的是军队，"笔杆子"指的是宣传文化系统，"刀把子"则常用来指政法部门。早在 1926 年 5 月，毛泽东在广州主持第六届农民运动讲习所时就指出："搞革命就是刀对刀、枪对枪，要推翻地主武装团防局，必须建立农民自己的武装，刀把子不掌握在自己人手里，就会出乱子。"1998 年 7 月，江泽民在会见全国打击走私工作会议代表时讲道："军队是人民民主专政的坚强柱石，政法机关是人民民主专政的专门机关。它们是党和人民手中掌握的枪杆子、刀把子。这个枪杆子、刀把子如果不起作用了，或者丢掉了，我们党和国家还能安然无恙、长治久安吗？"同月，胡锦涛在贯彻中央关于军队武警部队政法机关不再从事经商活动决定电视电话会议上也指出："我们的政法机关也是反腐败斗争的'刀把子'，担负着依法惩治腐败的重要责任。"

　　刀者，锋利也；把者，方向也。所谓"刀把子"，就是锋利的武器由谁掌握、向谁发力的问题。"工欲善其事，必先利其器。""刀把子"是我们共产党人武装自己、战胜敌人的重要利器。政法部门作为国家机器的重要组成部分，作为人民民主专政的重要工具，担负着保护人民、打击敌人、惩治犯罪、维护社会稳定、保卫社会主义国家政权、保障改革开放和现代化建设顺利进行的光荣而繁重的任务，拥有限制人身自由、收缴个人财产的强制力。历史证明，这个"刀把子"是双刃的，掌握在党和人民手中，就会促进党和人民的事业发展，就能保护人民群众的合法权益；而如果脱离了党和人民的掌握，落入别有用心之人手中，就会成为伤害党的事业和人民合法权益的工具。

　　在党的十八大以来深入开展的反腐败斗争中，政法系统成为重灾区，一批领导干部落马，包括周永康、李东生、马建、张越、武长顺等高级领导干部。特别是周永康在全国政法系统深耕多年，当面一套、背后一套，任人唯亲、搞团团伙伙，他的所作所为严重影响了政法干部在人民群众中的形象，给中国法治建设造成了很坏影响。当年，薄熙来、王立军在重庆发起所谓"打黑"行动，利用政法机关制造了一大批"黑社会"案件。事后经过严格审查，这些案件中很多都是冤案、假案、错案。薄、王所打的"黑"，纯粹是从个人利益出发，搞"顺我者昌、逆我者亡"那一套。试想，如果不借助政法机关的力量，薄、王能够在重庆搞成"家天下"吗？由此可见，在"刀把子"由谁掌握、为谁服务方面，我们是有着深刻教训的。

面对新形势新任务新挑战，习近平总书记重提"刀把子"意义重大，寄托着总书记对政法战线、政法机关、政法干部的殷切希望。那么，我们该如何进一步打造过硬的"刀把子"、让国家机器真正硬起来呢？一是要攥紧"刀把子"。坚持党对政法工作的领导不动摇，加强和改善党对政法工作的领导，不断提高党领导政法工作的能力和水平，确保"刀把子"掌握在忠于党和人民的人的手中。二是要锻造"刀把子"。切实加强思想政治建设，教育引导广大政法干部坚定理想信念，坚持人民立场，严守党的纪律，培育职业精神，真正做到严格执法、文明执法、公正司法。三是要加强"刀把子"队伍建设。按照"政治过硬、业务过硬、责任过硬、纪律过硬、作风过硬"的要求，建设一支信念坚定、执法为民、敢于担当、清正廉洁的政法干部队伍，为协调推进"四个全面"战略布局、实现"两个一百年"奋斗目标保驾护航。

"党大还是法大"是一个政治陷阱，是一个伪命题

　　古人说："有道以统之，法虽少，足以化矣；无道以行之，法虽众，足以乱矣。"我说过，"党大还是法大"是一个政治陷阱，是一个伪命题。对这个问题，我们不能含糊其辞、语焉不详，要明确予以回答。

　　——2015 年 2 月 2 日，习近平在省部级主要领导干部学习贯彻党的十八届四中全会精神专题研讨班开班式上的讲话

全面依法治国能不能顺利推进，关键在于方向是不是正确、政治保证是不是坚强有力。其中很重要的，就是要正确认识和妥善处理党和法的关系问题。在党和法的关系上，有人提出"党大还是法大"的命题。这其实是一个伪命题。因为从逻辑上讲，党的本质是政治组织，而法的本质是行为规则，两者根本不存在谁大谁小的问题。硬要简单比较，只会落入思维陷阱，就像关公战秦琼，为人提供笑柄而已。

但是，为什么总是有人喜欢拿党和法作比较，热衷于炒作"党大还是法大"这个题目呢？这实际上是醉翁之意不在酒，是一些别有用心之人故意把党的领导与依法治国割裂开来、对立起来，大肆宣扬只要坚持党的领导就不可能实现依法治国，只要实行依法治国就应当排除党的领导，两者非此即彼、不可兼容。这种"党、法不能两立"的错误观点，罔顾事实、脱离国情，背离了中国特色社会主义法治建设的科学轨道和内在要求，目的就是扰乱人心，是借法治之名行否定党的领导之实。对这个"政治陷阱"和"伪命题"，我们必须保持高度警惕。

在当今中国，东南西北中，工农商学兵，党是领导一切的。中国共产党的执政地位、领导核心地位，统揽全局、协调各方的地位，是历史形成的，是历史的选择、人民的选择。坚持党的领导是中国特色社会主义最本质的特征，是社会主义法治最根本的保证。离开党的领导，全面推进依法治国、建设社会主义法治国家，就无从谈起。而法是党的主张和人民意志的统一体现，依法治国是党领导人民治理国家的基本方略，是实现国家长治久安的重要保障。全面依法治国，必须有利于加强和改善党的领导，有利于巩固党的执政地位、完成党的执政使命，而绝不是削弱党的领导、取消党的领导。党的领导必须依靠社会主义法治，依法治国必须坚持党的领导，党和法、党的领导和依法治国是高度统一、根本一致、相辅相成的。只有在党的领导下依法治国、厉行法治，同时坚持党在宪法法律范围内活动，人民当家做主才能充分实现，国家和社会生活法治化才能有序推进。

习近平总书记进一步指出："如果说'党大还是法大'是一个伪命题，

那么对各级党政组织、各级领导干部来说，权大还是法大则是一个真命题。"他要求每个党政组织、每个领导干部必须服从和遵守宪法法律，不能把党的领导地位当作以言代法、以权压法、徇私枉法的挡箭牌。纵观人类政治文明史，权力犹如一把双刃剑，在法治轨道上行使可以造福老百姓，在法律之外行使则必然祸害国家和人民。各级党政组织、各级领导干部必须牢记，自己手中的权力是党和人民赋予的，是上下左右有界受控的，是不可以为所欲为、随心所欲的，要牢固树立宪法法律至上、法律面前人人平等、权由法定、权依法使等基本法治观念，坚决把权力关进法律制度的笼子，自觉在宪法法律范围内行使权力。要深入系统地学习中国特色社会主义法治理论，学习宪法、法律和相关法规，心中高悬法律明镜，手中紧握法律戒尺，准确把握法律红线，弄明白法律规定的权力边界在哪里、怎样用权才不逾越底线，把对法治的尊崇、对法律的敬畏转化为思维方式和行为方式，真正做到在法治之下而不是法治之外更不是法治之上想问题、作决策、办事情，真正做到办事依法、遇事找法、解决问题用法、化解矛盾靠法。

法律红线不可触碰，法律底线不可逾越

领导干部要牢记法律红线不可逾越、法律底线不可触碰，带头遵守法律、执行法律，带头营造办事依法、遇事找法、解决问题用法、化解矛盾靠法的法治环境。

——2015 年 2 月 2 日，习近平在省部级主要领导干部学习贯彻党的十八届四中全会精神专题研讨班开班式上的讲话

　　法律是全体公民行为的红线、底线，更是各级领导干部必须带头坚守的红线、底线。古人云，"治国者先受制于法"。法是党的主张和人民意愿的统一体现，党领导人民制定宪法法律，党章明确规定"党必须在宪法和法律范围内活动"。群众看党员，党员看干部，干部看领导。在法治已经成为我们党治国理政基本方式的今天，如果领导干部不学法、不懂法、不守法，不习惯不善于运用法治思维和法治手段推动工作、解决问题，没有牢记"法律红线不可逾越、法律底线不可触碰"，又怎么能当好领导？怎么能带领广大干部群众贯彻落实全面依法治国的基本方略？怎么能保证不出事？

　　2016年，中央组织部干部监督局对多名违法犯罪的原领导干部反省材料进行了分析研判。分析发现，81.4%的人认为自己犯罪与不懂法、破了法律底线有关。"不懂法律"几乎成了贪官们为自己开脱的最佳借口。的确，翻开那些落马贪官的犯罪档案，都有一个共同的特点，就是对法律缺乏敬畏之心，就是因为他们守不住法律红线、法律底线而最终走向万劫不复的。无论是周永康、薄熙来、徐才厚、郭伯雄、令计划、苏荣，还是胡长清、成克杰、白恩培、刘志华、郑筱萸、武长顺，这些腐败分子个个都是如此。历史上也不乏这样的例子。唐朝"卒徒"出身的宿州太守陈蟠，因贪赃枉法被处死时，居然索笔题了一首《临刑诗》："积玉堆金官又崇，祸来倏忽变成空。五年荣贵今何在？不异南柯一梦中。"四行小诗，言简意赅，将他从高官到死囚的经历一语道尽：就是因为逾越了法律底线、触碰了法律红线。

　　明代晚期思想家吕坤在《呻吟语》中提出："畏则不敢肆而德已成，无畏则从其所欲而及于祸。"作为领导干部，要把树立法律敬畏意识作为"必修课"、作为一种自觉，时刻对自己进行警醒，用敬畏之心、戒惧之意行使党和人民赋予的权力，任何时候、任何情况下都不越界不越轨。《礼记·中庸》提到："戒慎乎其所不睹，恐惧乎其所不闻。莫见乎隐，莫显乎微，故君子慎其独也。"领导干部要远离法律红线，远离高危雷区，必须时刻绷紧自律这根弦，强化自我修养，常修为政之德，常思贪欲之害，常怀律己之心，勿以恶小而为之，不存侥幸心理，做到台上台下一个样，人前人后一个样，八小时内外一个样，做到慎独、慎微、慎初，时时处处用法律规范自己的言行。

作为领导干部，除了牢记法律红线不可逾越、法律底线不可触碰，更重要的是要做到以身作则、率先垂范，当好推进法治的"领头羊"。要带头学习中国特色社会主义法治理论，自觉学习履行职责所需要的法律知识，深入学习法的原则、法的原理、法的价值、法的精神，心中高悬法律的明镜，手中紧握法律的戒尺，知晓为官做事的尺度。只有学深、学透、学懂了法律，才能内心尊法、自觉守法、有力护法、正确用法。要带头增强坚守法治的定力，排除利益、权势、人情、面子、关系等因素的干扰，树立和维护法律权威，当好全面推进依法治国的重要组织者、推动者和实践者，引领全社会形成浓厚的法治氛围。总之，领导干部要做尊法学法守法用法的模范，真正尊崇法治、敬畏法律，了解法律、掌握法律，遵纪守法、捍卫法治，厉行法治、依法办事。

没有免罪的"丹书铁券"，也没有"铁帽子王"

党纪国法不能成为"橡皮泥""稻草人"，无论是因为"法盲"导致违纪违法，还是故意违规违法，都要受到追究，否则就会形成"破窗效应"。法治之下，任何人都不能心存侥幸，都不能指望法外施恩，没有免罪的"丹书铁券"，也没有"铁帽子王"。

——2015 年 2 月 2 日，习近平在省部级主要领导干部学习贯彻党的十八届四中全会精神专题研讨班开班式上的讲话

所谓"丹书铁券",又称"丹书铁契",也就是民间叙事中所说的"免死牌""免死金牌",是指古代帝王赐给功臣世代享受优遇或免罪的凭证,意味着豁免权。"铁帽子王"源于清朝的封爵制度,铁帽子王比一般亲王享有更优厚的待遇和特权。清朝共有 12 位承袭爵位无须降等的"铁帽子王",其中 8 位是在清朝开国之初立下战功的皇亲宗室,因为他们功勋卓绝,所以获得世袭罔替的永久封爵。另外 4 位属于恩封,是在清朝中后期稳固江山中立功而受封的。不难发现,"丹书铁券"和"铁帽子王",实际上就是一种特权凭证,主张法外特权,承认法外施恩,背后是权大于法的逻辑。掌握这种特权凭证的人不仅可以搞特殊、谋私利,还可以凌驾于法律和制度之上,逃脱责任、免去惩罚,久而久之必定是无法无天、目空一切。

"丹书铁券"也好,"铁帽子王"也好,都是封建时代的产物,在共产党执政的人民共和国里是绝对不能出现的。习近平总书记关于"丹书铁券"和"铁帽子王"的论述,意在强调"王子犯法,与庶民同罪",在党纪国法面前,党员和党员领导干部都是平等的,没有不受党纪国法约束的特殊党员,任何人不论职务高低、功劳大小,一旦触犯党纪国法,都要受到制裁,法律面前无特权,反腐面前无"禁区"。在全面从严治党、全面依法治国的大背景下,每个党员特别是党员领导干部都要增强纪律意识、法律意识,消除"丹书铁券""铁帽子王"的特权思想、特权意识、特权观念,让遵纪守法成为一种习惯、一种自觉。

1937 年,延安曾发生一起轰动一时的"黄克功桃色事件"。红军高级干部黄克功因逼婚未遂在延河畔枪杀了陕北公学女学员刘茜,从一个革命功臣变成杀人犯。事件发生后,中共中央高度重视,在毛泽东同志主持下召开会议,经过慎重讨论,决定将黄克功处以死刑。毛泽东同志当时说:"他犯了不容赦免的大罪,以一个共产党员、红军干部而有如此卑鄙的残忍的,失掉党的立场的,失掉革命立场的,失掉人的立场的行为,如为赦免,便无以教育党,无以教育红军,无以教育革命者,并无以教育做一个普通的人。"在新中国成立初期"三反"运动中,时任石家庄市委副书记的刘青山和天津地委书记的张子善，经不起资产阶级腐朽思想和生活方式的侵蚀，逐渐腐化堕落，贪污盗窃国家财产，从"红小鬼"变成人民的罪人，1952年2月被判处死刑，当时在全国引起强烈震动，对领导干部为官清廉干事、严守党纪国法起到了极大的警示作用。毛泽东同志回来说："正因为他们两个人的地位高、功劳大、影响大，所以才下决心处决他们。只有处决他们，才可能挽救20个、200个、2000个犯有不同程度错误的干部。"事实证明，这些对革命有过重大贡献的人都没有得到"免死金牌"。

历史如此，今日依然。党的十八大以来，以习近平同志为核心的党中央把反腐倡廉建设放在更加突出位置，坚持以"零容忍"态度开展反腐败斗争，坚持"老虎""苍蝇"一起打，坚持上不封顶、下不设限、没有禁区，周永康、薄熙来、徐才厚、郭伯雄、令计划、苏荣被查处，200多位中管干部被绳之以法，打破了外界预期，深得党心民心。这些事实足以证明，在当代中国，谁也没有免罪的"丹书铁券"，谁也不可能成为"铁帽子王"。这些事实警示人们，任何人都不能心存侥幸，党纪国法的红线绝不能逾越，一旦逾越，就必然要被党纪国法所严惩，只有"伸手必被捉"的份。

领导干部要做尊法学法守法用法的模范

领导干部要做尊法学法守法用法的模范，带动全党全国一起努力，在建设中国特色社会主义法治体系、建设社会主义法治国家上不断见到新成效。

——2015年2月2日，习近平在省部级主要领导干部学习贯彻党的十八届四中全会精神专题研讨班开班式上的讲话

　　"善禁者，先禁其身而后人。"全面依法治国、建设法治国家，需要全党全社会的共同努力，更需要发挥领导干部这个"关键少数"的带头示范作用。党的十八大以来，习近平总书记多次强调要抓好"关键少数"，强调领导干部要做尊法学法守法用法的模范，就是要求领导干部坚持以身作则、率先垂范，坚持从我做起、从现在做起，要求别人做到的首先自己做到，要求别人不做的自己坚决不做，带动全社会形成尊法学法守法用法的良好风气。

　　要做尊崇法律的模范。尊法是依法治国的重要前提。法律必须被信仰、具有权威，否则形同虚设。作为领导干部，要带头尊崇法治、敬畏法律，时刻保持对法律的敬畏心理。"畏则不敢肆而德以成，无畏则从其所欲而及于祸。"领导干部一旦丧失了敬畏之心，就不会把法律放在眼里，做人做事就没有底线，就会肆无忌惮、为所欲为、无法无天。我们看到，在许多落马官员身上，无一例外都存在缺乏对法律尊崇之心、敬畏之心的共同"病灶"，把党纪国法当作"橡皮泥""稻草人"。这些人以为官位高了、权力大了，以为权大于法、甚至以权压法，不把党纪国法放在心上，最终走上违法犯罪之路，后悔只能晚矣。法律面前一律平等，没有特权、没有例外。各级领导干部要常怀敬畏之心，心中高悬法律明镜，知晓为官做事尺度，时刻牢记法律红线不可逾越、法律底线不可触碰，在内心深处把好尊法的第一个关口。

　　要做学习法律的模范。在实际工作中，一些领导干部法治意识淡漠，存在人治思想、长官意志，存在凭经验办事情、做决策现象，归根结底还是不明法、不懂法。随着我国法治建设的不断推进，法律的触角已延伸到社会的各个角落，人民群众依法保障自身权益的意识越来越强。作为领导干部，只有不断增强学法的自觉性主动性，弄清楚法律规定我们怎么用权，搞明白应该做什么、可以做什么、不该做什么，不断增强法治意识、提高法治素养，真正把法律内化于心、外化于行，才能适应社会发展和时代进步的需要。要与时俱进、坚持不懈地学习法律知识，系统掌握中国特色社会主义法治理论，准确把握中央关于法治建设的重大部署和方针政策，做到先学一步、学深一步，打牢依法办事的理论基础和知识基础，并通过自己的模范带头学习，带动全社会营造学习法律法规的良好氛围。

要做遵守法律的模范。"将欲治人，必先治己。"作为领导干部，必须牢固树立守法意识，带头遵纪守法、捍卫法治，自觉将其作为履职尽责、安身立命最基本的要求。要切实加强自我管理、自我教育、自我约束、自我监督，时时处处以宪法、法律为准绳，时时刻刻用法规制度约束和警示自己的言行举止，做到立言与立行相一致、律人与律己相统一，做到"言必合法、行必守法"，管好用好手中权力。要坚决反对特权思想、特权现象，明白无论职务高低、权力大小，遵守法律没有特区、没有例外，不存在不受法律约束的特殊组织和特殊党员，没有免罪的"丹书铁券"，也没有"铁帽子王"。要严格依法办事，守纪律、讲规矩，不越"雷池"、不踩红线，不留"暗门"、不开"天窗"，真正做到正己正人、模范守法。

要做依法办事的模范。领导干部带头尊法学法、守法用法，重在知行合一、付诸实践。要带头把法治理念和法治精神体现到工作实践中，善用法治思维和法治方式想问题、做决策、办事情、干工作，养成遇事找法、办事依法、解决问题靠法的行为习惯，不断提高运用法治思维和法治方式深化改革、推动发展、化解矛盾、维护稳定、管党治党的能力。要坚持权力授予有据、行使有规、监督有效，坚持依法治吏、依法治权，不打法律"擦边球"。要坚决防止权力缺失和滥用，做到一把标尺、一个标准办事，不能时松时紧、可严可轻，不能厚此薄彼、不同对待，不能因私利抛公义、不能因私谊废公事，确保法律天平不偏不斜，切实维护法律的权威性和严肃性。要自觉接受法律监督，坚持依法用权、秉公用权、廉洁用权，坚持在"聚光灯"下开展工作，确保权力在阳光下运行。

法安天下，德润人心

　　法安天下，德润人心。法律有效实施有赖于道德支持，道德践行也离不开法律约束。法治和德治不可分离、不可偏废，国家治理需要法律和道德协同发力。

——2016 年 12 月 10 日，习近平在主持
中央政治局第三十七次集体学习时的讲话

　　法律是由国家制定并强制实施的行为规范,道德是依靠人们的内心信念、传统习惯和思想教育调整的行为规范。法律是准绳,任何时候都必须遵循;道德是基石,任何时候都不可忽视。两者既相互区别,又相互渗透、相互支持、相互补充、相互转化。习近平总书记关于"法安天下,德润人心"的重要论述,深刻揭示了法治和德治的辩证关系,丰富和发展了马克思主义关于法律与道德的理论,科学阐明了新形势下坚持依法治国与以德治国相结合的正确方向和重要途径。

　　古往今来,法治和德治是治国理政两个不可或缺的重要手段,如车之两轮、鸟之双翼,二者不可偏废。法律的有效实施有赖于道德支持,道德的自觉践行离不开法律约束。法律难以规范的领域,道德可以发挥作用;道德无力约束的行为,法律可以实行惩戒。只有建立在坚固道德基石上的法治,才真正坚如磐石、牢不可摧,才有深厚的正当性和道义基础,才能赢得民众内心的服从和拥护。也只有坚强和可靠的法治保障,道德的教化、引导、约束、调节功能才能真正实现,否则再美好的道德也将不堪一击。因此,治国理政,必须坚持一手抓法治、一手抓德治,实现法律和道德相辅相成、法治和德治相得益彰。

　　在中华民族五千年的历史进程中,德治和法治的思想和实践贯穿历朝历代,德法合治成为中华政治文明的优良传统。春秋时期,孔子就提出"为政以德",主张"道之以政,齐之以刑,民免而无耻;道之以德,齐之以礼,有耻且格"。在汉代、董仲舒提出"阳为德、阴为刑"、治国应当"大德而小刑"。到了唐朝、当政者一方面通过"贞观修礼"推行德治、一方面制定严密的《唐律》推行法治。正是因为礼法并举、德法合治,才出现了汉唐时期的盛世。相反,单纯依靠德治的周朝,最终因礼崩乐坏而天下大乱;单纯依靠法治的秦朝,最终因暴政导致二世而亡。历史证明,只有德法并重、德法合治,国家才能治理好。

　　治国凭圭臬,安邦靠准绳。唯有"法"才能安天下。法是什么?说到底,法就是规则、是限制、是契约、是公正。治理一个国家、一个社会,关键是依法执政、依法行政、依法办事。法令行则国家治，法令弛则国家乱。正如习近平总书记指出，"什么时候重视法治、法治昌明，什么时候就国泰民安；什么时候忽视法治、法治松弛，什么时候就国乱民怨"。可以说，没有法律的权威性和强制性来规范和约束社会成员的行为，野蛮就失去缰绳，文明将无处依托，天下就会大乱。现在，我们党是在一个有 960 万平方公里、13 亿人口的大国执政，地域辽阔、民族众多、国情复杂，要保证国家统一、政令统一，要实现经济发展、政治清明、文化昌盛、社会公正、生态良好，必须秉持法律这个准绳、用好法治这个方式。唯有如此，才能凝聚全社会的共识和力量，保证党和国家长治久安。

国无德不兴，人无德不立。唯有"德"才能润人心。如果说法律就像影子一样紧紧跟随着身体，那么道德却能直入人心、直抵灵魂深处。道德之于个人、之于社会，都具有基础性意义，历来是人们修身养性、完善自我乃至治国安邦的重要工具。通过道德感化人教育人，进行心理改造，使人心向上向善，知道耻辱而无奸邪之心，从而达到维护社会和谐稳定的作用。"道德不倡，天下不宁。"在新形势下，我们要坚持以社会主义核心价值观为引领，大力弘扬中华传统美德，大力倡导和努力形成一切有利于国家统一、民族团结、社会进步的思想道德，一切有利于追求真善美、抵制假恶丑、增加正能量的思想道德，一切有利于履行公民权利和义务、用诚实劳动创造美好生活的思想道德，使整个社会正气充盈、人心大顺、和谐安定。

7

全面从严治党
锻造坚强核心

把权力关进制度的笼子里

　　要加强对权力运行的制约和监督，把权力关进制度的笼子里，形成不敢腐的惩戒机制、不能腐的防范机制、不易腐的保障机制。

——2013 年 1 月 22 日，习近平在十八届
中央纪委二次全会上的讲话

习近平总书记提出的"加强对权力运行的制约和监督，把权力关进制度的笼子里"的重要论述，如金石之音，振聋发聩、使人警醒。

必须把权力关进制度的笼子里，是由权力的本性和人的本性决定的。早在 17 世纪，英国哲学家、古典自由主义奠基人洛克就在其《政府论》一书中认为，一般而言统治者会滥用权力，并提出"对于滥用权力的真正纠正办法就是用强力对付强力"。18 世纪，法国思想家孟德斯鸠在其《论法的精神》一书中也认为："一切有权力的人都会滥用权力，这是一条万古不易的经验。有权力的人们使用权力一直到遇到界限的地方才会休止。""要防止滥用权力，就必须以权力制约权力。"19 世纪，英国历史学家和政治思想家阿克顿勋爵在他的《自由与权力》一书中，更是提出一句为人们熟知的经典名言："权力导致腐败，绝对权力导致绝对腐败。"为此，他们都极力主张"权力必须受到约束"，一定要把统治者的权力关进"笼子"里。

必须把权力关进制度的笼子里，是全面从严治党、深入推进党风廉政建设和反腐败斗争现实所需。没有规矩，不成方圆。对在一个幅员辽阔、人口众多的发展中大国执政，对有 450 多万个基层组织、8900 多万党员的大党来说，如果纪律规矩不严、松松垮垮，或束之高阁、成为摆设，就会形成"一人违纪，众人随之"的"破窗效应"，就会形成规不成规、法不责众的糟糕局面，就会使党的章程、原则、制度丧失严肃性和权威性。从一些地方和领域不正之风和腐败问题屡禁屡发的教训看，有些党员干部为了一己私利而不惜损害国家、民族和人民的利益，其中一个重要原因就是权力制约缺失、权力监督失效，致使手中权力如脱缰的野马恣意而为，成为谋取私利的工具，直至触犯党纪国法，最后踏上不归路。因此，如何更好地把权力关进制度的笼子里，已经成为加强党风廉政建设和反腐败斗争的一个重大课题。改革开放近四十年来特别党的十八大以来，我们党一直致力于探索加强制度建设和教育防范工作，努力使权力受到监督和制约，使党员干部不犯或少犯错误。尽管如此，制度建设仍然存在不少漏洞，形成不敢腐的惩戒机制、不能腐的防范机制、不易腐的保障机制，还有许多工作要做。

把权力关进制度的笼子里，最要讲究的是"认真"二字。当年毛泽东同志指出，世界上难就难在"认真"二字，共产党人最讲认真。这股"认真"劲应该体现在干事创业的方方面面，也应该体现在党内生活的方方面面。这股"认真"劲，尤其要体现在有纪可依、执纪必严、违纪必究上：就是说在制定规矩制度时要讲认真，强化顶层设计，尊重基层创造，按照于法周延、于事简便的原则，进一步健全完善党内制度体系，做到前后衔接、左右联动、上下配套、系统集成；在执行党规党纪时要讲认真，强化制度规范的执行力，做到用制度管权管钱管人，不留"暗门"，不开"天窗"，使党员干部从心底把党规党纪当成高压线、警戒线，使制度成为硬约束而不是"橡皮筋"；在违纪必究上要动真格，对违规违纪行为"零容忍"，对那些明知故犯的人，对违反制度"踩红线""闯红区"的行为，发现一起、查处一起，坚决杜绝"破窗效应"。

坚持"老虎""苍蝇"一起打

从严治党，惩治这一手决不能放松。要坚持"老虎""苍蝇"一起打，既坚决查处领导干部违纪违法案件，又切实解决发生在群众身边的不正之风和腐败问题。

——2013 年 1 月 22 日，习近平在十八届
中央纪委二次全会上的讲话

　　老虎和苍蝇，是自然界的两种动物。把这两个词比喻在惩治腐败上，非常生动而又贴切。"老虎"指的是"巨腐败""大腐败"，高级干部、实权部门的贪污受贿，动辄几千万、几个亿，社会影响极其恶劣。"苍蝇"指的是"小腐败""微腐败"，这种腐败涉及官员级别可能不高、金额可能不大，但比较常见，往往更加侵害民生、损害民利，群众更有切肤之痛。习近平总书记提出，要坚持"老虎""苍蝇"一起打，既坚决查处领导干部违纪违法案件，又切实解决发生在群众身边的不正之风和腐败问题，不仅彰显了我们党坚持有贪必反、有腐必惩的坚强决心，也道出了广大人民群众的共同心声。

　　先说说打"老虎"。相对于"苍蝇"，"老虎"的腐败程度更深、破坏力更大、影响面更广。实践证明，"打蛇要打头""擒贼先擒王"。打掉一只"老虎"，亦可清除众多"苍蝇"的保护伞。打"老虎"，可以起到更好的警示作用。过去有一种说法，叫作"老虎"做报告、"狐狸"听报告、"苍蝇""蚊子"戴镣铐。这种说法，比较形象地说明我们过去在反腐败方面，动高级干部比较少。党的十八大以来，习近平总书记多次强调，不论什么人，不论其职务多高，只要触犯了党纪国法，都要受到严肃追究和严厉惩处，并明确提出"不定指标、上不封顶"。据统计，自党的十八大召开至2016年年底，仅中管干部就有240多名因严重违纪、腐败问题受到查处。周永康、薄熙来、徐才厚、郭伯雄、令计划、苏荣、刘志军、白恩培、黄兴国等一大批"老虎"的落马，充分表明党纪面前没有特殊的党员、国法面前没有特殊的公民，在反腐败斗争的高压态势下，既没有免罪的"丹书铁券"，也没有"铁帽子王"，任何人只要是违了纪、犯了法、搞了腐败，都逃脱不了党纪国法的严厉惩处。

　　再说说拍"苍蝇"。相对于"老虎"，"苍蝇"官不大、势不重，贪腐的金额没有那么多，但由于发生在老百姓身边，和群众的生产生活密切相关，而且数量众多、防不胜防，危害直接、易生民怨，因而对党和政府形象的损害也不亚于"老虎"。这种损害，从当前来看，诸如公款吃喝、公车私用、索拿卡要，诸如套取、侵吞、挪用涉农惠民资金，诸如教育乱收费、医生收红包、药价虚高，诸如垄断行业的垄断收费，等等，"苍蝇"的行为看似不起眼，但群众感受最直接，将导致人民群众对党和政府的不信任，严重影响党群干群关系、影响党同人民的血肉联系。这种损害，从长远来看，"苍蝇"如不及时拍打，任其滋生蔓延、为非作歹，将会养"蝇"为"虎"，失去的是宝贵的党心民心，动摇的是党执政的根基。

"老虎"不打，不会主动降伏；"苍蝇"不拍，也不会自行消亡。坚持"老虎""苍蝇"一起打，就要坚持抓大不放小、抓小不放大，同向发力、同步推进，不论涉及谁，不论职位高低、贡献大小，都要严惩不贷、绝不姑息、绝不手软，绝不能让腐败分子在党内有藏身之地。一方面要拿出武松打虎的劲头，坚决打击位高权重、胆大包天的"老虎"，斩断他们伸向党和人民的黑爪，使他们不再为"虎"作伥，同时也通过打虎震"虎"，教育、警示更多的党员干部特别是身居要位的高级干部，严守党纪国法，谨慎行使权力，不要成为"老虎"；另一方面要拿出久久为功的决心，通过加大查处力度、打造制度的"笼子"，对顽疾"开刀"、向沉疴"亮剑"，坚决打击那些浑身臭味、嗡嗡乱飞的"苍蝇"，使"苍蝇"无空可钻、无机可乘。只有这样，才能更好地维护、实现和发展人民群众的根本利益，才能更加有效地净化党内政治生态和社会风气，才能取得党风廉政建设和反腐败斗争的更大胜利。

针尖大的窟窿能透过斗大的风

　　一些人认为现在有点小问题、小毛病的人很多，国家管不过来，单位无暇顾及，与其保持操守，不如随波逐流。即使何时清查，也是法不责众，检查一阵子，享受一辈子。俗话说，针尖大的窟窿能透过斗大的风。这类行为实际上就是以权谋私，必须下决心加以解决。这样既能净化社会风气，又能促进反腐倡廉。

　　　　　　　　　　　　——2013 年 1 月 22 日，习近平在十八届
　　　　　　　　　　　　中央纪委二次全会上的讲话

"针尖大的窟窿能透过斗大的风"这句俗语，讲的是小事不管终成大害的道理。尽管这是个十分浅显的道理，说出来大家都听得明白，然而知易行难，古往今来，不知多少人用自己的自由甚至生命一而再、再而三地印证着它的正确性。

先看前有古人。《韩非子》中记载：纣王刚当上君主，就把使用的竹木筷子换成象牙筷子。他的叔叔箕子看到后害怕得要命，别人问他怎么这样悲观，他说："用了象牙筷子，就不会再用陶土做的餐具了，必然要用犀玉之杯；用了象牙筷、犀玉杯，就不会去吃豆子豆叶这些粗菜粗饭了，必然要吃牦牛、豹胎、大象之类难得的食物；吃这样好的食物，用这么好的器具，就不会穿粗布衣服住茅屋了，必然要着锦衣九重，建大屋高台，那样的话，劳民伤财，百姓生怨，大祸就不远了。"后来的事实证明，箕子的推理是正确的。不久，纣王果然是造鹿台，做琼室玉门，设酒池肉林，近女色、喜淫乐，穷奢极欲，弄得老百姓怨声载道。正所谓"千里之堤、毁于蚁穴""得道多助、失道寡助"。牧野一战，纣王一败涂地，与他收集的珍玩宝贝一起葬身火海。韩非子以这样血淋淋的悲剧故事，来说明一个道理："见小曰明"，意思是说，"不矜细行，终累大德"，酿成大祸。这不就是"针尖大的窟窿能透斗大的风"吗？

再看后有来者。江西省原副省长胡长清，爱好书法，爱给人题字，也常题"知足常乐"，然而自己却从不知足，利用职权大肆受贿，看他临刑前的忏悔：我曾错误地认为，吃一点、喝一点算不了啥，根本没有去思考吃喝之中大有文章……时间一长，接触的次数一多，也就无所拘束了，违法乱纪的事也就干起来了。明知钱不能收，但又觉得是"朋友"相送，也就收下不感烫手。拿了人家的钱，人家请你打个电话，出面办个事情，也就成自然的了。再看中国海关总署原副署长王乐毅的忏悔：到北京工作后，我开始能自觉做到送礼不要、请客不到，并注意不与工作对象密切往来。后来由于受庸俗作风的影响，自己又没处理好"友情和原则"的关系，对老同事、老部下来找我办事时，给我带来的烟酒和土特产由不收到盛情难却地收下，逐渐发展到基层单位的领导和我分管的业务部门的同志送给我的也收下了。慢慢地，我对腐朽庸俗风气在海关系统的反映和表现，由不习惯到习以为常、熟视无睹，我在其中随波逐流，甚至推波助澜。这些不都印证了"针尖大的窟窿能透斗大的风"吗？

唯物辩证法告诉我们，事物的变化都是从小到大、从少到多、由浅到深、由量变到质变，日积月累逐渐形成。古人云，行善之人，如春园之草，不见其长，但日有所增；作恶之人，如磨刀之石，不见其损，但日有所亏，揭示的就是事物由量变到质变的演化过程。大量案例说明，一些领导干部的堕落，都是从吃点喝点拿点不算什么的"生活小节"、从生活作风不检点开始的。由于认为"小节无害"，因而放松了自我要求、放松了应有警惕，逐渐沉迷于灯红酒绿、牌桌舞场，逐步从"盛情难却"收钱收物发展到"肆无忌惮"要钱要物，直至做起权钱交易、权色交易，最终越陷越深、越走越远，逃脱不了法律的严惩。一失足成千古恨，再回首已百年身。党员干部特别是领导干部，应当以这些人的教训为戒，加强主观世界改造，加强党性锻炼和道德修养，自觉从司空见惯的小事抓起、管好小节，从自身的"小毛病"改起、补好小洞，才能不养痈为患、防患于未然。

人心向背关系党的生死存亡

得民心者得天下，失民心者失天下，人民拥护和支持是党执政的最牢固根基。人心向背关系党的生死存亡。党只有始终与人民心连心、同呼吸、共命运，始终依靠人民推动历史前进，才能做到哪怕"黑云压城城欲摧""我自岿然不动"，安如泰山、坚如磐石。

——2013 年 6 月 18 日，习近平在党的群众路线教育实践活动工作会议上的讲话电视连续剧《江山》的主题歌唱得好，"打天下坐江山，一心为了老百姓的苦乐酸甜；谋幸福送温暖，日夜不忘老百姓康宁团圆。老百姓是地，老百姓是天，老百姓是共产党永远的挂念；老百姓是山，老百姓是海，老百姓是共产党生命的源泉。"这首歌生动、形象、准确地刻画了中国共产党和老百姓之间的血肉、鱼水关系。

1947 年秋，正是解放战争进行到最困难的时候。陕甘宁晋绥联防军想把佳县打下来，以缓解胡宗南大军进犯陕甘宁边区的压力。佳县位于晋陕峡谷黄河与陕北境内的佳芦河交汇之处，是一座险要的山城。但临战前却发现胡宗南部已将这一带抢掠一空，部队由于极度缺粮无法打仗。毛泽东同志粗略算了一下，如果打仗三天，部队就需要十二万斤粮食。他请来佳县县长张俊贤，让他想想办法。张俊贤说："把全县坚壁的粮食挖出来，够部队吃一天；把全县地里的青玉米和谷子收割了，还可以吃一天；剩下的一天，就把全县的羊和驴都杀了！"战役打响了，佳县老百姓的支前队伍扛着拉着从各家各户凑来的粮食、羊和驴，解放军官兵打到哪里他们就一步不离跟到哪里。而佳县的后方，男女老少吃的是树叶和树皮，这些吃光了就吃观音土，以至于战后很长时间内，这个县都看不到羊和驴。面对此情此景，毛泽东同志十分感动，于是挥笔为中共佳县县委题词："站在最大多数劳动人民的一面。"

人民群众为什么愿意把粮食、羊和驴送给共产党，为什么愿意跟党走？主要是因为我们党带领劳苦大众打土豪、分田地，为老百姓解决了最现实、最关心、最直接的利益问题，特别是为老百姓解决了赖以生存的土地问题，老百姓打心眼里觉得共产党是真心为穷人打天下的，从而赢得了民心，也就赢得了天下。这也是中国共产党之所以能够从小到大、从弱到强，不断从胜利走向胜利的根本"法宝"。而国民党之所以溃败台湾，最根本的原因也是他们彻底失去了民心，被老百姓所抛弃。

必须清醒地看到，在新的历史时期，少数党员干部却忘记了党的优良传统，交通便利了，离群众却远了；生活条件好了，对群众感情却淡薄了；通信发达了,听到群众的声音却少了。尤其是一些党员干部中发生的贪污腐败、脱离群众、形式主义、官僚主义等问题,一心只想着个人、小团体的利益,一心只想着迎合上级、弄虚作假、糊弄百姓,视群众迫切需要而不见,置群众安危冷暖于不顾,严重影响了党群干群关系,长此以往,势必动摇人民群众对党的信任和拥护,必须下大气力解决。

《墨子·兼爱》里有一句话,"爱人者,人必从而爱之"。历史一再证明,水能载舟亦能覆舟;得民心者得天下,失民心者失天下。党的先进性和党的执政地位都不是一劳永逸、一成不变的,人民是最根本的决定因素。"人心向背关系党的生死存亡",没有人民的支持,党将一事无成。"两个一百年"宏伟目标能否顺利实现,中华民族伟大复兴中国梦能否顺利实现,同样取决于人心向背。这就是为什么党中央反复告诫"马克思主义执政党最大的危险是脱离群众",反复强调"必须始终保持党同人民群众的血肉联系"的根本原因。党只有始终与人民心连心、同呼吸、共命运,始终依靠人民推动历史前进,才能始终赢得民心、做到坚如磐石。

用一贤人则群贤毕至，见贤思齐就蔚然成风

用一贤人则群贤毕至，见贤思齐就蔚然成风。选什么人就是风向标，就有什么样的干部作风，乃至就有什么样的党风。

——2013年6月28日，习近平在
全国组织工作会议上的讲话

　　治国理政，唯在用人；用人之要，重在导向。选什么人、用什么人，历来就是风向标。《贞观政要》记载，唐太宗对魏征说："为官择人，不可造次。用得正人，为善者皆劝，误用恶人，不善者立进。"意思是：选人用人，不可轻率。用一好人，就可把别的好人都引进来；用一坏人，别的坏人也都会跟进来。正是做到了"用一贤而群贤毕至"，唐太宗才开创了贞观盛世，当时社会经济繁荣、民风淳朴，人们见贤思齐蔚然成风。

　　对于选贤任能，习近平总书记在任何时候任何岗位，都给予高度重视，几十年从未改变。早在他担任正定县委副书记、书记期间，就留下很多尊贤爱才的佳话，"寻找武宝信"就是其中之一。据当时担任正定县副县长的何玉回忆说，武宝信原是石家庄一家工厂的工程师，他研制的化妆品当时畅销全国。武宝信看到正定招贤纳士的消息后，跟朋友流露出想到正定发展的意愿。习近平听说后，亲自前往石家庄东谈固小区寻找武宝信。东谈固小区有几十栋楼房，武宝信具体住哪一栋并不清楚。习近平他们只好一栋一栋、一个门洞一个门洞、一户一户地找，但是没找到。于是，习近平用双手做喇叭状，扯起嗓子，在小区里喊起武宝信的名字。一番周折，终于找到了这个技术能人。他们交流了几个小时，武宝信被习近平的真诚所感动，当场答应携带技术成果到正定去发展。武宝信去了正定后，又带动了很多像他这样的人才到正定发展。正是"用一贤人则群贤毕至"啊！

　　"千里马常有，而伯乐不常有。"以中国之大，历朝历代贤才并不缺乏，关键是看当政者能否有广纳贤才的眼界和胸襟。像刘邦用人，就有"得人才者得天下"的美谈。公元前202年，刘邦在洛阳南宫设庆功宴，他要部下实话实说：凭什么我刘邦能够夺得天下，而项羽他却失去天下？结果部下的回答五花八门，但都不达意。刘邦最后说：论运筹帷幄、决胜千里之外，我不如张良；论后勤保障、安抚百姓，我不如萧何；论带兵打仗、攻城拔寨，我不如韩信。但是我有这三位人杰，能够好好使用他们，这是我夺得天下的原因。

　　"政治路线确定之后，干部就是决定的因素。"我们党一贯坚持任人唯贤的干部路线，要求干部德才兼备、以德为先。毛泽东同志曾提出"贤才"的六条标准，即"能否坚决地执行党的路线，服从党的纪律，和群众有密切的联系，有独立的工作能力，积极肯干，不谋私利"。不难看出，这六条标准只有一条讲"才"，其余五条都讲"德"，"贤才"标准就是德才兼备、以德为先。邓小平同志根据社会主义现代化建设需要，提出"革命化、年轻化、知识化、专业化"的干部"四化"方针，并强调"革命化"是第一位的、首要的、根本的。习近平总书记在全国组织工作会议上用"20字"概括出好干部标准，即信念坚定、为民服务、勤政务实、敢于担当、清正廉洁，与毛泽东同志提出的"贤才"标准、邓小平同志提出的"四化"方针一脉相承，是我们党坚持德才兼备、以德为先标准的深化和具体化，是好干部成长的方向和选拔任用干部的指挥棒。

实现"用一贤而群贤毕至"，最重要的是正风气、树方向，为选准用好干部提供"风向标"。要坚持不以人以地以籍画线，不唯亲唯熟唯利用人，形成五湖四海、任人唯贤的导向；大力选拔那些信念坚定、对党忠诚、做人厚道的干部，形成坚持理想、公道正派的导向；坚决选用那些坚持原则、敢抓敢管、业绩突出的干部，形成注重实绩、敢于担当的导向；切实关注那些长期在边远地区、生产一线、扎根基层的干部，形成注重基层、埋头苦干的导向；着力选拔那些为民服务、勤勉敬业、做事干净的干部，形成为民、务实、清廉的导向。只有这样，全党全社会就能形成见贤思齐之风，就能形成山清水秀的良好政治生态。

作风建设永远在路上

作风问题具有顽固性和反复性，形成优良作风不可能一劳永逸，克服不良作风也不可能一蹴而就。以往的经验告诉我们，纠风之难，难在防止反弹。"由俭入奢易，由奢入俭难。"教育实践活动有期限，但贯彻群众路线没有休止符，作风建设永远在路上。

——2014 年 1 月 20 日，习近平在党的群众路线教育实践活动第一批总结暨第二批部署会议上的讲话党的作风，是一个政党通过其党员特别是领导干部在政治、思想、组织、工作、学习、生活等各个方面表现出来的态度和行为风格。党的作风就是党的形象，是关乎党的执政基础的关键所在，是观察党群干群关系的晴雨表。习近平总书记关于"作风建设永远在路上"的重要论述，言简意赅、内涵丰富，既是我们党加强作风建设的历史启示和经验总结，也体现了作风建设的现实要求和我们党持之以恒抓作风的坚强决心。

我们党自诞生以来，已历经 90 多年的风雨征程。我们党之所以能够战胜各种困难和风险，取得革命、建设和改革事业一个又一个的伟大胜利，一个重要原因就在于我们党以优良的作风，影响和带领广大人民群众投身火热的斗争实践中。新民主主义革命时期，我们党创立并发扬了理论联系实际、密切联系群众、批评与自我批评的三大作风。正是有这样的优良作风，历史和人民才选择了中国共产党，中华民族才有了"兴国之光"。社会主义建设时期，我们党始终保持谦虚谨慎、不骄不躁的作风，始终保持艰苦奋斗的作风，取得了社会主义建设的伟大成就。改革开放新时期，我们党把作风问题提高到关系党和国家生死存亡的高度予以强调，在弘扬党的优良传统和作风的同时，根据新的实践形成了求真务实、改革创新、与时俱进的良好作风，开创了中国特色社会主义事业新局面。历史反复证明，作风建设关系人心向背，关系党和国家生死存亡，是一场输不起的战争。

党的十八大以来，以习近平同志为核心的党中央，聚焦作风建设，坚持率先垂范，上任后不久就通过了关于改进工作作风、密切联系群众的八项规定，接着在全党范围内开展了以"为民务实清廉"为主要内容的党的群众路线教育实践活动，2015 年在县处级以上领导干部中开展了"三严三实"专题教育，2016 年又在全党开展了"两学一做"学习教育。这一系列重大举措，是纠治一个时期以来愈演愈烈的"四风"问题、推动作风返璞归真、固本培元的根本之举，是对作风之弊、行为之垢进行的大排查、大检修、大扫除，已取得明显成效，得到了人民群众的拥护和点赞。但必须看到，作风问题具有反复性和顽固性，不可能一蹴而就、毕其功于一役，更不能一阵风刮一下就停，必须经常抓、长期抓，在改进作风上锲而不舍动真格、求实效，防止不良作风反弹。

加强作风建设，领导干部是关键。风成于上，俗形于下。好作风是抓出来的，更是带出来的。作为领导干部，其作风如何，其一言一行、一举一动，不仅关系着本人的品行和形象，更关系到党在群众中的威信和形象，对社会风气的形成、对大众生活情趣的培养，具有"上行下效"的示范功能。坚持作风建设永远在路上，领导干部必须以身作则、带头示范，带头改作风、抓作风，做到思想上高度重视，行动上高度自觉，从我做起、从现在做起、从点滴做起，要求别人做的自己首先做到、要求别人不做的自己坚决不做，树立鲜明导向，强化榜样引领，形成一级带一级、戮力同心加强作风建设的强大正能量。

总之，作风问题绝对不是小事。端正党风、整饬政风、改进作风，是一项任重道远的长期任务，必须以踏石留印、抓铁有痕的劲头抓下去，坚持在抓常和抓长上下功夫、在从严和从实上下功夫、在落小和落细上下功夫，不断从思想上找根源、从行为上抓整治、从制度上堵漏洞，确保党的优良传统和作风以及使为民务实清廉、忠诚干净担当要求，内化于心、外化于行、固化于制，确保改进作风的各项工作行之有效、行之久远，善做善成、善始善终。

把抓好党建作为最大的政绩

各级各部门党委（党组）必须树立正确政绩观，坚持从巩固党的执政地位的大局看问题，把抓好党建作为最大的政绩。如果我们党弱了、散了、垮了，其他政绩又有什么意义呢？各级党委要把从严治党责任承担好、落实好，坚持党建工作和中心工作一起谋划、一起部署、一起考核，把每条战线、每个领域、每个环节的党建工作抓具体、抓深入，坚决防止"一手硬、一手软"。

——2014 年 10 月 8 日，习近平在党的群众路线教育实践活动总结大会上的讲话

"把抓好党建作为最大的政绩"，习近平总书记提出的这个重大论断，在全党全社会引起强烈反响，使党建工作上升到前所未有的高度。要求我们必须进一步深刻领会加强和改进党的建设的极端重要性，坚持把党建工作摆到更加突出位置，真正扛起全面从严治党的政治责任。

事实上，从党的十七大以后，习近平同志在担任国家副主席、中央党的建设工作领导小组组长期间，无论是在中央有关会议上，还是到地方调研时，都始终强调一个观点，就是党委和党委书记"抓好党建是本职，不抓党建是失职，抓不好党建就是不称职，党建出问题是渎职"。党的十八大习近平同志担任党的总书记以后，更是把加强党的建设、推进全面从严治党纳入"四个全面"战略布局，放在政治保证和组织基础的战略地位来看待和重视，聚精会神抓党的建设，一心一意抓管党治党，使党的面貌为之一新，使党心民心为之一振，为全党同志树立了光辉榜样。

然而，是不是各级党委、各部门党委（党组）都做到了聚精会神抓党建？是不是各级党委书记、各部门党委（党组）书记都成了从严治党的书记？是不是各级各部门党委（党组）成员都履行了分管领域从严治党责任？总书记发出的这"治党三问"，振聋发聩、发人深省。现实情况也正如总书记所指出，"一些地方和部门还难以给出令人满意的答案"。在一些领导干部眼中，抓党建同抓发展相比要虚一些，出政绩要慢一些，一年开两次会议布置一下就可以了，不必那么上心费劲。甚至在有的地方，党委书记大会小会公开宣扬，GDP才是"硬道理"，其他工作都是"副业"，没有把主要时间和精力放在党要管党、从严治党上，而是投到具体的经济工作和社会事务上。这些认识和行动显然是糊涂的、甚至是错误的，其结果只会是"种了别人的田，荒了自己的地"。对此，总书记进一步指出，"如果我们党弱了、散了、垮了，其他政绩又有什么意义呢"？这席话清醒而深刻，值得广大党员干部特别是党委（党组）书记深思：什么是政绩、为谁创造政绩、如何创造政绩？总书记还明确指出，"对各级各部门党组织负责人特别是党委（党组）书记的考核，首先要看抓党建的实效，考核其他党员领导干部工作也要加大这方面的权重。"将党建的实效排在其他任务之前，并成为党委（党组）书记优先于其他责任的首要责任，这是对用好考核这根"指挥棒"的重大改变，必将对干部考核工作乃至整个组织工作产生深远影响。

思想是行动的先导。只有认识到位，才有行动上的自觉。党委书记、党员领导干部抓党建是本职，也是天职。抓好党建工作、夯实基层基础，只有从思想上充分认识其重要性、必要性、紧迫性，增强党建"主业"意识，强化思想自觉和行动自觉，才能把党建工作抓得实抓得牢抓得好。要充分认识到，发展绩效并不会必然转化为政治认同，并不会自然而然赢得人心。如果经济发展了、生活富裕了，但是党风廉政建设没抓好，腐败更严重了，这只会增强人民群众的相对剥夺感；如果交通方便了、技术进步了，但是作风建设没抓好，党员干部与群众距离更远了，这只会削弱党长期执政的群众基础。"皮之不存，毛将焉附？"党建不抓，作风不改，党心散了，人心伤了，再大的成就，不过是过眼云烟；再多的繁华，不过是水月镜花。对此，各级党组织特别是党委（党组）书记必须牢固树立正确政绩观，真正把抓好党建作为最大的政绩，切实在抓常抓细抓长上下功夫，决不能只在年初部署、年底述职时讲一下子，决不能只在上级下来检查、开展集中教育时抓一阵子，而是要驰而不息、久久为功地抓下去。

风清则气正，气正则心齐，心齐则事成

风清则气正，气正则心齐，心齐则事成。这次活动使党在群众中的威信和形象进一步树立，党心民心进一步凝聚，形成了推动改革发展的强大正能量。对此，群众充分认同，党内外积极评价。

——2014 年 10 月 8 日，习近平在党的群众
路线教育实践活动总结大会上的讲话

中国人自古以来就崇尚"清"。以清为高洁，以清为操守，以清为修养。正所谓"清则心境高雅，清则正气充盈，清则百毒不侵，清则万众归心"。个人修养理应如此，国家治理也是这样。清代思想家顾炎武曾说，"诚欲正朝廷以正百官，当以激浊扬清为第一要义"。讲的就是，要稳固社稷、恩泽百姓，就必须把激浊扬清作为第一要义，使官员培养清正廉洁的从政品格，使官场保持风清气正的政治生态。

如果说植物的生长需要土壤、阳光和水分，需要"山清水秀"的良好生态环境，那么党员干部干事创业同样需要干净的从政环境，需要"风清气正"的良好政治生态。政治清明、政治生态好，人心就顺、正气就足，社会就和谐稳定，干部群众就心情舒畅，什么困难也就都能克服；反之，就会人心涣散，出现不满和怨气，甚至诱发种种社会矛盾和冲突，什么事情也就干不成。正如习近平总书记所指出，风清则气正，气正则心齐，心齐则事成。

人是环境的产物。一个好的环境可以引导人积极向上，一个坏的环境则可能让好人腐化堕落。只有营造良好从政环境，才能从根本上保证广大党员干部尤其是领导干部不入歧途，走为民务实清廉的正道。

必须清醒地看到，一段时间以来，在一些地方、一些单位，政治生态风不清气不正的现象，不同程度地存在着，有些甚至还很严重。有的贯彻落实中央决策部署不坚决不认真，搞上有政策、下有对策，口是心非、阳奉阴违；有的用人唯亲，拉帮结派、结党营私，搞山头主义、团团伙伙；有的信奉庸俗哲学，讲关系不讲是非，讲人情不讲原则，讲利益不讲法纪，圆滑世故，见风使舵，大搞潜规则；有的奉行好人主义，不敢批评、不愿批评，怕得罪人、怕丢选票，搞一团和气；有的决策不民主，搞家长制、一言堂，破坏民主集中制；有的甚至以权谋私，搞权钱交易、权色交易，不择手段疯狂敛财，走上违法犯罪道路；等等。这些现象严重违背党性原则，损害了政治生态，损害了党的形象，必须坚决加以克服。

营造良好政治生态，绝非一朝一夕之功，必须从每一名党员干部做起，确保"潮平两岸阔，风正一帆悬"。要按照习近平总书记的要求，"突出领导干部这个关键，教育引导各级领导干部立正身、讲原则、守纪律、拒腐蚀，形成一级带一级、一级抓一级的示范效应，积极营造风清气正的从政环境"。要加强对党员干部的思想政治教育，坚持以先进典型激励人，以反面案例警示人，引导党员干部解决好世界观、人生观、价值观这个"总开关"问题，不断培厚涵养良好政治生态的土壤。要严肃党内政治生活，推动党的组织生活制度化、经常化、规范化，引导党员干部自觉安装思想上的"杀毒软件"，用好批评与自我批评这个武器，经常清扫头脑中的灰尘。要严明党的纪律和规矩，引导党员干部自觉按照党章规范自己的言行，切实维护党规党纪的权威性严肃性，通过强化纪律的刚性约束，推动政治生态不断改善。

坚持思想建党和制度治党紧密结合

新形势下从严治党要坚持思想建党和制度治党紧密结合，使加强制度治党的过程成为加强思想建党的过程，也要使加强思想建党的过程成为加强制度治党的过程。

——2014 年 10 月 8 日，习近平在党的群众路线教育实践活动总结大会上的讲话

"坚持思想建党和制度治党紧密结合"这一重要论断的提出,科学阐明了思想建党和制度治党的辩证统一关系,深刻揭示了全面从严治党的重要规律,进一步指明了新形势下建党治党的目标和方向,是马克思主义执政党建设理论和管党治党理论的重要创新,是保持和发展党的先进性和纯洁性的必然选择,具有很强的现实性、针对性和长远指导意义。

坚持把思想建设放在党的建设首要位置,是我们党的一大创造和独特优势。早在1928年,毛泽东同志在《井冈山的斗争》一文中就敏锐地洞察到:"我们感觉无产阶级思想领导问题,是一个非常重要的问题。"在古田会议上,毛泽东同志创造性地提出着重从思想上建党,通过思想教育实现以无产阶级思想改造各种非无产阶级思想,使党员不仅在组织上入党,更从思想上入党。在延安时期,我们党开展的整风运动,既是一次作风整顿运动,又是一次理论教育运动,更是一场思想改造运动,大大提高了全党的马克思主义思想水平。改革开放以后,我们党重新恢复了实事求是的思想路线,大力加强思想理论建设,深入学习贯彻邓小平理论、"三个代表"重要思想、科学发展观以及习近平总书记系列重要讲话精神和治国理政新理念新思想新战略,先后开展了"三讲"教育、"三个代表"学习教育、保持共产党员先进性教育、党的群众路线教育实践、"三严三实"专题教育、"两学一做"学习教育等活动,使广大党员干部普遍受到深刻的马克思主义思想教育,为推进党的建设新的伟大工程、保持党的先进性和纯洁性,奠定了坚实思想基础。

坚持把制度建设贯穿于党的建设全过程和各方面,是我们党管党治党的光辉传统。从党的一大提出民主集中制这一党的根本组织原则和根本制度,到党的二大制定《中国共产党章程》这一党的根本大法,到党的七大党章明确提出"四个服从"原则,到党的十一届五中全会制定《关于党内政治生活的若干准则》,再到党的十二大党章全面具体地规定贯彻民主集中制的六条基本原则,在90多年党的建设实践中,我们党不断建立健全以党章为根本、以民主集中制为核心的党的制度体系,为加强党的建设、推进党的事业提供了有力制度保障。特别是改革开放以来,邓小平同志在总结正反两方面经验教训的基础上,深刻指出"制度问题更带有根本性、全局性、稳定性和长期性。这种制度问题,关系到党和国家是否改变颜色,必须引起全党的高度重视"。此后,党的领导人反复强调,要把制度建设贯穿党的思想建设、组织建设、作风建设和反腐倡廉建设之中。党的十八大以后,党的制度建设步入快车道。我们党根据新的形势和任务,制定或重新修订了《中国共产党廉洁自律准则》《关于新形势下党内政治生活的若干准则》《中国共产党纪律处分条例》《中国共产党党内监督条例》等党规党纪,党的建设法治化水平进一步提高,强化制度治党已经成为管党治党方式创新的重要着力点。

坚持思想建党与制度治党紧密结合,是根据新的实践经验充实和发展过去的建党思想和原则,在更高发展阶段以辩证思维把二者统一起来的重要结论,揭示了思想建党和制度治党相互依存、相互渗透、相互促进、相得益彰的辩证关系。这里面,思想建党是制度治党的前提和基础,影响、规定着制度建设的性质和方向,只有坚持思想教育先行,才能为制度治党奠定基础。制度治党是思想建党的有力保障,思想建党的经验和成果只有靠制度来巩固和扩展,才能落地生根、行稳致远。说到底,思想建党和制度治党紧密结合的目的,就是要把党建设成为思想上政治上组织上更加巩固的马克思主义政党,就是要使全党同志思想更加统一、步调更加一致地完成党的使命和任务。

从提出思想建设是党的建设的首要任务,到强调制度的根本性、全局性、稳定性和长期性作用,再到要求坚持思想建党与制度建党紧密结合,表明我们党是一个善于总结经验、勇于超越自我的先进政党。"徒善不足以为政,徒法不能以自行。"新形势下推进全面从严治党,必须牢牢把握加强党的执政能力建设、先进性和纯洁性建设这条主线,坚持把思想建党放在首位,把制度治党作为治本之策,把思想建党和制度治党的目标取向、价值追求统一起来,促使二者相互贯通、相互促进,实现同频共振、刚柔相济,最大限度地发挥二者的合力作用,全面提高党的建设科学化水平,不断开创党的建设新局面。

牛栏关猫是不行的

　　制度不在多，而在于精，在于务实管用，突出针对性和指导性。如果空洞乏力，起不到应有的作用，再多的制度也会流于形式。牛栏关猫是不行的！要搞好配套衔接，做到彼此呼应，增强整体功能。要增强制度执行力，制度执行到人到事，做到用制度管权管事管人。

——2014 年 10 月 8 日，习近平在党的群众
路线教育实践活动总结大会上的讲话

牛栏之所以关不了猫,原因很简单:就是牛栏空隙太大,猫可以来去自如。用"牛栏关猫"这个词,主要是比喻一些法规制度不严密,缺乏约束力和实效性,成了摆设。现实生活中,时常出现这样的现象:规章制度定了一大堆,却仍有些人对不正之风乐此不疲,在歪风邪气之中逍遥自在,甚至顶风违纪违规。究其原因,除了这些人的世界观、人生观、价值观这个"总开关"问题没有解决好以外,很大程度上还在于一个时期以来,管党治党失之于宽、失之于松、失之于软,使制度成了"稻草人""纸老虎",成为"牛栏",给了这些"猫"空子可钻。

其实,一些贪官污吏未必不知道制度是"带电的高压线",然而他们还是有恃无恐,肆意违法乱纪,最终使自己身陷囹圄、身败名裂。不可否认,思想的松动、道德的滑坡让他们"想腐",但如果扎紧了制度的"笼子",他们又怎会"敢腐"、又怎么"能腐"呢?江西省原副省长胡长清落马后就说过,"组织的管理和监督对我而言,就像小猫关进牛栏里,天马行空,进出自由。"这种情况被群众戏谑为"处处高压线,常常不带电"。这需要引起我们的高度警觉。

习近平总书记指出,制度问题带有根本性、全局性、稳定性和长期性,是关系到党的事业、党的执政根基和党的执政能力的生死攸关之事,更是实现国家治理现代化的重要保证。他反复强调,从严治党靠教育,也靠制度;要坚持思想建党和制度治党紧密结合;把党要管党、从严治党落到实处,尤其需要加强制度建设,用制度管权力、反腐败、抓作风。这些重要论述,反映了对党的制度建设规律的深刻认识,为新形势下加强党风廉政制度建设指明了前进方向、提供了重要遵循。

事实一再证明,"牛栏关猫是关不住的"。因此,首先要把制度的笼子扎紧,把"牛栏"搞得更严密一些,使制度更加有的放矢、更具约束效力。习近平总书记强调,制度不在多,而在于精,在于务实管用。这句话为加强制度建设明确了重要标准。要以形成不敢腐不能腐不想腐的有效机制为目标,着力增强反腐倡廉法规制度建设的问题意识,努力把法规制度笼子扎细扎密扎牢，明确制度的责任主体，体现针对性、严密性、指导性、可操作性，确保可执行、可监督、可检查、可问责，充分发挥法规制度的激励约束作用。

其次，要坚决维护制度的严肃性和权威性，狠抓制度执行，真正把"猫"关进去，让铁规发力，让禁令生威。制度一旦制定，就要坚持制度面前人人平等、执行制度没有例外，坚持用制度管权管事管人，有效堵塞权力运行中的漏洞，真正让制度阳光穿透腐败之霾。总之，只有把制度笼子扎得更紧、执行制度尺度把得更严，真正把各项制度立起来、严起来、用起来，成为带电的高压线，才能更好地解决党员干部违法乱纪问题。具体到党员干部特别是领导干部个人来说，必须坚持严于律己、加强自我约束，自觉凭制度用权、按制度办事、依制度管人，主动把手中权力规范在制度框架内、关进制度的笼子里，使之更好地用来为人民服务，为党和国家的事业发展服务。

当官就不要发财，发财就不要当官

鱼和熊掌不可兼得，当官发财两条道，当官就不要发财，发财就不要当官。要始终严格要求自己，把好权力关、金钱关、美色关，做到清清白白做人、干干净净做事、坦坦荡荡为官。

——2015 年 1 月 12 日，习近平在同中央党校县委书记研修班学员座谈时的讲话为官发财，理应两道，这是古往今来的为官做人之道。1924 年，孙中山亲自批准将这样一副对联挂上黄埔军校的大门：上联是"升官发财请往他处"，下联是"贪生怕死莫入此门"，横批为"革命者来"。1931 年，民族英雄吉鸿昌亲笔写下："做官即不许发财"，并将这句名言烧在瓷碗上，分送部属军官，勉励大家廉洁奉公。可见，"为官"与"发财"如同鱼和熊掌，二者不可兼得。这是前人早已阐明的常识。

早在 20 世纪 80 年代末，时任福建省宁德地委书记的习近平在柘荣县调研考察时就提出，"如果觉得当干部不合算，可以辞职去经商搞实业，但千万不要既想当官又想发财，还要利用手中权力谋取私利。"党的十八大以来，习近平总书记多次在不同场合告诫党员干部，"当官就不要发财，发财就不要当官"。当官发财"两条道"，实际上是给党员干部立起了一条"戒尺"，划出了一条"红线"：想当官就莫求发财，想发财就别来当官，决不能脚踩两只船。总书记这一谆谆教诲，可谓良药苦口、语重心长。

由此我们联想起《秋灯丛话》里的一则故事：有齐女长成待嫁，东邻富而丑，西邻俊而穷，两人均来求婚。问她中意哪个，齐女害羞，不好意思开口。其父亲说，不言语也行，若想嫁西邻，就袒露左臂，若想嫁东邻，就袒露右臂。齐女两臂皆袒，其父惑而不解。齐女说：我想食在东邻，宿在西邻。如果把"当官"比作嫁西邻，"发财"就犹如跟东邻，二者本不可兼得。可偏偏有些官员却想好事成双，要做现代齐女，既想"嫁西邻"又想"跟东邻"，做官的风光与发财的实惠一个都不能少，有的甚至把当官作为发财的途径，利用党和人民给的权力大搞贪污受贿，大发不义之财，最终结果一定是受到党纪国法的严惩。一些贪官在被查处后谈及贪腐诱因，总不忘剖析心理失衡的症结。如杭州市原副市长许迈永称，"那些老板动辄赚几千万甚至上亿，而自己并不比他们笨，却只挣那么可怜的一点点"；再如江苏省如皋市原副市长单定方说，"我为城市开发建设付出了很多辛苦，一年辛苦下来也只不过拿几万元的工资，而那些跟我接触的开发商却一个个富了起来。"还有贪官忏悔：看到昔日的同学下海经商、办公司，成了腰缠万贯的"大款"，他们吃的是山珍海味，穿的是高档名牌，住的是别墅洋楼，出入有豪车代步，玩乐有美女陪伴，过着神仙般的日子，而我的日子过得紧巴巴的，不平衡感越来越强烈，人生的坐标也开始倾斜。这些人之所以自毁前程、"官""财"两失，根本原因就在于世界观、人生观、价值观出了问题，既想当官又想发财。

官是官，商是商，两者所从事的职业不同，所发挥的作用亦不同。正所谓官有官道、商有商道，官商本就是两条不相交的平行线。道不同不相为谋。共产党的干部是人民的公仆，其权力是党和人民赋予的，只能用来全心全意为人民服务。公仆不是老板，领导工作不能以发财为目的。党的性质和宗旨决定了党员干部，必须坚持情为民所系、权为民所用、利为民所谋，应当追求两袖清风、一身正气，必须把廉洁自律、为官清廉、不当贪官作为一条不能触及的红线、底线。廉贪一念间，荣辱两重天。作为党员干部特别是领导干部，一定要牢记"贪如火，不遏则燎原；欲如水，不遏则滔天"的古训，明确自己的角色定位，筑牢拒腐防变的思想防线，坚持清白做人、干净做事、坦荡为官，跨过权力关、金钱关、美色关，坚决做到"公款姓公，一分一厘都不能乱花；公权为民，一丝一毫都不能私用"，坚决做到不义之财不取、不法之物不拿、不净之地不去，努力做一个让人民群众交口称赞的清官，做一个让亲朋好友引以为豪的好官。

注重家庭、注重家教、注重家风

家庭是社会的基本细胞，是人生的第一所学校。不论时代发生多大变化，不论生活格局发生多大变化，我们都要重视家庭建设、注重家庭、注重家教、注重家风，紧密结合培育和弘扬社会主义核心价值观，发扬光大中华民族传统家庭美德，促进家庭和睦，促进亲人相亲相爱，促进下一代健康成长，促进老年人老有所养，使千千万万个家庭成为国家发展、民族进步、社会和谐的重要基点。

——2015 年 2 月 17 日，习近平在中共中央、国务院在人民大会堂举行的春节团拜会上的讲话家庭是社会的基本细胞，家教是人生的第一所学校，家风是党风政风、社风民风的根基。习近平总书记高度重视家庭家教家风建设，多次强调"家风不是小事，不是家庭私事，而是干部作风的重要体现"，要"重视家庭建设，注重家庭、注重家教、注重家风"。这些重要论述，既亲切温暖又发人深省。广大党员干部特别是领导干部要深刻领会、认真贯彻，把加强"三家建设"作为必修课，经营好家庭，涵养好家教，弘扬好家风。

注重"三家建设"是中华民族的优良传统。"天下之本在国，国之本在家，家之本在身。"在中华民族传统文化中，"家国天下"的情怀深入骨髓，"修身"之后必要"齐家"，"齐家"而后方能"治国"。据记载，我国古代公开出版的家训家规家书有120多种，流传比较广、影响比较大的有：《孔子家语》《周公家训》《朱子家训》《裴氏家训》《颜氏家训》《曾国藩家训》等。在历代家训家规家书中，都强调家国天下、忠孝仁义、积德行善、尊礼重教、读书明理、诚实守信、勤俭持家、廉洁养身等思想，都强调孝、悌、忠、信、礼、义、廉、耻"八德"。自古以来，这些传统家庭美德始终铭记在中国人的心灵中，融入中国人的血脉中，是支撑中华民族生生不息、薪火相传的重要精神力量，是家庭文明建设的宝贵精神财富。

重视"三家建设"是共产党人的优秀品格。在我们党90多年的奋斗历程中，积淀了许多优良传统，这其中包括老一辈革命家所树立的醇厚家风。毛泽东同志要求子女树立"平民思想"，把子女送到农村、部队，到最艰苦、最危险的地方去经受锻炼，并对子女说："不要把我挂在你们的嘴边上去唬人，还是要靠你们自己去努力、去奋斗。"为了亲属不搞特殊化，周恩来同志定下"十条家规"，教育亲属公私分明、不做特殊公民。刘少奇同志为了不让自己的子女搞特殊化，要求子女无论上学还是工作，都不能填写父母的真实名字。陈云同志无论在任何领导岗位，都严格要求家人、亲属和身边工作人员，要他们"以普通劳动者身份自居，不搞特殊化"。主管国家经济工作26年的李先念同志，禁止儿女参与经商，甚至警告儿女"谁要经商，打断你们的腿"。罗荣桓同志在弥留之际交代子女说："我没有遗产留给你们，没有什么可以分给你们的。爸爸就留一句话：坚信共产主义这一伟大真理，永远干革命。"新中国第五任财政部部长吴波同志，临终前两立遗嘱，要求把财政部分配给他的两单元住房归还公家。这些红色家教家风，体现了我们党的优良党风，彰显了共产党人的人格力量和铮铮风骨。我们应当代代相传、继承发扬。

加强"三家建设"是反腐倡廉的现实所需。家风正则行得正，家风淳则风气淳。反之，治家不严、家风不正，"全家福就变成全家腐"。大量事实证明，很多出问题的领导干部普遍存在家教不严、家风不正的问题。从周永康、薄熙来、令计划、苏荣等"大老虎"们看，家风恶变，"一人得道，鸡犬升天"，"贪腐亲兄弟，寻租父子兵"。刘铁男教儿子"做人要学会走捷径"，周本顺为儿子和"干儿子"做生意"站台"，王敏不仅自己追求奢靡、还带领家人"有福同享"……这种以腐败官员为轴心，被老婆"拉下水"、被孩子"拉下水"、被兄弟"拉下水"、被七大姑八大姨"拉下水"的家族式腐败，带坏了官场风气，败坏了社会风气，最终也毁坏了整个家庭、家族，给党的形象造成的损害是十分严重的。可见，加强"三家建设"已成为正风气、严法纪、净化政治生态的迫切要求和重要战场。

领导干部要做"三家建设"的表率。"德泽源流远，家风世泽长。"领导干部的家风一头连着党风、一头连着民风。作为领导干部，不仅要严以修身，从严要求自己，坚持从我做起，更要带头落实中央八项规定精神，肩负起管好配偶、子女、亲属的责任，发挥家族核心带头作用，坚持以"勤"兴家、以"俭"持家、以"廉"齐家，营造出立家规、严家教、正家风的良好家庭氛围。要把搞好家教家风作为加强党性修养、提高道德素养的一个"修炼所""检验场"，以"国计已推肝胆许，家财不为子孙谋"的格局厘清亲情与权力的边界，以拒绝"染于苍则苍，染于黄则黄"的定力廉洁修身齐家，让"权为民所用、情为民所系、利为民所谋"，成为处理公与私、大家与小家关系的基本准则，成为治家的根本遵循，带动千千万万个家庭成为国家发展、民族进步、社会和谐的重要基点。

下大气力拔"烂树"、治"病树"、正"歪树"

着力净化政治生态，营造廉洁从政良好环境，下大气力拔"烂树"、治"病树"、正"歪树"，使领导干部受到警醒、警示、警戒。要加强对干部特别是党员领导干部监督管理，彻底改变对干部失之于宽、失之于软现象。

——2015 年 3 月 6 日，习近平在参加十二届全国人大三次会议江西代表团审议时的讲话党的十八大以来，以习近平同志为核心的党中央站在关乎党和国家生死存亡的战略高度，铁腕治吏，重拳反腐，"打虎灭蝇"成绩斐然。但一些群众也担心这可能是"一阵风"，吹一阵就可能偃旗息鼓了。为此，习近平总书记明确指出，"全面从严治党永远在路上""反腐败高压态势必须继续保持，坚持以零容忍态度惩治腐败""对腐败分子，发现一个就要坚决查处一个"。他进一步强调，要"着力净化政治生态，营造廉洁从政良好环境，下大气力拔'烂树'、治'病树'、正'歪树'"。总书记用这三个生动的词语，既表达了党中央坚决反腐败、反"四风"的信心和决心，也表明了我们党对广大党员干部的严格要求和关心爱护。

拔"烂树"、治"病树"、正"歪树"，从字面上很好理解。正"歪树"，指的是对有违纪事实，但情节轻微尚不需要追究纪律责任的，可采取组织处理等方式解决，把踩到党纪党规底线的党员干部拉回来，防止小错铸成大错。治"病树"，指的是对一些在作风、廉洁方面存在这样那样毛病的党员干部，通过及时咬耳朵、扯袖子，使其改进作风、改过自新，帮助其恢复政治生活上的"健康"。拔"烂树"，则表示对那些违反党纪国法、"烂"到根子里、无可救药的党员干部，要坚决惩治、毫不留情、决不手软。古人云："人谁无过，过而能改，善莫大焉。"对"病树""歪树"而言，只要知错就改、迷途知返，应当予以鼓励，就可再获新生；而对"烂树"来说，因为烂根会相互传染，会殃及一片林子，影响整个生态，因此必须连根拔除。

惩前毖后、治病救人，是我们党的一贯方针。在1942年的延安整风运动中，毛泽东同志指出："对以前的错误一定要揭发，不讲情面，要以科学的态度来分析批判过去的坏东西，以便使后来的工作慎重些，做得好些。"所谓惩治，惩是手段、治是根本，惩的目的是治。党员干部是党的宝贵财富，只要不是病入膏肓、无药可救，都可以给其"就诊"机会，通过"望闻问切"，让其祛病强体、回归正途。王岐山同志2015年5月在浙江调研时也强调："要有'啄木鸟'精神，治病树、拔烂树，保护森林。在严格执纪中，我们要坚持党的一贯方针，惩前毖后、治病救人。"这也正是党的十八大以后，我们党坚持把纪律和规矩挺在前面，要求正确运用监督执纪"四种形态"的根本原因所在。

贯彻落实习近平总书记关于拔"烂树"、治"病树"、正"歪树"的要求，各级党组织应当在以下几个方面努力：一是各级党委（党组）要认真落实主体责任，全面加强对党员干部的教育、管理和监督，坚持早发现、早提醒、早教育，时刻用纪律和规矩管住大多数党员干部，切实改变党员干部要么是"好同志"、要么是"阶下囚"的状况。二是各级纪检监察机关要强化专责意识，强化纪律建设意识，进一步改进执纪方式，加强对监督执纪"四种形态"特别是"红脸出汗"第一种形态的科学运用，努力探索遏制腐败的治本之策。三是要转变执纪理念，改变传统思维和工作定式，把工作目标从"盯违法"向"盯违纪"转变，把工作手段从"抓大放小"向"抓早抓小"转变，把处理方式从"单一化"向"多样化"转变，把工作重点从"惩处极少数"向"管住大多数"转变。四是要加强队伍建设，按照好干部"20字标准"，按照忠诚、干净、担当的要求，建设一支高素质的纪检监察干部队伍，切实把拔"烂树"、治"病树"、正"歪树"工作落到实处，努力给广大人民交一份合格答卷。而作为党员干部个人，应当从"烂树""病树""歪树"中吸取教训，引以为戒，坚持自律、自警、自省，清清白白做人、踏踏实实干事、干干净净为官，坚决守住法律底线、纪律底线、道德底线、廉洁底线，自觉当一棵为民务实清廉的"好树"。

着力营造政治上的绿水青山

　　前景令人鼓舞、催人奋进，但幸福不会从天降。我们要树立必胜信念、继续埋头苦干，贯彻创新、协调、绿色、开放、共享的发展理念，着力推进结构性改革，着力推进改革开放，着力促进社会公平正义，着力营造政治上的绿水青山，为全面建成小康社会决胜阶段开好局、起好步。

　　　　　　　　　　——2015 年 12 月 31 日，习近平在
　　　　　　　　　　发表 2016 年新年贺词时指出

习近平总书记在发表 2016 年新年贺词中提出的 4 个"着力",可以说是当前和今后一个时期的工作重点。其中第四个"着力",即"着力营造政治上的绿水青山",尤其让人眼前一亮,如果没有这个"着力",其他 3 个"着力"将失去根本保证、成为空中楼阁。

大家知道,习近平总书记过去曾多次强调过绿水青山的重要性,比如他说"我们既要金山银山,也要绿水青山""绿水青山就是金山银山""宁要绿水青山,不要金山银山"。但这样的强调,主要是从人与自然的角度来讲的,主要是如何处理好发展生产与保护环境的关系问题。现在,习近平总书记将"绿水青山"提升到政治高度来强调,不仅是对政治生态的形象描述,更表明了政治生态的形势严峻和加强治理的坚强决心。

前些年中央组织部就党风政风问题组织过一次调研。一位老干部对调研组的同志说,如果河里有一两条鱼死了,这可能是鱼的问题;如果有一片鱼、一群鱼死了,可能就是河流受到污染,水生态出问题了。从政环境、政治生态也是这样。一个地方,如果个别干部出问题,那可能是他个人有问题;如果"串案""窝案"接连发生、许多干部出问题,那说明这个地方政治生态有问题。"久居兰室不闻其香,久入鲍肆不闻其臭。"对于广大党员干部来说,要想始终保持优良作风,始终坚持清正廉洁,始终不踩党纪国法红线,除了加强自身修养以外,有一个良好的从政环境、营造一个良好的政治生态至关重要。

一个时期以来,一些地方之所以贿选案件发生、腐败窝案出现、买官卖官盛行,重要原因就是与这些地方的政治生态不好有关。曾有媒体对这些地方政治生态上存在的"常见病"进行过总结:一是"不跑不送,原地不动"的潜规则;二是"拼搏不如拼爹"的特权现象;三是"能力不如关系"的关系学;四是"琢磨事不如琢磨人"的投机钻营;五是"干的不如看的"的论资排辈;六是"做事不如作秀"的形式主义;七是"摆平就是水平"的伪稳定;八是"多栽花少栽刺"的好人主义;九是"劣币驱逐良币"的逆淘汰;十是"不怕犯事只怕'出事'"的地方保护主义;等等。如何治理好这样"乌烟瘴气"

的从政环境，切实改善政治生态，成为全党全国人民关注的焦点问题。

党的十八大以来，以习近平同志为核心的党中央坚持全面从严治党、坚持标本兼治，切实加强思想政治建设，深入开展党的群众路线教育实践活动、"三严三实"专题教育、"两学一做"学习教育；切实改进工作作风，解决形式主义、官僚主义、享乐主义和奢靡之风这"四风"问题；切实开展反腐倡廉建设，坚持"老虎""苍蝇"一起打，党内政治生活展现出新气象，党内政治生态明显好转，全党上下全国人民无不拍手称快。这些工作的深远意义，就在于重构政治生态：它告诉所有党员干部，什么是党纪国法，什么叫有所敬畏，什么叫是非荣辱；它用行动向世人证明，政治规矩不是拿来说说，理想信念不是饭后谈资，反腐败更不是"隔墙扔砖头，砸住谁谁倒霉"。但也必须看到，作风建设、反腐败斗争是攻坚战、也是持久战；作风建设永远在路上，反腐倡廉永远在路上。当前，"四风"问题依然远未绝迹，反腐败斗争尽管已形成压倒性态势，但形势依然严峻复杂，减少腐败存量、遏制腐败增量，重构政治生态的工作依然艰巨繁重。

"清则心境高雅，清则正气充盈，清则百毒不侵，清则万众归心。"营造风清气正、山清水秀的政治生态，事关党和国家事业长远发展，事关最广大人民群众根本利益。我们要按照习近平总书记提出的要求，切实做好政治生态的修复工程。一方面要通过持续推进正风反腐形成威慑，让那些热衷于关系学、厚黑学、官场术的人断了念头，让那些拉帮结派、四处钻营、八面玲珑的人失去市场；另一方面要通过全面深化改革正本清源，尤其是通过创新体制机制，形成正确的选人用人导向，处理好政府和市场的关系，从根本上瓦解人身依附、门客政治的圈子文化，铲除权钱交易、官商勾结的土壤，从而营造良好的从政环境。总之，要通过锲而不舍地全面从严治党、依规依纪治党，深化标本兼治，不断取得党风廉政建设和反腐败斗争的新胜利，不断取得政治生态绿水环绕、青山长存的新成效。

增强政治意识、大局意识、核心意识、看齐意识

只有增强政治意识、大局意识、核心意识、看齐意识，自觉在思想上政治上行动上同党中央保持高度一致，才能使我们党更加团结统一、坚强有力，始终成为中国特色社会主义事业的坚强领导核心。

——2016 年 1 月 29 日，习近平在主持中央政治局会议时的讲话

政治意识、大局意识、核心意识、看齐意识，是相互联系的有机整体，与党章规定的"四个服从"一脉相承。党的各个组织和全体党员干部，只有切实增强"四种意识"，自觉坚持"四个服从"，才能使全党产生无比强大的向心力、凝聚力和战斗力，使党始终成为领导中国特色社会主义事业的坚强核心。

牢固树立和切实增强政治意识，坚持做学政治理论、守政治纪律、懂政治规矩的明白人。"诸葛一生唯谨慎，吕端大事不糊涂。"作为共产党员特别是党员领导干部，政治上的明白是最大的明白，政治上的成熟是最好的成熟。因此，讲政治始终是第一位的职责、第一位的要求，无论什么时候、无论在什么岗位，都不能忘自己的第一身份是党员，都要牢记政治信仰和政治纲领，严守政治纪律和政治规矩，提高政治鉴别力和政治敏锐性。要把加强理论学习、提高党性修养、坚定理想信念作为首要政治任务，进一步坚定对马克思主义的信仰，坚定对共产主义一定能实现的信念，坚定对中国共产党正确领导的信心，坚定中国特色社会主义道路自信、理论自信、制度自信、文化自信，在大是大非问题面前保持清醒头脑，在错误思想和言论面前坚决开展斗争，真正做政治上的明白人，做讲政治的践行者。

牢固树立和切实增强大局意识，坚持贯彻执行党中央决策部署不打折扣、不做选择、不搞变通。"不谋万世者，不足谋一时；不谋全局者，不足谋一域。"作为党的一分子，识大体、顾大局、谋全局既是党性修养的要求、又是胸襟担当的体现，如果缺乏大局观念、没有"一盘棋"的思想，只顾自己的"一亩三分地"，放不下心中的"小九九"，那肯定不是合格的党员干部，只会对党和人民事业全局造成伤害。每一名党员干部，都要牢固树立讲大局、顾大局的思想意识，坚持一切从大局出发、自觉在大局下行动，做到正确认识大局、坚决服从大局、有力维护大局，决不搞"上有政策、下有对策"，决不搞有令不行、有禁不止，决不搞标新立异、"独立王国"。只有这样，才能拥有"不畏浮云遮望眼"的眼力，涵养"咬定青山不放松"的定力，才能无怨无悔地尽职尽责、担当奉献，使各项工作既为一域争光、又为全局添彩。

牢固树立和切实增强核心意识，坚持用忠诚干净担当的实际行动诠释对党和党的核心的崇敬和热爱。一个国家、一个政党、一个民族，如果没有坚强有力的领导核心，就难以形成凝聚力，就可能成为一盘散沙。党的十八届六中全会明确习近平同志的领导核心地位，是历史的庄严选择、全党的郑重选择，是党心军心民心所向，是党、国家和人民之福。全党同志必须以高度的政治自觉和行动自觉，更加紧密地团结在以习近平同志为核心的党中央周围，如饥似渴地学习核心，旗帜鲜明地围绕核心，坚定不移地紧跟核心，切实把增强核心意识转化为坚决维护党中央权威的实际行动，转化为自觉服从党中央集中统一领导的实际行动，转化为始终保持对党和党的核心绝对忠诚的实际行动。

牢固树立和切实增强看齐意识，坚持在思想上政治上行动上自觉同以习近平同志为核心的党中央保持高度一致。毛泽东同志指出："要知道，一个队伍经常是不太整齐的，所以就要常常喊看齐……看齐是原则，有偏差是实际生活，有了偏差，就喊看齐。"试想，一个拥有8900多万名党员、在13亿多人口大国里执政的大党，如果不经常喊看齐，如果没有广大党员经常看齐、校正、紧跟的自觉性，那么这个队伍的组织性纪律性先进性又从何而来，党的战斗力凝聚力号召力又从何谈起？全党同志要把牢固树立看齐意识作为提高政治和作风素养的根本着力点，时刻向党中央看齐，向党的理论和路线方针政策看齐，向习近平总书记看齐，做到党中央提倡的坚决响应、党中央决定的坚决执行、党中央禁止的坚决不做。

聚天下英才而用之

办好中国的事情，关键在党，关键在人，关键在人才。综合国力竞争说到底是人才竞争。要加大改革落实工作力度，把《关于深化人才发展体制机制改革的意见》落到实处，加快构建具有全球竞争力的人才制度体系，聚天下英才而用之。要着力破除体制机制障碍，向用人主体放权，为人才松绑，让人才创新创造活力充分迸发，使各方面人才各得其所、尽展其长。

——2016 年 5 月 6 日，习近平对学习贯彻《关于深化人才发展体制机制改革的意见》座谈会作出的重要批示

"聚天下英才而用之"这句话，出自《孟子·尽心上》。孟子曰："君子有三乐，而王天下不与存焉。父母俱存，兄弟无故，一乐也；仰不愧于天，俯不怍于人，二乐也；得天下英才而教育之，三乐也。"聚天下英才而用之，是对孟子"得天下英才而教育之"的化用。习近平总书记多次引用这句话，体现了我们党坚持人才强国战略的自觉性，彰显了我们党面向"天下"引才聚才用才的博大胸怀，为全党全社会正确对待人才进一步指明了方向。

历史反复证明，致天下之治者在人才。周武王重用姜尚，商灭周兴；越王重用范蠡，吴越之战反败为胜；刘邦重用韩信，如得天助建立大汉；刘备三顾茅庐诚请诸葛亮，奠定三分天下局面。特别值得一提的是，战国七雄，为什么秦国能最后一统天下？关键在于坚持五湖四海的用人策略，使秦国成为贤能之士的净流入国，而"六国所用相，皆其宗族及国人"，在用人上搞亲疏远近、不能举贤任能，导致六国成为各类人才的净流出国。尤其是魏国，简直成为秦国治国理政人才的培养基地，秦惠文王时期的丞相张仪、秦昭襄王时期的丞相范雎、秦始皇时期的国尉尉缭和上卿姚贾等都是魏国人，但都为秦国所用，其中原委，让人深思。

聚天下英才而用之，首要在"聚"。聚人才要靠识才的慧眼、爱才的诚意、用才的胆识、容才的雅量，还要有聚才的良方、聚才的体制机制。唐太宗希望封德彝举荐贤才却久无所举，问之答曰："非不尽心，但于今未有奇才耳！"太宗斥道："君子用人如器，各取所长，古之致治者，岂借才于异代乎？正患己不能知，安可诬一世之人！"如何"聚"好人才？一要树立强烈的人才意识，进一步开阔眼界、打开思路，做好团结、引领、服务工作，努力把党内外、国内外各方各类人才都吸引过来、凝聚起来，形成海纳百川的强大人才方阵。二要完善体制、破除壁障，遵循社会主义市场经济规律和人才成长规律，健全"相马、赛马、育马"的体制机制，激发各类人才创造活力和创业热情，让想干事者有机会、能干事者有舞台、会干事者有位置。

聚天下英才而用之，关键在"用"。古人讲："好贤而不能任，能任而不能信，能信而不能终，能终而不能赏，虽有贤人，终不可用矣。"聚才有学问，用人更有大道，更见气度魄力。如何"用"好人才？一是要适才而用、用其所长。人才作为事业发展的第一资源，具有类别性、层次性、相对性和动态性等特点。清代顾嗣协写的《杂诗》中有一佳句："骏马能历险，犁田不如牛；坚车能载重，渡河不如舟。"就是说人无完人，各有所长也各有所短，关键是因人制宜、知人善任、见其所长，量才施用、扬其所长、容其所短。二是要用当其时、用当其位。现代人才学告诉我们，人才的成长并不是一个均衡发展过程，而是存在一个抛物线型的漫长周期，从萌芽发展、成熟鼎盛直至衰退薄暮。因此，要善于把握人才使用的"火候"，既防止当用时不用，总觉得不成熟、不放心，贻误了好的时机；又防止不当用时硬用，拔苗助长、赶鸭子上架，结果欲速不达、群众不认可。

8

讲求科学方法
坚持实干兴邦

空谈误国，实干兴邦

空谈误国，实干兴邦。我们这一代共产党人一定要承前启后、继往开来，把我们的党建设好，团结全体中华儿女把我们国家建设好，把我们民族发展好，继续朝着中华民族伟大复兴的目标奋勇前进。

——2012 年 11 月 29 日，习近平在参观《复兴之路》展览时的讲话

"世上事有难易乎？为之则难者亦易矣，不为则易者亦难矣。"历史和实践证明，任何成功都源于实干，任何祸患都始于空谈。"空谈误国，实干兴邦"，这是千百年来人们从历史经验教训中总结出来的治国理政的一个重要结论。

战国时期的赵括，从小熟读兵书，能言善辩，却无实战经验，只会"纸上谈兵"，导致长平之战赵国 40 万大军全部覆没，从此赵国一蹶不振直至灭亡。西晋时期的王衍，虽然官至宰相，却不以经国为念，而是高谈阔论、崇尚虚无，摒弃世务、不干实事，结果五胡乱华、晋室东迁。三国时期的马谡，才气过人，好论军计，在诸葛亮北伐时，马谡空谈战术，没有从实际出发，导致街亭失守，迫使诸葛亮退回汉中。这些空谈误国误事的例子，给人们的教训和启示是深刻的。

古人云："为政贵在行。""纸上得来终觉浅，绝知此事要躬行。"精卫填海、愚公移山，自古以来实干就是中华民族的传统美德。古代的大禹治水、商鞅变法、张居正改革，就是靠着实干促进了所处朝代的复兴和强盛。也正是依靠实干，夏少康实现了复国大计，越王勾践完成了灭吴雪耻，唐太宗开创了贞观之治，康熙、乾隆缔造了康乾盛世。他们实干兴邦的故事在历史上留下了辉煌一页，证明了一个道理：唯有实干，才是成事之基、立业之本、兴邦之要。

历史是一面镜子。以镰刀和锤头为党徽的中国共产党，自成立之日起就将实干精神定格在自己的旗帜上："实践是检验真理的唯一标准""不干，半点马克思主义都没有。""一步实际行动比一打纲领更重要。""干"字，始终是中国共产党人最响亮的座右铭。新中国的红色江山，是无数革命先辈一枪一弹、一城一池打下来的；社会主义的宏伟大厦，是无数劳动者一揪一铲、一砖一瓦垒出来的。共产党人摒弃空谈、摒弃教条主义，通过实干、苦干，带领人民解放思想、发展生产力，进行改革开放，极大地改善了人民群众的生活，提高了国家的综合实力。没有实干，就没有中国的今天，也就没有中国的明天。正是靠着苦干实干，让我们比历史上任何时期都更接近中华民族伟大复兴的目标，比历史上任何时期都更有信心、有能力实现这个目标。

宝剑锋从磨砺出，梅花香自苦寒来。追求理想的道路不会一马平川，而是充满着坎坷与荆棘。当前，我国经济进入"转型期"、社会进入"矛盾凸显期"、改革进入"攻坚期"、增长进入"换档期"。要实现"两个一百年"目标，我们必须大力弘扬实干精神，心不浮气不躁、不自满不懈怠，脚踏实地地苦干实干，在实干中磨炼意志、历练心境、锻炼能力；在实干中掌握新技能、积累新经验、增长新本领；以"想干"夯实实干的思想基础、以"敢干"展示实干的过人气魄、以"会干"增强实干的实际本领，使大力气干、下真功夫干，脚踏实地干、雷厉风行干，科学施策干、尊重规律干，围绕大局干、依靠大家干。只有这样，才能紧紧抓住重要战略机遇期大有作为、赢得未来发展的主动权，才能沿着中国特色社会主义道路破浪前进、实现中华民族伟大复兴中国梦。

踏石留印、抓铁有痕

要以踏石留印、抓铁有痕的劲头抓下去，善始善终、善做善成，防止虎头蛇尾，让全党全体人民来监督，让人民群众不断看到实实在在的成效和变化。

——2013 年 1 月 22 日，习近平在十八届
中央纪委二次全会上的讲话

从顽石上踏过,能踏出印来;从铁板上抓过,能抓出痕来。这说明什么?说明只要功夫下得深、气儿运得足、劲儿用得狠,所做的事情定能做出成绩、做出效果。习近平总书记借用"踏石留印、抓铁有痕"作喻,意在强调我们党持续深入抓作风建设、反腐倡廉的坚定决心,突出表达了以习近平同志为核心的党中央做事不抓则已、一抓必抓到底的狠劲和韧劲。

风起于青萍之末,浪成于微澜之间。世间万物,坚固莫过于铁石,钢铁也好,石头也罢,不下真功夫、苦功夫,不能坚持不懈、锲而不舍,印记和痕迹是留不下来的。"踏石""抓铁"是基础、是关键,"留印""有痕"是目的、是成果。伟大科学家爱迪生为了发明电灯,做了8000多次试验,在一次次失败面前,他没有放弃,没有被困难吓倒。如果他没有坚持不懈、不达目的不罢休的精神,没有做完最后一次试验,那么他就不会是电灯的发明者。诺贝尔发明炸药,离不开他进行的无数次实验,甚至他哥哥在试验中死去,他仍没有被吓倒,而是专心做他的研究和试验,坚韧不拔的毅力使他成就了伟大事业。司马迁写《史记》花了15年,李时珍写《本草纲目》用了20年,达尔文写《物种起源》花了20年,马克思写《资本论》花了40年,歌德写《浮士德》用了整整60年……这些事例给我们以什么样的启示?只有八个字,那就是:滴水穿石、久久为功。很多事情表面上看起来很困难、很复杂,但只要下定决心、锲而不舍地干下去,就一定能够成功。

作风扎实深入是我们党一直倡导、一以贯之的优良传统,是我们党战胜一切艰难困苦、赢得人民群众拥护的重要原因。毛泽东同志曾说过:"世界上怕就怕'认真'二字,共产党就最讲'认真'。"认真就是作风扎实深入的重要体现。事实证明,不管是革命战争年代还是和平建设时期、改革开放新时期,只有作风扎实,工作才能落实;只有狠抓落实,成效才能踏实。党的十八大以来,以习近平同志为核心的党中央坚持率先垂范,以"踏石留印、抓铁有痕"的工作态度和工作作风,抓改革、抓发展、抓稳定,抓作风建设、抓反腐倡廉,让国人为之一振、让世人耳目一新,充分体现了我们党优良传统和作风在新的历史时期的新发展,为各级党组织和广大党员干部树立了榜样。

踏石留印、抓铁有痕，必须要树立信心、砥砺勇气。"踏石"脚可能会痛，"抓铁"手也许会伤。"踏石"也好，"抓铁"也好，都需要坚定的信心、坚强的勇气。唯物辩证法告诉我们，事物的发展是前进性和曲折性的统一，事业的发展不会一帆风顺，工作的推进总有艰难险阻。"艰难困苦，玉汝于成"。越是干事创业，越要取得突破性的工作成绩，遇到的矛盾和问题就会越多。因此，我们必须有敢于正视矛盾和问题的决心和勇气，有正确的思想认识和充分的思想准备。如果思想认识不到位，没有端正的态度，没有必胜的信心和勇气，则难免遇石而躲、见铁而回，那么正确的决策、再好的部署都将成为空中楼阁、镜花水月。

踏石留印、抓铁有痕，必须敢于担当、攻坚克难。当今世界正在发生深刻复杂的变化，我国正处于改革发展的关键时期，各种社会矛盾日益凸显，社会管理难度明显加大。随着我国经济发展进入新常态、改革开放进入深水期，很难一伸脚就能踏到石头。这就要求我们敢于直面、切实解决改革发展稳定中的深层次问题。问题是时代的声音。不回避矛盾，不掩盖问题，敢于知难而进不言难、迎难而上不畏难、攻坚克难不避难，是我们应当采取的正确态度。扭住问题、破解难题，需要我们以咬定青山不放松、不达目的不罢休的精神，敢于亮剑、敢啃硬骨头、敢于涉险滩，去夺取最后的胜利。

踏石留印、抓铁有痕，还必须善始善终、善做善成。留印，不能留伤痛之"印"，不能使蛮劲、瞎折腾，要科学用力、灵活借力，留下又好又快之"印"。有痕，不是有雁过之"痕"，不是有一阵风之"痕"，而是要循序渐进、睿智创新，有始终抓牢、持续执行之"痕"。事实证明，走形式、一阵风，虎头蛇尾，最终只会失信于民。推动工作任务的落实，要有"功成不必在我"的胸怀，坚持一张蓝图绘到底，一届接着一届干，一任接着一任拼，承前责、忧后患，对历史负责，为现实服务，替未来着想。要坚持立足实际、遵循规律，尽力而为、量力而行，多为后人铺路、多干打基础利长远的事情，把发展的蓝图描绘得更精确，把百姓所思所盼的事情做得更精细，让群众看到变化、得到实惠。

不要换一届领导就兜底翻

一张好的蓝图，只要是科学的、切合实际的、符合人民愿望的，大家就要一茬一茬接着干，干出来的都是实绩，广大干部群众都会看在眼里、记在心里。当然，实践是不断发展的，我们的认识和工作也要与时俱进，看准了的要及时调整和完善，但不要换一届领导就兜底翻，更不要为了显示所谓政绩去另搞一套，不要空洞的新口号满天飞。

——2013 年 2 月 28 日，习近平在十八届
二中全会第二次全体会议上的讲话

为官一方、为政一时，想推动一方发展、干出一番业绩、造福一方百姓，这是大部分领导干部上任伊始都有的雄心壮志。正因为这样，不少新官上任，总要先烧"三把火"。应当说，这种雄心壮志，这种创业激情，是值得肯定和鼓励的。但在现实生活中，却往往有一些新官上任，由于工作热情高涨，恨不得"一口吃出个大胖子"，企求各项工作立竿见影、节节攀高，甚至出现"换一届领导就兜底翻"的现象。这是值得深思和警惕的。

比如，这边的新城还没建好就停下，出现大片"半拉子工程"，另一边的新区又另起炉灶，热火朝天地干了起来；前任决策的项目无人过问，新任拍板的工程急急上马；详细论证过的规划，已经付诸实施的蓝图，新任领导一句话就可随意更改……在一些地方，领导干部尤其是主要领导换了之后，对原有决策、原有规划随意推倒重来，使得建设"东一榔头西一棒子"，宝贵资源遭到大量浪费甚至破坏，发展"上不着天，下不着地"，群众对此意见很大。

出现这种现象，首先是一些领导干部的政绩观出了问题，认为只有在自己任内新出的政绩才是拿得出手的政治资本，继续前任的规划只是"为他人做嫁衣"。因此他们中有的急功近利，热衷于"短、平、快"项目，违背客观规律，为了眼前利益牺牲长远利益；有的好大喜功，热衷于大拆大建，搞超出资源环境承载能力的"跨越式发展"；有的习惯于做表面文章，热衷于搞花架子，搞"形象工程""政绩工程"；等等。所有这些，莫不与一些领导干部一上任就想立马干出看得见、摸得着的"政绩"有关。

出现这种现象，还和领导干部的考评体系有关。长期以来，对领导干部的考评，往往注重对经济建设、GDP方面的考核，注重对短期能见效、表面看得见的"显绩"的考核，而忽视对社会建设、文化建设、生态文明建设等领域的考核，忽视对那些需要长期努力才能见效、对群众生活影响更加深远工作的"潜绩"的考核。这就使得一些领导干部往往对那些关系民生、需要长期发展才能出效果的工作不热心、不上心、不关心，也就出现了一些地方经济指标提高较快而"三农"、教育、医疗、社保等工作却进展较慢，一些城市建设貌似变化很大而老百姓生活水平却提升有限的不良现象。

政贵有恒，治须有常。一个领导干部新到一个单位、一个地方，一届领导班子履新就任，一定要处理好继承与创新、稳定与发展的关系，做到既锐意进取、开拓创新，又保持政策的稳定性和连续性。对已经描绘好的蓝图，只要是科学的、切合实际的、符合人民愿望的，就要坚持一茬一茬接着干、一张蓝图干到底，直到蓝图真正实现。当然，并不是说所有规划蓝图一经制定，就可以一成不变。在实际工作中，根据形势发展的需要进行适当的调整完善、改进提高，也是应当采取的科学态度。但决不能上任伊始、在还没有做深入调查研究的情况下，就为了树立个人权威、显示自己聪明，尽快出所谓政绩，来个兜底翻，另起炉灶、另搞一套，喊一些空洞无力的新口号，全盘否定前任的政策，否认上届班子的做法。

俗话说，罗马非一日建成。不管是一个强大国家的建成，还是一个经典城市的打造，或是一个美丽乡镇的建设，实际上都需要一批又一批的人，甚至一代又一代人一茬接着一茬干，都是后人在前人的基础上添砖加瓦、不断完善、不断提高的结果。作为领导干部，一定要树立和落实正确的政绩观，树立"功成不必在我"的境界，涵养"前人栽树、后人乘凉"的精神，不贪一时之功，不图一时之名，多做打基础、利长远、添后劲的工作，既继承和发扬过去的好传统、好思路、好经验、好做法，不折腾、不反复，又善于结合新的实际，运用新思路新举措新办法，脚踏实地把既定的科学目标、美好的发展蓝图变为现实，真正做出经得起实践、人民和历史检验的政绩。

依靠学习走向未来

　　好学才能上进。中国共产党人依靠学习走到今天，也必然要依靠学习走向未来。我们的干部要上进，我们的党要上进，我们的国家要上进，我们的民族要上进，就必须大兴学习之风，坚持学习、学习、再学习，坚持实践、实践、再实践。

　　——2013 年 3 月 1 日，习近平在中央党校建校 80 周年庆祝大会暨 2013 年春季学期开学典礼上的讲话

"好学才能上进。中国共产党人依靠学习走到今天，也必然要依靠学习走向未来。"这句话语重心长，既是习近平总书记对我们党历史经验的深刻总结，也是他对全党同志的劝学箴言。

对中国共产党来说，重视学习、善于学习、不断学习，是一条重要经验，是一个优良传统，是一大政治优势。中国共产党是在学习中诞生、成长、成熟的，学习是我们党的真正"秘密"。十月革命胜利后，马克思列宁主义显示出巨大威力。于是，学习十月革命的经验，进而学习马克思列宁主义逐渐成为新思潮的主流。在李大钊、陈独秀的带动和帮助下，毛泽东、周恩来、蔡和森等一些进步青年如饥似渴地学习和研究马克思主义学说。可以说，中国共产党是马克思主义与中国工人运动相结合的产物，也是先进分子认真学习马克思列宁主义的伟大成果。我们党成立之后，始终高度重视学习问题，在每一个重大转折时期，总是号召全党同志加强学习；而每次学习热潮的兴起，都能推动党和人民事业实现大发展大进步。以毛泽东同志、邓小平同志、江泽民同志为核心的党的三代中央领导集体和以胡锦涛同志为总书记的党中央，一以贯之地把加强学习作为一项关系党和国家事业兴旺发达的战略任务来对待、来倡导、来坚持，而且身体力行、率先垂范，对推动全党的学习建设，对加强党的建设伟大工程，产生了十分重要的作用。党的十八大以后，习近平总书记多次专门阐述学习问题，进一步强调党要成为学习型的马克思主义执政党。截至 2017 年 5 月，第十八届中央政治局已经开展了 41 次集体学习，其频率超过了第十七届政治局，为全党同志作出了榜样。

对广大党员干部来说，只有好学才能上进，乐学才能前进，学习是个人进步成长的助推器；相反，不自觉学习、不加强学习，知识就会老化，思想就会僵化，能力就会退化。"刀不磨要生锈，人不学要落后。"可以说，掌握工作制胜的"看家本领"，找到克服"本领恐慌"的有效办法，真正在理论上、笔头上、口才上或其他专长上有"几把刷子"，除了学习，别无他途。从总体上看，当前广大党员干部学习的积极性是高的，成效是好的。但要清醒地看到，现实生活中，确有一些党员干部在学习上兴志不高，存在自满情绪，自认为文化水平比较高，不学习也能应付；有的学习是为了应付上级检查、摆摆样子，不真学；有的学习是蜻蜓点水、浅尝辄止，不深学；有的搞选择性学习，合意的就学、不合意的就不学；有的学习不求甚解，学而不思、学而不化、学而不用。凡此种种，既不利于个人成长，也有害于党和人民的事业。

古人云："自古圣贤，盛德大业，未有不由学而成者也。"广大党员干部要按照习近平总书记所要求的那样，坚持把学习作为一种追求、一种爱好、一种健康的生活方式，做到变"要我学"为"我要学"，变"学一阵"为"学一生"，真正带着执着的信念学、带着求知的欲望学、带着实践的问题学，坚持向书本学习、向实践学习、向人民群众学习、向专家学者学习、向中国优秀传统文化学习、向外国优秀文明成果和有益经验学习，不断提高理论素养、加快知识更新、优化知识结构，只有这样，才能避免陷入少知而迷、不知而盲、无知而乱的困境，才能克服本领恐慌、本领不足、本领落后问题，才能赢得主动、赢得优势、赢得未来。

学习的目的全在于运用。党员干部加强学习，根本目的是开阔视野、提升素质，增强工作本领、提高解决实际问题的能力。空谈误国，实干兴邦，说的就是反对学习和工作中的"空对空"。实践出真知，斗争长才干。作为党员干部，必须大力发扬理论联系实际的优良学风，坚持在干中学、学中干，坚持学以致用、用以促学、学用相长，既紧密联系本地区本部门的工作实际，自觉运用党的理论创新成果去研究、分析和解决各种现实问题，把学习成果转化为谋划工作的思路、促进工作的举措、领导工作的本领；又紧密联系个人的思想实际，自觉加强对主观世界的改造，使学习的过程真正成为加强党性修养、坚定理想信念、强化宗旨意识、提升道德境界的过程，更好地肩负起党和人民赋予的历史使命，更加朝气蓬勃、坚定自信地走向未来。

要有"治大国如烹小鲜"的态度

这样一个大国，这样多的人民，这么复杂的国情，领导者要深入了解国情，了解人民所思所盼，要有"如履薄冰，如临深渊"的自觉，要有"治大国如烹小鲜"的态度，丝毫不敢懈怠，丝毫不敢马虎，必须夙夜在公、勤勉工作。

——2013 年 3 月 19 日，习近平在接受金砖国家媒体联合采访时的讲话

　　"治大国如烹小鲜",这句话出自老子的《道德经》第六十章。原文是"治大国,若烹小鲜"。老子是怎么把"治大国"与"烹小鲜"联系起来的呢?原来有这么一个典故:商汤时期,一次汤向臣子伊尹询问做菜的事。伊尹建言:做菜既不能太咸,也不能太淡,要调好作料才行;治国也如同做菜,既不能操之过急,也不能松弛懈怠,只有恰到好处,才能把事情办好。商汤听了,很受启发,于是重用伊尹。自此,历朝历代有作为的执政者,都从"治大国,若烹小鲜"中汲取治国理政的营养。

　　所谓小鲜,就是小鱼。有烹调经验的人都知道,煎煮小鱼最需要是耐心细致,如果大翻大炒就容易把鲜鱼弄碎。而"烹"这个字也正体现出切勿轻举妄动的审慎态度。"烹小鲜"一是忌乱,二是忌猛。"烹小鲜"是日常生活小事,尚需要用心尽心方能做好,治国理政关乎国家前途、民族命运,更需要有强烈的历史责任感和使命感。

　　首先,"烹小鲜"需要保持耐心、不可来回乱翻,所以国家政策不能朝令夕改,而要保持相对稳定性。历史证明,治国之大忌就在朝令夕改。朝令夕改则政局难以稳定,社会难以安定,人们无所适从。在社会主义初级阶段,我们坚持党的基本路线一百年不动摇,始终把发展作为第一要务,坚持把稳中求进作为总基调,这是我们的基本国情决定的,也是治国理政的基本规律决定的。在这一前提下,我们要进一步提升对发展的认识、完善发展布局、提高发展质量,使我国的发展更加符合实际国情、符合人民愿望、符合客观规律。同时要进一步深化经济、政治、文化、社会、生态文明等各方面体制机制改革,简政放权,管好该管的,放手不该管和管不好的,赋予市场、社会、公民以更大自由和活力,使人民群众有更多获得感,更多更好地共享改革发展成果。

　　其次,"烹小鲜"需要文火、细火慢慢熬炖,因为小鲜骨细肉嫩、易熟易糜,经不得武火烈焰,所以政令施行也要掌握好火候、拿捏好分寸,不能操之过急,当然也不能松弛懈怠。正所谓急不得,也慢不得。而现在有些领导干部,恰恰就患了这样的毛病:不是太急,就是太慢,稍不留神就把"小鲜"做烂了，把一锅好饭做成"夹生饭"。有的急功近利、急于求成，新官上任三把火，口号满天飞，却偏离了实际、罔顾了民意、落不到实处；而有的不思进取、得过且过，当一天和尚撞一天钟，多一事不如少一事，硬让"小鲜"煳在锅里……如此等等，人民群众很不满意。对此，各级领导干部应当引以为戒。

治国不易，治大国更不易。因为小的国家疆域小、人口少，宗教、文化单一，生活习俗基本一致，人们之间更容易沟通，发展问题更容易协调。而大国就不一样了，一是历史形成的疆域广阔、人口民族众多、文化多元、生活习俗差异大；二是社会政治利益派别多，发展不平衡面临的任务重，各种矛盾集中，难以形成整体意志，稍不注意，就会顾此失彼，失去平衡，从而有可能激化矛盾，引起冲突，甚至产生社会动荡。特别是治理中国这样一个拥有 56 个民族、13 亿多人口的大国，就更需要按照总书记的要求，涵养"如履薄冰，如临深渊"的自觉，秉持"治大国如烹小鲜"的态度，保持耐心、保持定力、保持警醒，不马虎、不懈怠、不折腾。只有这样，才能不断提高治国理政水平、稳步推进经济社会发展。

坚持底线思维，切实做好工作

在肯定成绩的同时，我们要保持清醒头脑，深刻认识和高度重视经济运行中的突出矛盾和问题，深刻认识和全面把握国际经济形势，坚持底线思维，切实做好工作。

——2013 年 7 月 25 日，习近平在中南海
主持召开党外人士座谈会时的讲话

所谓底线思维，是指以底线为基本导向调控事物朝着预定目标发展的一种思维方法和艺术，它要求认真评估决策做事的风险，估算可能出现的最坏情况，从而处变不惊，守住最后防线。习近平总书记关于"坚持底线思维"的重要论述，揭示了事物发展的规律，抓住了推进工作的要害，对于我们准确判断前进道路上的风险和挑战，辩证处理改革发展稳定的矛盾和问题，具有重要指导意义。

古人云："凡事预则立，不预则废。"这里的"预"，就是预知、预见、预防、预备，就是有备无患、遇事不慌。底线思维，可以说是最深入彻底、最清醒睿智的"预"。它要求只要有百分之一的可能，就要做百分之百的准备，以"一万"的努力严防"万一"的发生。换句话说，就是要求我们始终保持头脑清醒，把困难和挑战估计得更充分一些，预先估计事情可能的发展前景，预先看到事情发展可能遇到的困难，预先防止可能发生的最坏情况，预先为攻坚克难、化险为夷、争取最好结果做好准备。只有这样，"事"才能"立"得起来，否则就难以成功。

坚持底线思维，是我们党的一个优良传统。毛泽东同志无论是在革命战争年代还是和平建设时期，都善用底线思维。在党的七大上，面对抗日战争即将胜利的大好形势，他却一口气列举了可能遭遇的爆发内战、经济困难等"十七条"困难，强调"要在最坏的可能性上建立我们的政策"。改革开放后，邓小平同志进一步明确了底线思维，提出："我们要把工作的基点放在出现较大的风险上，准备好对策。这样，即使出现了大的风险，天也不会塌下来。"党的十八大以来，习近平总书记多次强调，要坚持底线思维，不回避矛盾，不掩盖问题，凡事从坏处准备，努力争取最好的结果，做到有备无患、遇事不慌，牢牢把握主动权。

坚持底线思维，是适应新形势新任务的现实要求。当前，我们正在进行具有许多新的历史特点的伟大斗争，面临的"四大考验""四种危险"严峻而复杂。特别是由于"三期叠加"，导致显性矛盾和隐性矛盾并存、原有问题和新生问题交织，发展中不平衡、创新能力不强、社会保障制度不健全、贫富差距较大、生态环境恶化等问题，如果不加控制任其发展下去，守不住底线，肯定会产生严重后果。对此，各级干部特别是领导干部只有始终坚持底线思维、善于运用底线思维，积极寻求规避系统性风险、化解复杂性矛盾、谋求创新发展的路径和方法，才能更好地适应新形势，更好地完成党和人民赋予的职责使命。

在坚持底线思维上，习近平总书记为广大干部树立了榜样。他在改革发展稳定、内政外交国防、治党治国治军等各方面阐述了一系列重要问题的基本底线，体现出他对事关党和国家重大问题的深刻认识和准确把握，彰显出他面对国际国内复杂形势和诸多挑战时的非凡战略定力和卓越政治智慧。比如，在改革发展稳定大局上，他一再强调中国"决不能在根本性问题上出现颠覆性错误"这一底线；在经济建设问题上，他提出要"保持主要经济指标处在合理区间、不发生系统性经济风险"的底线；在民生工作问题上，他指出要守住"保障低收入群众基本生活"的底线；在对外交往问题上，他明确"任何外国不要指望我们会拿自己的核心利益做交易"的底线；在干部队伍建设上，他告诫大家要坚决守住"政治底线""法律底线""纪律底线""廉洁底线"等。这些重要思想观点，为广大干部为人处世、履职用权亮明了底线、红线、警戒线。我们应当深刻体会、认真践行。

"纷繁世事多元应，击鼓催征稳驭舟。"现在，我们比历史上任何时期更接近中华民族伟大复兴的目标。越是形势好，越要坚持底线思维，越要把困难估计充分。我们要始终坚持唯物辩证法、坚持"两点论"，时刻保持"不畏浮云遮望眼"的清醒头脑，把各种可能的因素想深想细，把各种困难和挑战想深想细，把各种应对方案和措施想深想细。只有这样，才会有"乱云飞渡仍从容"的沉稳定力，才能确保"中国号"巨轮直挂云帆、长风破浪，驶抵胜利的彼岸。

自觉打破自家"一亩三分地"的思维定式

要着力加大对协同发展的推动，自觉打破自家"一亩三分地"的思维定式，抱成团朝着顶层设计的目标一起做，充分发挥环渤海地区经济合作发展协调机制的作用。

——2014 年 2 月 26 日，习近平在专题听取
京津冀协同发展工作汇报时的讲话

何谓"一亩三分地"？原来是 1644 年清王朝建立之后，因满族原是游牧民族，为及时了解农时、熟悉节令，居住在深宫大院里的皇帝便在惊蛰时节乘龙辇从正阳门到先农坛耕地。当时划出的这一块地叫"演耕田"，每年由皇帝、皇后"亲耕"，昭示普天之下该种五谷杂粮了，并以此显示清朝政府对农业生产的重视。这种做法被清朝官员模仿并世代沿袭，后人不得将这种"演耕田"改作他用。因这块地的面积恰好为一亩三分，于是民间推而广之，演绎为个人利益或个人势力范围被称作"一亩三分地"。

贾谊在《过秦论》中曾说，六国"会盟而谋弱秦"，"百万之师，叩关而攻秦"，最终结果却是"从散约败，争割地而赂秦。"可惜六国纵有吴起、孙膑、乐毅、廉颇等军师名将，有孟尝、平原、春申、信陵"四君子"，也只能功亏一篑。原因在于，各有怀抱、貌合神离，都只想着自己的"一亩三分地"，因而成不了大事。一个国家的发展也是这样。因为国家发展是整体的发展，是各个区域之间的协同发展。整体发展、协同发展的前提是必须真正做到心"同"力"协"、整合资源，优势互补、互利互惠，而不能各自盘算自己的"小九九"，固守自家的"一亩三分地"。习近平总书记借喻京津冀合作发展成功模式，强调要自觉打破自家"一亩三分地"的思维定式，摒弃各自"圈地为王"和在自己区域内"小打小闹"的做法，做到抱团发展、协同发展，这既是要求、更是警醒。

从当今世界看，实现区域协同协调发展是大势所趋。从美国波士华城市群、北美五大湖城市群、日本东海道城市群，到欧洲西北部城市群、英国中南部城市群，这些跨地区、跨国界的城市群之所以成为经济最活跃、最发达的区域，一个重要原因就在于打破了地域壁垒，实现了现代化的交通、信息、物流、人流的通达性。从国内情况看，我们业已形成的长三角城市群、珠三角城市群、京津冀城市群、长江中游城市群等多个城市群，一个共同的方向也是要不断突破地域壁垒，实现资源共享、优势互补、抱团取暖、共同发展。

现在，一些地方之所以搞这样那样的地方保护主义，一味强调地方利益、当地发展，不愿意与他人联合、不习惯与他地协同；一些地方和地方之间之所以存在各自为政、相互掣肘，甚至出现以邻为壑的情况，说到底还是这些地方官员的官本位思想在作怪，还是"一亩三分地"思维在作怪。总觉得"我的地盘我做主"，总担心别人会动了自己的"奶酪"，因而在跨地域合作上不积极、不主动、不配合，玩"拖字诀"，等等。这些缺乏"全国一盘棋"思想的表现，既不利于地方的健康发展，也不利于区域的协同发展，更不利于国家的整体发展，必须坚决予以克服。

打破"一亩三分地"的思维定式，最根本的是要拓宽视野，树立大局意识，去除官本位思想。"不谋全局者，不足谋一域。"一个有远见的领导干部，决不能眼睛只盯着自己所管辖的那一片区域，而应该登高望远、胸怀全局。我们不能身体已进入了21世纪，脑袋还停留在20世纪；我们不仅要有大格局，而且要有大胸怀。要树立整体性、系统性、协同性的思维意识，放下"只重眼前利益"的短浅认识，抛掉"肥水不流外人田"的利益迷思，推倒"我的地盘我做主"的权力心墙，努力推动地方之间、区域之间协同发展，实现互相支持、优势互补、互相协作、互利共赢。

一分部署还要九分落实

我们的制度有些还不够健全，已经有的铁笼子门没关上，没上锁。或者栅栏太宽了，或者栅栏是用麻秆做的，那也不行。现有制度都没执行好，再搞新的制度，可以预言也会是白搭。所以，我说一分部署还要九分落实。制定制度很重要，更重要的是抓落实，九分力气要花在这上面。

——2014 年 5 月 9 日，习近平在参加河南省兰考县委常委班子专题民主生活会时的讲话党的十八大以来，习近平总书记在多个场合多次强调"一分部署还要九分落实"，这实际上是一而再、再而三地强调抓落实的问题。抓落实，是任何一项方针政策、任何一项工作部署的目的和归宿。不抓落实，再好的蓝图只能是一纸空文，再美的夙愿只能是空中楼阁，再近的目标只能是镜花水月。只有具有咬定青山不放松的恒心、不达目的不罢休的毅力、踏石留印抓铁有痕的劲头，才能使各项工作部署落地生根、开花结果。

实践证明，部署重要，落实更为关键；政策制定不容易，落实起来更困难。部署和落实的关系是"一分"和"九分"的关系。"九分"体现了政策的核心和重心，各项工作如果仅仅停留在制定和颁布政策，若认为政策制定和颁布后就万事大吉，那就大错特错了。制定政策不是目的，落实政策、实现政策的目标才是目的，所以，这个"九分"包含了丰富的内容。部署包含着政策制定、意图、想法、思路，是确定行动的方向，而落实是行动、是执行力，是要把政策、思路和意图等设计好的东西落到实处。一旦确定了大政方针，具体实施方案的制定和实施过程就要提上议程，要组织具体的人去做，筹集必需的资金和物资，需要把人和资金、资源有机组合起来，还需要得到人民群众的积极支持和热情参与。只有广大干部、群众齐心协力，拧成一股绳，才能实现预定的政策目标。所以，这个"九分"是一个复杂的组织过程、周密的行动过程、广泛的动员过程，任何一个环节出现差池，都有可能使战略部署和政策付诸东流。在这个问题上，需要全社会转变观念，充分认识政策实施、政策落实的重要性艰巨性复杂性。

"九分落实"的重要性大家都知道，但在实际工作中，却有很多同志没有用"九分"的气力去抓，不想抓落实、不愿抓落实、不会抓落实等问题仍然一定程度地存在，对贯彻落实上级方针政策做选择、打折扣、搞变通，没有结合本地实际创造性地落实的情况仍然一定程度地存在。这些情况和问题，要求各级干部特别是领导干部必须进一步增强抓落实的责任感和使命感，发扬"钉钉子"精神，改进和提高抓落实的方式方法，确保各项方针政策的钉子钉得深、钉得紧、钉得住、钉得牢。

这个过程中，尤其要注重以下三点：一是要明确抓落实的目标和责任。坚持于法有据、科学可行的原则，注重基层的实际情况，避免提过高过急的口号和要求，对定下的事、看准的事、形成共识的事，发扬马上就办精神，避免拖沓拖延。要细化抓落实的责任，尽量把工作任务具体到人、具体到事、具体到时间，形成一级带一级，一级抓一级，一级促一级，层层抓落实。二是要提升抓落实的能力和素质。干部是抓政策落实的主体，干部能力素质是抓落实的重要条件。只有建设一支高素质的干部队伍，才能高质量推进落实。要根据干部队伍实际，有针对性地提高干部科学思维、调查研究和改革创新能力，同时加强"现场"锻炼，让干部到基层一线去获得真知、增长才干。三是要健全抓落实的制度和机制。抓落实，贵在持之以恒，也难在持之以恒。从根本上解决"落实难""难落实""不落实"问题，必须加强制度建设，依靠长效机制。要按照抓常、抓细、抓长的要求，一手促整改、抓落实，一手立规矩、定制度，在体制机制上堵塞漏洞，做到用制度管权管人管事管落实。

古人云：道不行不至，事不为不成。抓落实凝聚着心血和责任，体现了作风和意志，反映的是能力和水平，收获的是喜悦和成功。现在，我们党已经确定实现"两个一百年"目标的宏伟蓝图。蓝图一经确定，就要一步一个脚印、稳扎稳打向前走，积小胜为大胜，积跬步至千里。我们要按照习近平总书记强调的"一分部署还要九分落实"要求，正确精准推进落实、有序协调抓好落实，在抓落实中解决影响改革发展稳定的重大问题和人民群众反映强烈的突出问题，在抓落实中把美好蓝图一步步地变为现实。

力量不在胳膊上，而在团结上

力量不在胳膊上，而在团结上。要通过坦诚深入的对话沟通，增进战略互信，减少相互猜疑，求同化异、和睦相处。

——2014 年 5 月 21 日，习近平在亚洲相互协作与信任措施会议第四次峰会上的讲话有一首歌叫作《团结就是力量》，其中几句歌词是：团结就是力量，这力量是铁，这力量是钢，比铁还硬，比钢还强。习近平总书记早在《之江新语》中就指出过："力量不在胳膊上，而在团结上"。他在亚信峰会上又引用这句谚语，是从全球发展的大局出发，从自主和合作的战略要求高度说出了团结的真谛，道出了团结的力量所在、合作的能量所在。对此，我们应当深刻领会，在开展对外工作中既坚持自主独立又加强团结合作。

中国有一个古老的故事。说的是有一个父亲生了三个儿子，但这仨兄弟长大成人后，却常常相互闹矛盾。由于兄弟之间的不团结，虽然他们都长得很强壮，还是常常受外人欺侮。有一天，老父亲把仨兄弟召集在一起，拿出一根根单独的筷子，让他们折断，三人轻轻一折，筷子就断了。老父亲再拿出一把筷子让他们折，可他们就是使出了吃奶的力气还是折不断。老父亲用一个生动而朴素的例子告诉仨儿子，这就是团结的力量！

俗话说"众人拾柴火焰高""一个篱笆三个桩，一个好汉三个帮"，孙武说"上下同欲者胜"，孟子说"天时不如地利，地利不如人和"，荀子说"民齐者强"，《淮南子》说"用众人之力，则无不胜也"。这些强调的都是团结的力量。团结协作能产生无以比拟的力量，能够劣势互补、优势互扬，获得自己与他人利益的双赢。纵观古今中外，成功的团队，大至国家、民族，小到一个小集体乃至两个人的小组，他们的成功，无一不体现出"团结就是力量。"

实际上，最能体现习近平总书记宽宏大气品质、海纳百川气度、容人容事雅量的，很重要的一个方面就在"团结"二字上。习近平总书记无论是在地方工作还是到中央工作，无论是担任地方党委政府领导还是担任党的总书记，都特别强调团结共事，特别注重团结一切可以团结的力量。比如，在处理班子集体关系上，他信奉"懂团结是真聪明，会团结是真本领"；在处理民族关系上，他强调各民族同胞要手足相亲、守望相助，构筑中华民族命运共同体；在处理港澳台关系上，他呼吁兄弟齐心，同心共圆"中国梦"；在处理国与国关系上，他主张"力量不在胳膊上，而在团结上"，推行"多极多赢不独享"理念，广交天下朋友。习近平总书记的"团结观"，对亚洲国家乃至整个世界和平共处、合作共赢都具有重要指导意义。

对亚洲国家来说，整个亚洲犹如一个大家庭，其兴与衰、安与危、治与乱，攸关所有国家的命运，攸关各国人民的福祉。只有坚持与邻为善、以邻为伴，以合作谋和平、以合作促安全，才能实现亚洲的长治久安。对当今世界来说，由于全球化时代已经来临，各国之间相互依存、休戚相关，人类生活在同一个地球村里。如何让世界更美好、更安宁，除了团结合作、共赢共享，实现世界人民对和平与繁荣的美好向往，构建人类命运共同体和利益共同体，别无他途。只有"各美其美、美人之美"，才能"美美与共、天下大同"；只有携手团结、并肩合作，才能创造和谐安定、共同进步的世界。这是因为，"力量不在胳膊上，而在团结上"。

既要登高望远，又要脚踏实地

我们既要登高望远，又要脚踏实地。登高望远，就是要顺应时代潮流，做好顶层设计；脚踏实地，就是要有序推进，争取早期收获。

——2015 年 10 月 15 日，习近平在会见出席亚洲政党丝绸之路专题会议外方主要代表时的讲话

2014 年 2 月 7 日，习近平总书记在俄罗斯索契接受俄国媒体专访时指出，中国有 960 万平方公里国土，56 个民族，13 亿多人口，治理这样一个国家很不容易，必须登高望远，同时必须脚踏实地。当年 6 月 5 日，他在中国—阿拉伯国家合作论坛部长级会议开幕式上又指出，中阿共建"一带一路"既要登高望远，也要脚踏实地，做好顶层设计，规划好方向和目标；同时对中阿双方有共识、有基础的项目，要一个一个抓落实。这次在会见出席亚洲政党丝绸之路专题会议外方主要代表时，习近平总书记更是明确指出，登高望远，就是要顺应时代潮流，做好顶层设计；脚踏实地，就是要有序推进，争取早期收获。

登高望远、脚踏实地，习近平总书记把这两个极具特色的中国传统语汇，用在治国理政和对外交往上，不仅是辩证思维的深刻体现，也是科学认识论和方法论的生动反映，赋予了极为深刻的现实意义、悠长深远的历史韵味。登高望远和脚踏实地辩证统一、相辅相成，是一个有机统一的整体。前者彰显了大眼界、大胸襟、大气魄、大追求，寓意经济全球化时代的世界眼光、全球思维；后者则折射了实事求是、求真务实的工作作风和价值追求，传递并集聚着令人怦然心动的力量，刻画了追梦人躬身前行、砥砺奋进的生动形象。没有登高望远的思维和视野，工作就会缺乏预见性和前瞻性，犹如盲人骑瞎马、夜半临深池，很容易出纰漏、栽跟头；没有脚踏实地的态度和作风，就如临渊羡鱼、画饼充饥，再美的蓝图也只是一纸空文。

实践证明，唯有"登高"方能"望远"。正是因为站在历史的高度、时代的高度，站在全球化的高度和整个中华民族的高度，才有了"两个一百年"奋斗目标以及中华民族伟大复兴中国梦，才有了"五位一体"总体布局、"四个全面"战略布局，才有了创新、协调、绿色、开放、共享五大发展理念，才有了伟大斗争、伟大事业、伟大工程、伟大梦想的统筹推进，才有了具有鲜明习氏风格的治国理政总体架构，以及环环相扣清晰生动的实践逻辑……其思虑之深远、谋划之深远、布局之深远，都堪称大手笔、大格局、大境界，不仅以春潮拍岸之力影响着当下，还将以愈益精彩的神来之笔影响世界。各级干部特别是领导干部要深刻学习和系统掌握习近平总书记善于"登高望远""仰望星空"的思想和方法，坚持站高位、接"天线"，观大势、谋大事，从政治的高度、战略的高度、全局的高度去观察分析和处理问题，在制定政策时胸怀大局、服务大局、维护大局，自觉在大局下行动。

　　千里之行始于足下，九层之台起于垒土。登高望远的彼岸，只有架上脚踏实地的桥梁，才能成功到达。登高望远得到了科学思路和决策，关键要有脚踏实地的落实行动。各级干部特别是领导干部要牢记"一屋不扫何以扫天下""不驰于空想，不骛于虚声"，坚持深入基层、深入一线，接地气、察民情，以功成不必在我的胸襟，以踏石留印、抓铁有痕的精神，积极肯干、埋头苦干，撸起袖子加油干，主动谋事、勇于担当，锲而不舍、一抓到底，一项工作一项工作地推进，一个环节一个环节地抓牢，一个问题一个问题地解决，一件事情一件事情地办好，确保各项决策部署落地生根、开花结果，取得实实在在的成效。

社会主义是干出来的

社会主义是干出来的，就是靠着我们工人阶级的拼搏精神，埋头苦干、真抓实干，我们才能够实现一个又一个的伟大目标，取得一个又一个的丰硕成果。

——2016 年 7 月 19 日，习近平在宁夏
宁东能源化工基地考察时的讲话

"道虽迩，不行不至；事虽小，不为不成"，加油苦干、积极实干是最质朴的方法论。马克思曾说过："劳动才是人的第一需要，任何一个民族，如果停止了劳动，不用说一年，就是几个星期也要灭亡。"在这里，马克思把"劳动"提高到了关系民族生死存亡的高度。毛泽东同志要求共产党人一定要有"认真实干"精神，强调"一件事不做则已，做则必做到底，做到最后胜利"。邓小平同志说，"世界上的事情都是干出来的，不干，半点马克思主义也没有"。习近平总书记在中央党校 2011 年春季开学典礼上指出，"我们所有的成就，都是干出来的"，在当选为总书记后曾在多个场合强调，"空谈误国，实干兴邦"。

"社会主义是干出来的"，是对我国社会主义建设经验的深刻总结。中国的红色江山，是无数革命先辈一枪一弹打下来的；社会主义的宏伟大厦，是无数劳动者一砖一瓦垒起来的。从千疮百孔、一穷二白到建立独立完整的工业体系，从面临"开除球籍"的危险到跻身世界第二大经济体，从"中国人民从此站起来了"到"中国人民开始富起来了"，从载人航天器"上九天揽月"到"蛟龙"号载人潜水器"下五洋捉鳖"，从基本解决温饱问题到全面建成小康社会……正是靠着一代又一代的中国共产党人团结带领广大人民艰苦奋斗、埋头苦干，顽强拼搏、真抓实干，我们才能实现一个又一个伟大目标，取得一个又一个丰硕成果，社会主义中国才生机勃勃地展现在世人面前，中华民族伟大复兴中国梦才如此之近地走向国人。可以说，没有"干"，就没有社会主义新中国，就没有中国特色社会主义事业的新发展。

"社会主义是干出来的"，是对全党同志的提醒和告诫。实践表明，任何伟大事业的成功，任何伟大梦想的实现，都源于一个"干"字。然而，一段时间以来，一些党员干部实干精神衰退，沉醉于悠哉游哉的生活，躺在功劳簿上睡大觉，任凭"上头九级风浪，底下纹丝不动"；有的不是"干"字当头、而是"混"字为先，不是为官有为、而是为官不为；有的秉持"多干多错、少干少错、不干不错"和"干得好不如领导印象好"的糊涂理念。当官不干事，干事不用心，在位不在岗，在岗不尽责，当一天和尚撞一天钟，乐于占位子、装样子、混日子，是这些人的真实写照。更有少数党员干部，在党的十八大以后，面对党中央坚决反对"四风"、全面从严治党的新形势，思想上不适应，行为上裹足不前，拿"严管理"替"少干事"找理由，用"不出事"为"不干事"开脱责任。对这些问题，若不及时加以纠正，那么再美好的蓝图只能是空中楼阁、镜花水月，耽搁的是党和国家的事业，损害的是党和政府的形象，对个人成长也百害而无一利。

"社会主义是干出来的"，重在把埋头苦干、真抓实干落到实处。习近平总书记指出："面向未来，全面建成小康社会要靠实干，基本实现现代化要靠实干，实现中华民族伟大复兴要靠实干。"我们要牢记总书记的教诲，以时不我待、只争朝夕的紧迫感和危机感，以"踏石留印、抓铁有痕"的狠劲和韧劲，聚精会神地干，脚踏实地地干，雷厉风行地干，掷地有声地干，敢于担当地干，坚决把党中央的各项决策部署不折不扣地落实到位，并联系本地本部门实际把经济社会发展各项事业推向新水平。要扑下身子干、不图虚名干，怀着对人民的感情、对工作的热情、对事业的激情，干好每一天，干好每件事，排除困难、咬定青山把各项工作抓落实。要讲究方法干、创造性地干，杜绝瞎干蛮干，杜绝墨守成规干，真正把关系群众切身利益的好事办好，把有利于一个地方长远发展的实事办实。

撸起袖子加油干

上下同欲者胜。只要我们 13 亿多人民和衷共济，只要我们党永远同人民站在一起，撸起袖子加油干，我们就一定能够走好我们这一代人的长征路。

——2016 年 12 月 31 日，习近平在发表 2017 年新年贺词时指出

　　"撸起袖子加油干"，习近平总书记在 2017 年新年贺词中的这句话，形象生动、温暖人心、催人奋进，立刻成为广大干部群众热议的热词。

　　马克思在《关于费尔巴哈的提纲》中指出，"哲学家们只是用不同的方式解释世界，而问题在于改变世界"。这是马克思指出的新旧哲学的根本区别，是他毕生坚持的重要观点，并成为他的墓志铭。1921 年元旦，年轻的毛泽东在新民学会会员新年大会上慷慨陈词，"中国问题乃是世界问题的一部分，我们的责任乃在于改造中国与世界"。如何"改变世界"，如何"改造中国与世界"，路径无他，唯有苦干实干加巧干，撸起袖子加油干。为政之道，贵在实干。古往今来，凡事兴于实、败于虚，历史上这样的例子举不胜举。战国时期赵括纸上谈兵，致使 40 万将士惨遭活埋，赵国从此一蹶不振。盛唐时期的姚崇，历任武则天、睿宗、玄宗三朝宰相，临终前总结从政经验，只言及"崇实充实"四个字。再翻开我们的近代史，中华民族之所以能够从积贫积弱中站起来，之所以能够从"开除球籍"的危险中走出来，之所以能够创造举世瞩目的"中国奇迹"，靠的不是空想清谈，而是一个"干"字。空谈误国，实干兴邦。与先辈们相比，现在我们的平台更高、基础更好、环境更优、条件更佳，更应该脚踏实地、真抓实干，勇于直面矛盾、善于解决问题，努力创造经得起实践、人民、历史检验的业绩，真正靠实干立身、凭实绩进步。

　　苦干实干，撸起袖子加油干，核心是"干"。"干"有快干慢干之分，还有真干假干之分。快干慢干是节奏问题，慢的可以加快；真干假干却是政德问题，假的不会长久，必须坚决反对，这是态度问题、原则问题。对于党员干部来说，实干不仅是一种积极的精神状态，更是被实践反复证明最为行之有效的工作思路和作风。"干部干部，干是当头的"。但在实际工作中，确有少数干部不是"干"字当头，而是"混"字当头、"怕"字当头、"拖"字当头。有的成天不想事、不谋事、不成事，好像也不出事，但这样的人往往误大事；有的思想上有见解，工作上有想法，但行动上缺乏勇气，实施上缺乏办法，"夜里想出千条路，早晨醒来走原路"；有的怕这怕那，或担心失误失败，或担心舆论舆情，或担心前程前途，其结果是对该抓紧的工作迟迟不"动手"，对难解决的问题常常"甩手"，对棘手的矛盾就"缩手"，对需表态的事情却"摇手"。试想，如果一个干部对自己职责范围内的事情都不能认真做好，又何以做到撸起袖子加油干、甩开膀子拼命干？

实干者天不负，有志者事竟成。习近平总书记指出，每一代人有每一代人的长征路，每一代人都要走好自己的长征路。今天，我们这一代人的长征是什么呢？答案很明确，就是要全面建成小康社会、实现中华民族伟大复兴中国梦。天上不会掉下馅饼，梦想不会自动成真。走在新长征路上，在可预见的未来，各类矛盾和问题、困难与风险可能会接踵而至。现在，"两个一百年"目标就在眼前，历史从不等待观望者、犹豫者、懈怠者、软弱者。作为党员干部，应当从总书记发出的"撸起袖子加油干"的动员令中汲取奋进的动力、获得前行的力量，以积水成渊的韧劲、逆水行舟的闯劲、水滴石穿的钻劲，鞠躬尽瘁、扬鞭奋蹄，卷起裤腿苦干、撸起袖子实干，干出气势、干出新风，干出成绩、干出实效，以苦干续写中国辉煌，用实干托起中国梦想，为实现全面建成小康社会、实现中华民族伟大复兴中国梦添砖加瓦、贡献力量。

出 品 人：赵卜慧
总 策 划：胡孝文
责任编辑：陈侠仁　王世勇

图书在版编目（CIP）数据

学习精髓 / 李辉卫著 .–– 北京：研究出版社：

人民出版社，2017.10

ISBN 978–7–5199–0216–2

Ⅰ.①学… Ⅱ.①李… Ⅲ.①社会主义建设模式—中
国—文集 Ⅳ.①D616–53

中国版本图书馆 CIP 数据核字 (2017) 第 237615 号

学习精髓

XUE XI JING SUI

人民出版社研究出版社 出版发行

（100706　北京市东城区隆福寺街 99 号）

涿州市星河印刷有限公司印刷　新华书店经销

2017 年 10 月第 1 版　2017 年 10 月北京第 1 次印刷

开本：710 毫米 ×1000 毫米 1/16　印张：21.25

字数：293 千字　印数：00,001—10,000 册

ISBN 978 – 7 – 5199 – 0216 – 2　定价：58.00 元

邮购地址 100706　北京市东城区隆福寺街 99 号

人民东方图书销售中心　电话（010）65250042　65289539